A VINGANÇA DA HISTÓRIA

EMIR SADER

A VINGANÇA DA HISTÓRIA

2ª edição

inclui apêndice
"O PRIMEIRO GOVERNO LULA: AVENTURAS E DESVENTURAS"

Copyright © Emir Sader, 2003, 2007
Copyright desta edição © Boitempo Editorial, 2003, 2007

Capa
Andrei Polessi

Edição de texto
Leticia Braun (preparação)
Daniela Jinkings e Maria Fernanda Alvares (revisão)

Editora-assistente
Sandra Brazil

Produção
Marcel Iha

Editoração eletrônica
Gapp Design

Impressão e acabamento
Ferrari

Dados Internacionais de Catalogação na Publicação (CIP)
(Câmara Brasileira do Livro, SP, Brasil)

Sader, Emir
A vingança da história / Emir Sader. — 2. ed. ampl. — São Paulo :
Boitempo Editorial, 2007.

Inclui apêndice: "O primeiro governo Lula : aventuras e desventuras."
Bibliografia.
ISBN 978-85-7559-027-0

1. América Latina - Política e governo 2. Brasil - Política e governo 3.
Cardoso, Fernando Henrique, 1931- 4. Direita e esquerda (Política) 5.
Liberalismo - Brasil 6. Partido dos Trabalhadores (Brasil) 7. Silva, Luís Inácio
Lula da, 1945- I. Título.

07-0151	CDD-320.981

Índices para catálogo sistemático:

1. Brasil : História política 320.981
2. Brasil : Política e governo 320.981

A pesquisa que originou este livro teve apoio do CNPq.
Todos os direitos reservados. Nenhuma parte desta obra pode ser utilizada
ou reproduzida sem a expressa autorização da editora.
Foi feito o depósito legal.

1ª edição: junho de 2003 (tiragem: 3.000 exemplares)
2ª edição: janeiro de 2007 (tiragem: 1.500 exemplares)

BOITEMPO EDITORIAL
Jinkings Editores Associados Ltda.
Rua Euclides de Andrade, 27   Perdizes
05030-030 São Paulo SP
Tel./fax: (11) 3875-7285 / 3872-6869
e-mail: editor@boitempoeditorial.com.br
site: www.boitempoeditorial.com.br

Para Ivana

SUMÁRIO

Prefácio à segunda edição 11

Apresentação

Da miséria da política à miséria
da teoria e ao seu resgate 13

Primeira Parte

A história e suas vinganças 21

A nova estratégia imperial 35

Onde estamos? 63

Por que e o que em Porto Alegre? 79

Segunda Parte

A América Latina no século XXI 99

Terceira Parte

Que Brasil é esse? 131

O Brasil pós-Cardoso: a herança 151

A esquerda brasileira e seus enigmas: que estratégia
para qual esquerda? 161

Lula: o pós-neoliberalismo chegou? 177

Os desafios do brasil de Lula 189

Apêndice

O primeiro governo Lula: aventuras e desventuras 197

Bibliografia indicada 219

Nossos inimigos dizem: a luta terminou.
Mas nós dizemos: ela começou.

Nossos inimigos dizem: a verdade está liquidada.
Mas nós dizemos: nós a sabemos ainda.

Nossos inimigos dizem: mesmo que ainda se conheça a verdade
Ela não pode mais ser divulgada.
Mas nós a divulgamos.

Bertolt Brecht
Tradução de Paulo César de Souza

PREFÁCIO À SEGUNDA EDIÇÃO

Falar em **vingança da história** é outra maneira de falar da **velha toupeira**[1], isto é, da sobrevivência das contradições sociais nascidas das formas nas quais os homens produzem e reproduzem suas condições de existência. Quando essas formas assentam-se na apropriação privada dos meios de produção, separadas e contrapostas à força de trabalho, surge necessariamente um mundo articulado em torno das contradições. São estas que alimentam a velha toupeira.

A história vinga-se de todos os que pregam o "fim da história", a "paz social", fazendo surgir e ressurgir as explosivas contradições que movem a organização social e política. E a velha toupeira ressurge, onde menos se espera.

Nos três anos passados desde a publicação deste livro, acentuaram-se as situações de instabilidade no mundo – tanto no plano econômico quanto no político-militar. A passagem para o mundo unipolar não trouxe como contrapartida a ordem – mesmo se ordem imperial estadunidense –, mas, ao contrário, ao tentar impor pela força uma nova ordem, jogou álcool no fogo, multiplicando os focos de conflito e ampliando as zonas de crise e de instabilidade.

O esgotamento do modelo neoliberal evidenciou-se mais claramente, mas ao mesmo tempo não surgiu, de forma clara e coerente, um superador das limitações e das contradições desse modelo. A eleição de Evo Morales para a presidência da Bolívia, em dezembro de 2005, representa a primeira

---

[1] Expressão utilizada por Marx para designar a revolução, cujas contradições amadurecem no subterrâneo do capitalismo e surpreendem ao surgir na superfície.

vitória de um candidato que afirma expressamente seu comprometimento com a saída do modelo neoliberal. Soma-se ao socialismo cubano e à opção venezuelana pelo "socialismo do século XXI". Ao mesmo tempo, porém, os Estados Unidos avançaram na assinatura de Tratados de Livre Comércio com países como Chile, Colômbia e Peru, consolidando os pressupostos do modelo neoliberal.

Hoje, a linha divisória na América Latina não está entre uma "boa" esquerda e outra "ruim" – classificação da direita, que deseja dividir a esquerda –, mas sim entre a subordinação às políticas de Washington ou os processos de integração regional. Estes, representados pela Alternativa Bolivariana para as Américas (Alba), pelo Mercosul e pela Comunidade Sul-Americana de Nações.

De continente privilegiado na aplicação generalizada de políticas neoliberais, a América Latina volta a ser continente de reaparição privilegiada da velha toupeira. Aqui nasceu e aqui se joga o destino do neoliberalismo. O continente que se havia tornado o "pátio traseiro" da hegemonia imperial estadunidense, torna-se espaço de construção de integração regional para um mundo multipolar.

Resta-nos acompanhar esse processo, em que a história vinga-se dos que querem aprisioná-la em esquemas dogmáticos preestabelecidos e em que a velha toupeira ressurge – com nova roupagem e velha radicalidade.

Rio, setembro de 2006

DA MISÉRIA DA POLÍTICA À MISÉRIA DA TEORIA E AO SEU RESGATE

Promovendo o triunfo do economicismo, o neoliberalismo produziu ao mesmo tempo um cemitério teórico. Para que teoria, se os índices do mercado afirmam o que é e o que pode ser; o que vale a pena e o que não adianta; o que é bom, bonito e legítimo?

Décadas de hegemonia da desqualificação da teoria permitiram ao mesmo tempo o triunfo do esoterismo e da auto-ajuda como modalidades de leitura mais difundidas – funcionaram como *ersatz* para aqueles que não encontram instrumentos para decifrar a realidade. A desmoralização da capacidade de transformação coletiva do mundo levou à auto-análise. A desqualificação dos grandes projetos de apropriação pelo homem da capacidade de ser sujeito da história levou ao esoterismo. Governantes, supostos gurus e colunistas econômicos "explicaram" tudo: que a realidade é o que ela é, que o horizonte insuperável da ação e da consciência humanas são os índices de mercado, que os seres humanos nasceram para lutar de forma egoísta por seus interesses.

Não foi a última vez que, com o "fim da história", decretou-se o fim da teoria. A doutrina congelada da União Soviética havia assumido a história como teleologia, diante da qual não havia lugar para a teoria. O que decifrar, se tudo já estava decifrado? Cabia apenas medir, pelas análises de conjuntura, como termômetro, tirar a temperatura do doente terminal – o capitalismo –, para saber com que ritmo transcorreria seu desenlace. A União Soviética já estaria no umbral da sociedade sem classes e sem Estado – o comunismo na sua primeira fase. Os manuais dariam conta das "verdades". "Verdades" que, segundo Henri Lefebvre, seriam apenas "o caminho mais

14 EMIR SADER

curto entre duas citações" dos clássicos, depositários das leis decifradas e da trajetória da história.

A "segunda morte" da teoria se daria em mãos de outra concepção, diametralmente oposta, mas igualmente determinista. Combinando de novo o "fim da história" – igualmente originária em interpretação hegeliana[1], a "ditadura dos mercados" denunciada por Ignacio Ramonet[2] submetia a política a seus ditames. O espaço em que deveria se constituir a vontade geral da cidadania tornou-se um obstáculo aos desígnios racionais da economia. Por mais que as eleições sejam corroídas pelo dinheiro e pelo *marketing*, ainda representam um momento de "incertezas" – o que o mercado, fonte essencial de instabilidades, mais detesta. À miséria da política correspondia a miséria da teoria.

Essa miséria conseguiu reduzir governantes individualmente tão díspares como Fernando Henrique Cardoso, Carlos Menem e Alberto Fujimori, por exemplo, a presidentes que simplesmente puseram em prática, no essencial, a mesma política, originária do Consenso de Washington. Da mesma forma que os governos de François Mitterrand na França e de Felipe González na Espanha, partidos com tradição na elaboração teórica primaram pela ausência dessa elaboração, até em função da hostilidade por parte de grandes setores da intelectualidade de esquerda diante de governos que abandonavam as teses tradicionais da esquerda. Ao contrário de significar a elevação do debate e da criação intelectual e cultural, esses governos corresponderam a crises também nesses planos.

No Brasil não sucedeu o contrário. Apesar de ser um caso especial, sem precedente na história, de ter durante oito anos um acadêmico da área de ciências sociais na presidência da República, com produção intelectual sobre temas diretamente vinculados ao exercício do governo, os anos de mandato de Fernando Henrique Cardoso foram igualmente miseráveis. A combinação entre o desprestígio da política, pela ditadura da economia, e a desqualificação expressa da oposição, da divergência e do debate realizados pelo ex-presidente brasileiro, de acordo com o "pensamento único", responderam pela miséria da teoria nos anos 1990 no Brasil.

---

[1] Ver Perry Anderson, *O fim da história*: de Hegel a Fukuyama, Rio de Janeiro, Jorge Zahar, 1992.

[2] Ver *Le Monde Diplomatique*, mar. 1997.

A intelectualidade crítica, por sua vez, ficou, em geral, entre o isolamento e a fragmentação acadêmica e a impotência das denúncias. A trajetória da esquerda partidária, por sua vez, na direção da sua institucionalização, foi se distanciando cada vez mais do meio intelectual, formulando suas posições mais em função do debate político propriamente dito do que da produção teórica. A própria distância da direção nacional do Partido dos Trabalhadores em relação a um acontecimento tão inovador e que aglutinou grande parte das novas produções teóricas – como o Fórum Social Mundial de Porto Alegre – revela como caminhavam em planos distintos a evolução política desse partido e a resistência social, cultural e política ao neoliberalismo.

O pensamento crítico brasileiro havia se apoiado em duas vertentes diferenciadas: a tradição marxista – originária de antes do golpe de 1964 – e a incorporação da tradição democrática, seja na vertente liberal, seja no marco do pensamento gramsciano (incluída a interpretação feita por Norberto Bobbio), seja no pensamento foucaultiano e outras vertentes como as de Claude Lefort e Castoriadis. O pensamento marxista tradicional, por sua vez, apesar de ser enriquecido pelo pensamento gramsciano – em especial a partir das obras de Carlos Nelson Coutinho –, assumiu um caráter que Perry Anderson englobaria como filiado ao "marxismo ocidental"[3], pela temática e pela metodologia – centradas mais nas análises do mundo da cultura do que no da política e da economia. A distância crescente da prática partidária – mais acentuada depois da campanha eleitoral de Lula em 1994 – foi funcional a essa evolução. O Partido dos Trabalhadores e a prática teórica da intelectualidade crítica caminharam por vertentes paralelas, olhando-se, mas definindo cada um seus próprios caminhos.

O que havia sido um elemento de força na constituição do pensamento marxista – a articulação entre a economia, a sociologia e a política, expressa de forma mais articulada na obra de Caio Prado Jr. – ficou relegado às suas origens. Com a historiografia sem continuidade, a economia foi ocupada pelas análises estruturalistas, de origem cepalina[4], permanecendo as análises mar-

---

[3] Ver Perry Anderson, *Considerações sobre o marxismo ocidental*, São Paulo, Boitempo, 2003.

[4] Refere-se à Cepal (Comissão Econômica para a América Latina), organismo das Nações Unidas criado no final da Segunda Guerra Mundial, para se dedicar ao problema do atraso no desenvolvimento econômico da região.

xistas com caráter, em geral, setorializado ou monográfico – na sociologia, na teoria da literatura, nos estudos sobre a própria teoria marxista –, consolidando essa marca do "marxismo ocidental" entre nós. A produção acadêmica, por sua vez – que no Brasil atinge um nível de rigor na elaboração e de riqueza na produção de análises incomparáveis no mundo de hoje –, sem esse referencial histórico amplo, ficou em geral prisioneira da divisão intelectual do trabalho, sem se projetar para o debate público geral na sociedade.

No plano internacional, a primeira metade dos anos 1990 foi de forte hegemonia neoliberal. Na economia, com a generalização das políticas de ajuste fiscal e com seu correlato: o "pensamento único". Nos planos social e político, as repercussões da imposição da polaridade entre democracia e totalitarismo – reforçadas pelo triunfo liberal nos regimes do Leste europeu e pelo fim das ditaduras militares no Cone Sul – que favoreceram a hegemonia do liberalismo, identificado com democracia.

Porém, na segunda metade de 1990, depois de aparentemente haver aceitado a impossibilidade dos que passaram a ser chamados de "grandes relatos", pensadores críticos como François Chesnais, Perry Anderson, Giovanni Arrighi e Robert Brenner retomaram as grandes análises sobre o caráter do período histórico, sobre o processo de acumulação capitalista e sobre a natureza da hegemonia neoliberal no capitalismo. No Brasil, pensadores como José Luís Fiori, Francisco de Oliveira, Maria da Conceição Tavares, entre outros, mantiveram um ponto de vista crítico das políticas do governo Fernando Henrique Cardoso, sem que no entanto o pensamento crítico ou o próprio Partido dos Trabalhadores tivesse formulado alternativas e formas de ruptura com as políticas neoliberais.

O triunfo eleitoral de Lula nas eleições presidenciais de 2002 foi o resultado, antes de tudo, do fracasso das políticas do governo Fernando Henrique Cardoso. Do ponto de vista da acumulação de forças da oposição, ela capitalizou sua resistência ao governo, a crise do bloco no poder, as condições regionais e internacionais favoráveis a alternativas ao neoliberalismo. Porém, o triunfo eleitoral de 2002 não foi resultante nem de um grande ciclo de mobilizações populares, nem de grandes construções teóricas ou políticas. Tanto que o Partido dos Trabalhadores chega ao governo sem dispor de uma alternativa para sair das políticas neoliberais – como Lula se havia proposto.

Nos seus vinte anos de existência, em que se projetou como a principal força política e partidária no país, com uma impressionante trajetória, o

Partido dos Trabalhadores não chegou a construir sua própria teoria e, assim – num caso único nas trajetórias de partidos mais ou menos similares –, não gerou sua própria intelectualidade. Incorporou uma parte da intelectualidade preexistente, associou-se a outros intelectuais emergentes nessas duas décadas, mas sua prática política não iluminou uma nova prática teórica, não definiu novas problemáticas nem orientou novas modalidades de produção intelectual; o que se torna mais significativo – provavelmente do caminho empírico e pragmático assumido cada vez mais pelo Partido dos Trabalhadores – justamente pela importância que esse partido foi ganhando no Brasil, na América Latina e no mundo.

O Partido dos Trabalhadores chegou ao governo sem contar com uma teoria de saída do neoliberalismo e sem contar com uma produção teórica que possibilite construir uma sociedade pós-neoliberal – apesar de as críticas acumuladas do neoliberalismo, a começar por aquelas já citadas, conterem elementos básicos para enfrentar o novo período histórico, não apenas ao apontar os caminhos que não devem ser trilhados, mas também porque analisam experiências históricas anteriores que devem servir de referência.

A crise hegemônica gerada pela realização e pelo conseqüente esgotamento do neoliberalismo – como política e como modelo de sociedade – é ao mesmo tempo uma crise política e teórica, que requer práticas políticas novas e novas capacidades de elaboração teórica. Este livro não pretende suprir essas deficiências, mas apontar para o marco histórico em que vivemos e ajudar a desenhar os novos espaços em que essas novas práticas políticas e teóricas devem se dar. Nesse sentido, o livro – e eu, como seu autor – é caudatário da mesma prática política e teórica que o produziu. Não pretendo falar de fora dela, nem me eximir das responsabilidades que isso acarreta.

Desejo reafirmar que seus eventuais méritos são resultado da formação que pude desfrutar, sempre na escola pública, desde o curso primário (atual ensino fundamental) no Grupo Escolar Marechal Floriano, na Vila Mariana, nos idos dos anos 1950, passando pelos estudos noturnos, no mesmo prédio, no Colégio Estadual e Escola Normal Brasílio Machado, até chegar à então Faculdade de Filosofia, Ciências e Letras da Universidade de São Paulo, situada naquela época na rua Maria Antonia, no centro de São Paulo, onde me graduei em filosofia já na primeira metade dos anos 1960. Obtive o mestrado na segunda metade dessa década, com a dissertação *Estado e política em Marx*[5] e, posteriormente, depois de treze anos de exílio no Chile, na Argentina, na Itália e em Cuba, concluí o doutorado em ciência política com a tese *Crise de hegemonia e de representação política no Brasil*.

Paralelamente, foi em outro espaço não menos público, o da militância social e política em organizações de esquerda, que pude acoplar a teoria aprendida à prática concreta. A todos os que me permitiram exercer a militância política conjunta com eles, aos que deram e dão o melhor de si pela construção de um outro mundo – um mundo sem exploração, sem dominação, sem discriminação, sem alienação –, dedico este livro.

março de 2003

---

[5] Tese publicada em 1991. São Paulo, Cortez.

PRIMEIRA PARTE

A HISTÓRIA E SUAS VINGANÇAS

Nenhum século foi mais "histórico" do que o século passado, no sentido de que nenhum comportou mudanças e transformações tão radicais, em diferentes sentidos, do movimento histórico, num espaço relativamente tão curto de tempo. Basta dizer que uma parte da humanidade rompeu com o capitalismo, inaugurando uma época de polarização capitalismo/socialismo; posteriormente, uma parte dessa parte resolveu voltar ao capitalismo. O que, em outras palavras, significa que nem "a história caminha para o socialismo" nem "o fim da história" desembocou no capitalismo. Isto é, não há teleologia na história. Em vez de caminhar e conduzir os homens numa direção determinada, a história é construída e reconstruída pela luta concreta dos homens, a partir das condições históricas que encontram, é certo, mas sempre para direções novas.

Simplesmente porque o homem, ao contrário dos outros animais, é um ser histórico; se diferencia dos outros animais, antes de tudo, pela sua capacidade de trabalho e, dessa forma, de transformação permanente do mundo. A formulação de Marx – mais concentradamente presente em *A ideologia alemã* – revolucionou o pensamento social e as formas de o homem pensar a si mesmo. Não apenas por esse caráter histórico, mas em especial porque a transformação do mundo se faz em função da necessidade humana de sobrevivência e acontece, portanto, como regra geral, sem que o homem tenha consciência das transformações que está operando. Daí o dramatismo da pequena frase do prólogo de *O capital*: "Eles fazem, mas não sabem". Fazem a história, sem consciência de que a estão fazendo. Aí está a dupla condição dos trabalhadores na obra de Marx e na realidade do capitalismo: agentes de construção da riqueza e objetos de *explo-*

ração e de *alienação*, porque estas se inserem exatamente no hiato entre o fazer e sua consciência. Daí a centralidade sempre presente desses dois conceitos – *exploração* e *alienação* – para o pensamento social e para todos que queiram compreender a realidade do mundo contemporâneo. A historicidade do homem e a dinâmica histórica são assim inseparáveis dos conceitos de exploração e de alienação: o primeiro, para explicar a acumulação de riqueza; o segundo, para explicar a dinâmica da luta de classes.

Os fins da história

No entanto, a história foi evocada como garantia de triunfo para tantos vitoriosos e derrotados – sempre efêmeros, porque históricos. Nunca se trocou tanto de hegemonia ou nunca a hegemonia esteve tão em aberto, apesar de uma visão retrospectiva dar a impressão de que a super-hegemonia em que terminou o século XX já estava traçada.

Quem – como eu – nasceu em 1943, veio ao mundo em plena guerra mundial, foi contemporâneo da bomba de Hiroshima, dos acordos de fim da guerra, do surgimento do mundo bipolar – incluindo o então chamado "campo socialista", com sua extensão à Europa oriental –, da revolução chinesa, da guerra da Coréia, apenas no que seria a nossa primeira década de vida. Numa só década se passou da disputa hegemônica entre o bloco ocidental – no qual ascendiam os Estados Unidos como potência líder no confronto com o bloco cuja liderança era disputada pela Alemanha – à disputa, pela primeira vez na história da humanidade, entre um bloco capitalista e um bloco socialista. Nesse marco, a revolução chinesa levou o país mais populoso do mundo a somar-se ao bloco socialista – na maior transformação da história da China em séculos.

Naquele momento os vietnamitas derrotavam o poderio colonial francês em seu território, revelando o potencial de ampliação desse movimento na Ásia. A luta anticolonial tinha não só um aspecto antiimperialista, mas apresentava um potencial anticapitalista, que em poucos anos se generalizaria na maior luta de resistência ao império norte-americano. Ao mesmo tempo, a revolução boliviana, aqui do lado – tão pouco conhecida entre nós –, fez uma radical reforma agrária, substituiu o exército por milícias populares e nacionalizou as principais minas do país, no bojo de uma imensa mobilização popular, de operários e camponeses.

A consciência política da minha geração foi simultânea a outra revolução, que marcaria toda a nossa trajetória: a revolução cubana. No meu caso, a primeira ação política que fiz, aos 15 anos, como militante de esquerda, foi exatamente distribuir um jornal, *Ação Socialista*, que estampava na primeira página a foto de um grupo de barbudos, posando como um time de futebol, na longínqua região então conhecida como "América Central" (o Caribe ainda nem existia com esse nome).

Embora naquele momento a distância entre a revolução chinesa e a cubana parecesse grande, em escala histórica é mínima: apenas dez anos separam os dois grandes movimentos, revelando os tempos densos e conturbados em que se vivia. Para comparar basta pensar que o período que decorreu entre a revolução cubana e a nicaragüense foi o dobro do tempo – 1959 e 1979 – e a distância entre a revolução russa e a chinesa foi de 32 anos. Ainda assim, de 1917 a 1959, passaram-se apenas 42 anos, um espaço de tempo ainda pequeno para a história.

A extensão rápida e impressionante do campo socialista parecia confirmar as teses soviéticas de que "o mundo caminha para o socialismo" e que "a roda da história não volta para trás". Já no final dos anos 1940, a União Soviética havia consagrado na sua nova Constituição que o país já entrava na fase de construção do comunismo, apenas vinte anos depois da vitória da revolução, mesmo que ela estivesse acontecendo na Rússia, um país semi-periférico do capitalismo. Já teriam sido abolidas as classes e suas contradições, apesar do fortalecimento cada vez maior do Estado soviético, atribuído à necessidade de defesa do inimigo externo. Uma primeira versão do "fim da história" foi incorporada naquele momento pela potência, que acreditava estar sendo a vencedora do combate histórico[1]. A história não demoraria em vingar-se.

A dimensão que assumiu o então chamado "movimento comunista internacional", se incluirmos os Estados que o integravam, os partidos, os movimentos sindicais, os movimentos culturais, as editoras e a influência que teve, dificilmente será apreendida por quem não viveu aquelas décadas de hegemonia dessas forças sobre o conjunto da esquerda. Poucos poderão imaginar – para se ter idéia da força desse movimento – as dificuldades de

---

[1] Perry Anderson, *O fim da história*, cit.

ser militante de esquerda em outras organizações que não os partidos comunistas. Estes tinham como retaguarda não somente o "socialismo realmente existente", como aparentemente se inscreviam inexoravelmente na lógica concreta da história, que consagrava pelas vias de fato o modelo soviético como o sistema que negava e superava o capitalismo. A força comunista no movimento sindical e a extensa rede mundial dos partidos comunistas pareciam confirmar a adesão da classe trabalhadora a esse movimento aparentemente irreversível da história.

A bipolaridade mundial entre a União Soviética e os Estados Unidos, olhada de hoje, parece um fenômeno longínquo e de difícil avaliação sobre suas reais proporções. Bastaria citar a tese do então secretário de Estado norte-americano do presidente Eisenhower, Foster Dulles, ao se referir a Anastácio Somoza (pai): "É um fdp, mas é nosso fdp" ("It's a son of a bitch, but it's our son of a bitch"), para se ter idéia de como tudo era iluminado pelas luzes do alinhamento de um ou de outro lado dos dois blocos.

Talvez mais significativa tenha sido a evolução da posição chinesa, como efeito indireto da polarização entre as duas superpotências. Inicialmente alinhada com a União Soviética, no período da direção de Stalin, a China começou a desenvolver divergências com Moscou à medida que o processo de desestalinização foi sendo colocado em prática. Ao mesmo tempo, consolidado o processo de industrialização de base, conforme a União Soviética foi passando a definir o estilo de consumo de bens da indústria leve, a China passou a acusar um processo de adoção de formas de consumo e de vida "burgueses". Aos poucos, a China passou a acusar a União Soviética de ser uma potência imperialista e de qualificar o quadro político mundial como a luta entre "dois imperialismos". Essa análise foi evoluindo para a caracterização da União Soviética como a "potência ascendente" – e por isso mais perigosa – e os Estados Unidos como a "potência decadente". A partir daí aconteceu a chamada "diplomacia do pingue-pongue" iniciada surpreendentemente por Mao Tsé-tung e Richard Nixon em 1971, estabelecendo uma aliança "contra o imperialismo soviético", na linguagem chinesa.

Esse alinhamento já havia levado a China a tomar posições – até ali impossíveis de serem aceitas no campo da esquerda – como a de apoiar as guerrilhas de Jonas Savimbi contra o governo angolano, porque este seria sustentado pelo "braço armado do imperialismo soviético" – Cuba. E ter

A VINGANÇA DA HISTÓRIA   25

apoiado o golpe militar de Pinochet, que – segundo as palavras deste – tinha imposto a primeira derrota em escala mundial à União Soviética. Seria impossível explicar essas posições fora do efeito polarizador da Guerra Fria entre as duas superpotências. A história também se vingaria dessas análises, quando a União Soviética desmoronou, aflorando com toda sua força a superpotência norte-americana.

Mas quando surgiu, para nós, situados do lado de baixo do Equador, a revolução cubana parecia descongelar a história. Até ali a revolução era um fenômeno histórico – a revolução francesa, a revolução russa, a chinesa – ou desconhecido – a revolução mexicana, a boliviana. Parecia um fenômeno longínquo, geográfica e politicamente. Estava nos livros – em Lenin, em Trotski, em Rosa Luxemburgo, em Isaac Deutscher, em Mao. Era possível, porque tinha acontecido e pelas previsões do pensamento marxista, e era necessária, pelo que se vivia do capitalismo.

O triunfo dos barbudos ao chegar a Havana naquele primeiro de janeiro trazia o que Lukács chamou de "a atualidade da revolução"[2] para o nosso continente, e da maneira mais surpreendente. Ela não chegou por alguma insurreição dos trabalhadores argentinos ou chilenos, nem pela sublevação dos camponeses mexicanos ou brasileiros. Não era dirigida por algum partido comunista, nem falava a linguagem marxista. Vinha no bojo de um movimento antiditatorial, dirigido por um grupo guerrilheiro – primeiro criticado e boicotado pelo partido comunista, que posteriormente aderiu à liderança dos guerrilheiros –, independente da União Soviética e da China.

As "lições da história" (ou da "História", se se quiser reimpor as sacralizações que foram feitas em seu nome) pareciam claras:

1) a revolução vem pela via insurrecional e não pela via institucional;
2) a revolução será feita portanto por movimentos guerrilheiros, externos aos partidos comunistas, e não por estes;
3) a luta antiimperialista e democrática leva ao socialismo;
4) o socialismo chegou ao continente e se estenderá por vias similares, de caráter insurrecional.

---

[2] Georg Lukács, *O pensamento de Lenin*, Lisboa, Dom Quixote, 1975.

Era compreensível que a influência da revolução cubana fosse tão extensa. O continente entrava em um processo de esgotamento dos modelos de desenvolvimento postos em prática como reação à crise de 1929, processo este que havia levado à queda de Perón e de Getúlio, entre seus efeitos mais visíveis, que já havia inaugurado a era das ditaduras militares com o golpe "gorila" na Argentina, em 1955 (foi ali que se inaugurou o termo "gorila"), e que se estenderia pelo conjunto do Cone Sul nas duas décadas seguintes. Em seguida ao triunfo cubano, quando nos chegavam suas espetaculares realizações iniciais – como a campanha de alfabetização, a reforma urbana, a reforma agrária, a nacionalização das grandes empresas estrangeiras, a afirmação da soberania diante dos Estados Unidos, o armamento do povo, a fundação da Casa das Américas e seus eventos etc. – como pano de fundo, vivíamos o fracasso do programa de reformas de João Goulart, como uma prova suplementar da incapacidade do reformismo de promover pacificamente as reformas que democratizassem o Brasil e realizassem a questão agrária e a questão nacional.

A revolução cubana teve influência maior sobre a América Latina do que a revolução russa sobre a Europa, no seu tempo, porque as condições históricas da Rússia czarista eram muito diferentes das da região ocidental do continente, enquanto na América Latina, apesar das diferenças entre a Cuba pré-revolucionária e os outros países, estas eram menores e permitiam mais comparações do que no caso europeu.

No Brasil, a revolução cubana coincidiu com uma ascensão sem precedentes do movimento social, com a incorporação dos camponeses, dos funcionários públicos, dos soldados, cabos e marinheiros e, logo em seguida, com a ruptura do Estado de direito pelo golpe militar de 1964. Este desatou a crise final do Partido Comunista como força hegemônica na esquerda brasileira, porque sua estratégia havia levado a um beco sem saída o movimento popular – iludido na existência de uma "burguesia nacional" antiimperialista, interessada nas "reformas de base" do governo João Goulart – e porque não estava em condições de enfrentar as novas e duras condições de resistência clandestina. Paralelamente, perdia sua força social fundamental de apoio e legitimação – o movimento sindical, que funcionava de forma atrelada ao Ministério do Trabalho e não sobreviveu à passagem do Estado, de aliado a férreo inimigo. Dentro do Partido Comunista Brasileiro iniciou-se imediatamente um amplo debate, que acabaria gerando movimentos favoráveis à luta armada contra o regime militar, que logo se inspirariam numa interpretação redutiva da revolução cubana.

Os tropeços dos revolucionários cubanos antes do triunfo, assim como o caráter prolongado da guerra de guerrilha – seja a chinesa, seja a vietnamita, seja a cubana –, permitiam que as dificuldades e os reveses fossem computados como tropeços necessários antes da vitória, que parecia certa. A própria versão que Régis Debray deu em seu tão bem escrito – tornando ainda mais tentadora a proposta – livro *Revolución en la revolución* (Revolução na revolução)[3], que demolia verbalmente todas as alternativas que não aquela fantasiosa versão dos "doze homens", o "pequeno motor", que punha em ação o "grande motor" – que se multiplicavam até o triunfo.

Mais uma vez a história parecia avançar irreversivelmente. Enquanto no Brasil o apelo à ditadura parecia uma confissão de incapacidade de o capitalismo seguir administrando seus interesses em democracia, Cuba reafirmava a verdade da revolução russa aqui perto, na América Latina: que a ruptura com o capitalismo era possível mesmo em países atrasados da periferia capitalista.

A década de 1960 parecia vir para confirmar tudo isso: o triunfo dos argelinos dirigidos por Ben Bella – uma espécie de Fidel da África –, a imbatível resistência dos vietnamitas e a extraordinária solidariedade mundial que receberam para demonstrar que um país pequeno poderia derrotar a maior superpotência capitalista, se sua causa fosse justa. As barricadas dos movimentos estudantis revolucionários de 1968 em Paris, e seus similares na Alemanha, no Japão, no México, davam à nossa própria resistência a inserção num movimento mundial que encontrava sua legitimidade também no plano intelectual com o que de melhor existia – de Sartre aos Beatles, de Chico Buarque a Evtuchenko.

O "campo socialista", por sua vez, parecia ampliar-se irreversivelmente, com a incorporação de Cuba, do Vietnã, e mesmo com as divergências entre a China e a União Soviética. Este parecia, até mesmo aos olhos dos "sovietólogos" norte-americanos, um regime de uma solidez inexpugnável, se gostasse ou não do seu modelo. A teoria do totalitarismo, surgida diante do nazismo e atualizada para os regimes soviéticos, confirmava isso, ao supor que regimes como o soviético eram tão blindados para as contradições in-

---

[3] Havana, Casa de las Américas, 1967.

ternas – tal seria o seu caráter "policial" – que o combate ao regime teria de ser feito de fora. Mesmo assim, nem os mais exaltados combatentes da Guerra Fria nos Estados Unidos poderiam julgar que a União Soviética desapareceria, em grande parte vítima de implosão.

O regime soviético parecia fundado num pacto social entre o regime e a massa da população, em que aquele garantia direitos básicos – a começar pelo pleno emprego –, recebendo em troca a legitimidade da população, que transferia para este sua representação política. Esse pacto começou a ser corroído conforme as influências dos modelos de consumo ocidentais e a satisfação das necessidades básicas da população foram se elevando para requisitos de consumo mais sofisticados, que o regime não tinha condições de atender maciçamente, até por não ter conseguido imprimir um dinamismo minimamente comparável ao das economias capitalistas nesses ramos da sua indústria e do setor de serviços. Por outro lado, a prolongada estagnação da economia no período Brejnev foi igualmente deteriorando a qualidade dos serviços básicos do Estado, enquanto crescia – depois que a invasão da Checoslováquia em 1968 havia liquidado a última tentativa de reforma democrática do socialismo, dando lugar a oposições liberais e pró-capitalistas a partir dali – a oposição de direita ao regime, com acusações aos seus mecanismos repressivos e à falta de liberdades.

A história havia sido transformada no século XX desde os abalos sofridos pela Primeira Guerra Mundial. Esta havia surpreendido a *"pax* inglesa" que havia reinado por quase um século. No entanto, a barbárie da guerra explodiu justamente no centro da "civilização" – que seria a protagonista dos maiores massacres do século –, calando as desconcertadas vozes liberais que haviam instaurado a oposição "civilização *versus* barbárie", ainda antes da crise econômica de 1929. Seria a "civilização" imperial que desataria e protagonizaria as duas grandes guerras do século – na realidade uma única guerra, com intervalo que, com sua preparação, praticamente cobriu o longo período de um terço do século.

O congelamento da Guerra Fria entre as duas superpotências, em que desembocou o longo período bélico, parecia igualmente definir patamares dificilmente transponíveis, ainda mais porque apoiados no equilíbrio nuclear entre elas. Os acordos nucleares e econômicos entre as duas grandes superpotências pareciam comprometer o destino de ambas, as quais conviveriam num limite indefinível de tempo. Haviam conseguido "pacificar" grande parte do globo, com a divisão do mundo em áreas de influência, com os conflitos se dando nas fronteiras mais ou menos indefinidas dessas zonas – como na África e na Ásia –, com a grande exceção de Cuba, que por isso mesmo quase levou a um enfrentamento direto entre Estados Unidos e União Soviética.

No processo de idas e vindas do tabuleiro internacional, reveses do bloco ocidental – como a derrota norte-americana na Indochina, no Irã, na Nicarágua, a derrota colonial portuguesa na África – eram de alguma forma compensados com a aproximação dos Estados Unidos com a China, com a guerra desta com o Vietnã, com a guerra Iraque–Irã, com a derrota soviética no Afeganistão. Tudo se passava ainda em regiões periféricas, nada que afetasse a Europa ocidental ou oriental, os Estados Unidos ou a União Soviética. Mesmo a Alemanha parecia solidamente dividida pelo muro e pela consolidação – cada uma com patamares diferentes – das economias dos lados ocidental e oriental.

Mas, em perspectiva histórica, mesmo os reveses da esquerda pareciam tropeços num caminho traçado historicamente de forma irreversível, ancorado na evolução histórica que havia levado a humanidade do comunismo primitivo ao capitalismo, até que o socialismo se lhe antepusesse como horizonte negador e superador. Nas ruas de Havana se podiam ler grandes cartazes que reproduziam um dos lemas mais fortes dessa visão: "O futuro pertence por inteiro ao socialismo". Era uma questão de tempo, de crescimento econômico do socialismo, de decadência do capitalismo. As leis inexoráveis da história pareciam estar ditadas, mais além da vontade dos homens.

E, no entanto, os tropeços e os soluços se acumulavam. A revolução cubana inspirou a maior ofensiva revolucionária no continente latino-americano. Essa ofensiva incluiu um primeiro ciclo rural de guerra de guerrilhas – com seus epicentros na Venezuela, no Peru e na Guatemala; um segundo ciclo, um ciclo de guerrilhas urbanas – com epicentros no Uruguai, no Brasil e na Argentina; e um terceiro ciclo rural – centrado na Nicarágua, em El Salvador e na Guatemala, com o saldo de uma nova vitória revolucionária na Nicarágua em 1979, mas o regime sandinista foi derrotado uma década depois; e nos anos seguintes as outras guerrilhas centro-americanas decretaram o fim da luta insurrecional e se reciclaram para a luta institucional, concluindo o longo ciclo de um quarto de século de luta armada na América Latina (o caso colombiano é particular, com uma cronologia específica). O conjunto dessas derrotas – mais catastróficas em algumas regiões, como o Cone Sul do continente, onde triunfaram as ditaduras militares – cristalizou um processo de massacre da esquerda e dos movimentos sociais.

Em outras regiões do mundo os fenômenos também mudavam de sinal. A derrota do movimento que tentava reformar de dentro o socialismo na Checoslováquia foi sucedida por movimentos que pregavam a ruptura do socialismo. A Polônia foi um caso significativo, porque apresentava a oposição operária a um regime que se considerava representante por definição da classe trabalhadora, que se blindava atrás da repressão e de um militar que decretava estado de sítio, apoiado pela União Soviética, enquanto se generalizava o apoio no Ocidente ao sindicato Solidariedade e a seu principal dirigente, Lech Walesa. Agora não eram intelectuais trotskistas ou liberais criticando a falta de liberdade e de democracia nos países do Leste europeu e na União Soviética, mas um poderoso movimento social, estruturado em torno de sindicatos. Sua ambigüidade vinha das características que passava a assumir a oposição interna nos países do "campo socialista". Uma crítica liberal da falta de democracia e ao mesmo tempo uma reivindicação econômica a favor de aberturas mercantis, isto é, pró-capitalistas, ainda que levada a cabo pelos mineiros poloneses, nesse caso.

A própria assimilação fácil e até mesmo demagógica de Lula com Walesa revelava as ambigüidades daquele momento. As aparências levavam a uma assimilação dos dois ao mesmo fenômeno: líderes operários de base, de origem católica, lutando contra regimes ditatoriais, independentes dos partidos comunistas e das formas tradicionais de existência do movimento operário, subordinadas ao Estado – o Estado militar aqui, comunista lá. O então secretário de relações internacionais do PT, Francisco Weffort, promoveu, no ano de fundação do partido, o encontro entre os dois.

Posteriormente, Lula me relatou os desencontros daquele que deveria ser um encontro de convergências. Mais além do estilo – de aristocracia operária, que Lula detectou em Walesa –, o diálogo pode ser resumido nas advertências mútuas: de Walesa a Lula, alegando que este queria destruir o capitalismo em favor do socialismo, mas que eles já o haviam experimentado e o tinham desaprovado. E Lula, por oposição, alegando que aqui se experimentava o capitalismo e este tampouco funcionava. Bastaria esse desencontro para mostrar como as aparências enganavam e as direções dos dois eram muito diferentes, como as poucas décadas passadas desde então demonstraram.

Tudo acabou confluindo para o fim de uma época histórica, em que tudo que era sólido desmanchou no ar. A história não perdoou nenhuma certeza. A previsão de que o capitalismo entraria na sua fase imperialista e que esta desembocaria em guerras interimperialistas foi dolorosamente certa, mas que esta fosse a derradeira etapa histórica do capitalismo não se deu. O movimento comunista internacional prolongava o diagnóstico sobre a "fase final do capitalismo", aparentemente confirmada pela crise de 1929, mas, conforme o capitalismo se recuperava, se faziam adendos nas análises: "segunda fase da crise final do capitalismo", e assim por diante.

A bipolaridade foi igualmente dissolvida, depois de dar sinais de perenidade, pelo equilíbrio nuclear entre as duas superpotências. Duas impressionantes imagens ficaram consignadas na memória visual de todos: a queda do muro de Berlim e a das torres gêmeas de Nova York. Se a primeira detonou as condições para o fim de um sistema de regime político e de uma superpotência, a segunda consolidou a hegemonia militar daquela que sobreviveu como única superpotência, mas introduziu a humanidade numa nova etapa de guerra.

A HISTÓRIA SEM FIM

A hegemonia norte-americana adentra o século XXI com um horizonte que não revela ainda seus limites claros. Para os que se opõem ao neoliberalismo, a luta se apresenta muito diferente do que foi aquela de antes do fim da bipolaridade mundial. Há os que – como Immanuel Wallerstein – dizem que os períodos de transição histórica têm como uma de suas características justamente a imprevisibilidade: "um período de transição sistêmica é de profunda incerteza, em que é impossível saber em que desembocará"[4].

Essa imprevisibilidade, essa indeterminação está presente em todos os lados do enfrentamento. A "guerra assimétrica" coloca a questão da guerra em termos de difícil previsão. Daí a resposta do governo Bush de apelar para uma "guerra infinita", como forma de resposta à guerra assimétrica feita pelos "grupos terroristas".

---

[4] Immanuel Wallerstein, "New Revolts Against the System", *New Left Review*, n. 18 (nova fase), nov./dez. 2002, p. 38.

Para os que lutam por uma sociedade justa e democrática, para os que lutam contra o tipo de sociedade mercantil, em que tudo tem preço, em que tudo se vende e se compra, o combate hoje se mostra mais complexo e, ao mesmo tempo, mais rico. O socialismo tem que ser, ao mesmo tempo, reinventado e recolocado no horizonte histórico; reinventado, porque deve aliar anticapitalismo, e suas formas muito mais diversificadas de propriedade social, com formas de construção da hegemonia; incorporar as mais diferentes expressões das formas de luta contra a dominação, a alienação, a exploração e a discriminação; e recolocado no horizonte histórico, porque suas primeiras formas de existência se esgotaram, sem representar a negação e a superação do capitalismo.

A luta por uma nova hegemonia mundial tem, antes de tudo, que enfrentar-se com a super-hegemonia imperial norte-americana, com todo o seu poderio econômico, político, militar e midiático. Uma luta que tem que articular ao mesmo tempo a recuperação da soberania nacional – o espaço que hoje permite a autodeterminação popular, por meios democráticos – e a construção de espaços supranacionais, regionais inicialmente, de afirmação da soberania popular, para a construção de um mundo multipolar, em que "caibam todos os mundos", em que todos os mundos sejam possíveis, e em que haja intercâmbio mútuo e em todas as direções.

Essa luta enfrenta novas condições depois do ano de 2003. O desenlace da nova guerra contra o Iraque coloca o mundo diante de uma situação nova. Se a guerra de 1991 foi para desalojar o Iraque do Kuwait e impedir que o regime de Saddam Hussein se tornasse uma potência regional, assim como para garantir para as potências capitalistas ocidentais o abastecimento de petróleo; se a guerra da Iugoslávia era para demonstrar que a Europa era incapaz de solucionar os problemas surgidos no seu próprio território e para apropriar-se da teoria das "intervenções humanitárias"; se a guerra do Afeganistão era para demonstrar que nenhuma agressão aos Estados Unidos ficaria impune – esta nova guerra teve um significado distinto.

Esta foi uma guerra de ocupação e de colocação em prática da mais audaz tentativa das potências ocidentais – nesse caso, os Estados Unidos – de "modernizar" o Oriente de fora para dentro. Ela se apóia na concepção, profundamente arraigada na liderança republicana, de que se trata de um conflito entre civilização e barbárie, que a "missão" norte-americana atual, na luta "contra o terrorismo", é a de extirpar pela raiz o que seriam as fontes do atraso, do fundamentalismo e do fanatismo muçulmanos, o que seria feito pela exportação do modelo de democracia liberal e de economias de "livre mercado" para os países do Oriente Médio, estendendo o modelo existente em Israel – considerado um oásis de civilização em meio à barbárie.

Desta vez os Estados Unidos pretendem, como fizeram na Arábia Saudita e no Kuwait, acampar suas tropas por um longo período, mas agora numa situação geoestratégica privilegiada: com tropas norte-americanas e bases militares norte-americanas no coração do Oriente Médio – no Iraque – e nas fronteiras da Síria, do Irã, da Jordânia, da Arábia Saudita, o que muda radicalmente a situação política e militar de toda a região. A Arábia Saudita e a Síria se verão cercadas por bases militares e tropas norte-americanas, que pretendem ficar por um tempo indeterminado na região. O Irã estará parcialmente cercado. Os Estados Unidos já não terão que depender de aliados locais para atacar ou ameaçar de ataque outros países da região.

Porém, ao contrário do que aconteceu nesses dois protetorados ocidentais no Oriente Médio, em que as tropas norte-americanas serviram para consolidar os regimes existentes – ainda que introduzindo contradições na Arábia Saudita, especialmente depois de setembro de 2001 –, dessa vez o projeto dos Estados Unidos pretende afetar profundamente vários regimes políticos da região. Os Estados Unidos pretendem, além de substituir Saddam Hussein, as substituições de Yasser Arafat, da autoridade Palestina, e de Assad, da Síria. Daí a recusa a qualquer tipo de negociação com esses regimes. Seria um "acerto de contas" dos Estados Unidos com o Oriente Médio e com sua própria visão do liberalismo político e econômico como forma superior de vida, da civilização capitalista ocidental como modelo superior e definitivo de vida.

Além disso, os Estados Unidos poderiam promover a multiplicação por dois ou por três da produção de petróleo do Iraque, que possui as maiores reservas de hidrocarburetos do mundo. Com isso garantiriam seu abastecimento, bastante ameaçado com a instabilidade das relações norte-americanas com a Venezuela e com a Arábia Saudita, assim como pela crescente necessidade de importação do combustível pelos Estados Unidos. A Opep poderia ser enfraquecida pelo aumento da produção, afetando países como a Venezuela, a Líbia, o Irã, considerados inimigos pelo governo norte-americano. Poderia também representar um elemento favorável a uma reativação da economia dos Estados Unidos.

Mas, principalmente, representaria a instalação de um novo poder imperial no centro do Oriente Médio. O poderio colonial britânico considerava suas colônias como extensão territorial da metrópole, exploradas em seus recursos, com autoridades locais que representavam o centro colonial, sem disposição de alterar profundamente as sociedades colonizadas. O modelo imperial norte-americano não pressupõe a ocupação militar; centra-se na exploração econômica, na influência ideológica e na subordinação política.

A história ganha novas feições a partir da guerra Estados Unidos *versus* Iraque, dessa vez não anunciada como a "última das guerras", a "guerra que terminaria com todas as guerras", como freqüentemente se afirmava em guerras anteriores. Esta é a primeira de uma série de guerras que se pretende infinita. As condições políticas externas não foram conseguidas, mas os Estados Unidos passaram, conforme sua nova doutrina, a apoiar-se na sua indiscutível superioridade militar e nas condições internas que requerem, para garantir a reeleição de Bush, um reforço na centralidade da política de guerra como formadora da opinião pública norte-americana.

O século XXI se anuncia como mais um século com uma temporalidade histórica densa, cheio de idas e vindas, ao contrário da apressada previsão de mais um século norte-americano. Para que a hegemonia dos Estados Unidos possa se manter, o mundo terá de ser profundamente transformado, para amoldar-se a interesses e valores dos Estados Unidos. A segunda guerra contra o Iraque revela essa pretensão, que supõe a maciça superioridade militar norte-americana, mas também uma capacidade ainda a ser demonstrada de transformação estrutural de sociedades com valores e características socioeconômicas radicalmente distintas daquelas que explicam o dinamismo da sociedade norte-americana.

Os Estados Unidos contam, para isso, com o sucesso obtido em sociedades como a japonesa e outras do sudeste asiático, que introduziram valores e modalidades de acumulação do capitalismo de mercado dos Estados Unidos e que podem se reproduzir no dinamismo atual da sociedade chinesa. Este o grande embate do começo do novo século: que capacidade os Estados Unidos terão para transformar sua dominação em capacidade hegemônica? E que forças terão os que resistem à globalização neoliberal para construir uma alternativa historicamente viável, à altura do "outro mundo possível" que desperta tanta esperança em todo o planeta?

A NOVA ESTRATÉGIA IMPERIAL

A nova doutrina do governo George W. Bush representa uma virada histórica significativa da política externa norte-americana. Desde o final da Segunda Guerra Mundial os Estados Unidos estabeleceram dois grandes objetivos na sua política externa: a luta contra o bloco dirigido pela então União Soviética e a consolidação da sua liderança do bloco capitalista[1]. Concluída a Guerra Fria, com sua vitória os Estados Unidos deslocaram para o segundo ponto suas energias, em condições favoráveis, por ser a única superpotência, mas enfrentando a ausência do inimigo comunista como fator de coesão interna do bloco capitalista. Esse inimigo foi sendo deslocado na estratégia norte-americana, num primeiro momento para o "narcotráfico" e para "movimentos terroristas", de que a Colômbia seria o exemplo mais claro, pela suposta combinação dos dois, na categoria de "narcoguerrilhas". Daí a importância atribuída à operação de invasão do Panamá e o seqüestro do seu então presidente, Manuel Noriega, acusado de favorecer o narcotráfico proveniente da Colômbia.

A invasão do Kuwait por Saddam Hussein permitiu o desenvolvimento da outra vertente – que tem no "terrorismo islâmico" sua imagem preferencial –, que os ataques às torres gêmeas em 2001 vieram complementar. A "nova ordem mundial" anunciada por Bush pai projetava um mundo pacífico, tranqüilo e ordenado, sob o comando da única superpotência. Tony Blair se apressou em reformular a doutrina da Otan, retirando-lhe definitivamente

---

[1] Ver Perry Anderson, "To Baghdad", *New Left Review*, n. 17 (nova fase), set./out. 2002.

o caráter defensivo contra uma eventual invasão soviética, para a de tutora dessa nova ordem. O bombardeio da Iugoslávia representou a estréia dessa nova doutrina. A "guerra infinita" é o novo elemento, que desemboca na teorização da doutrina atual do governo Bush.

OS FUNDAMENTOS DA NOVA DOUTRINA NORTE-AMERICANA

O documento em que se fundamenta a nova estratégia imperial norte-americana é de autoria de Robert Kagan[2] e começa pelo que considera a desmistificação de que os Estados Unidos e a Europa compartilham a mesma visão de mundo. A Europa estaria se distanciando do poder mundial, dirigindo-se para um mundo de autocontenção baseado em leis e em normas, nas negociações e na cooperação.

Os europeus teriam mais consciência dos contrastes, até porque os temeriam mais. Os intelectuais europeus, em particular, seriam mais conscientes de que não compartilham mais a mesma "cultura estratégica". Como norte-americano vivendo na Europa, Kagan crê estar em melhores condições para captar essas diferenças. A caricatura européia de forma mais extrema caracterizaria os Estados Unidos como dominado por uma "cultura da morte", com seu temperamento guerreiro, produto de uma sociedade violenta em que todos têm armas e em que a pena de morte vigora.

Os Estados Unidos apelaram mais rapidamente para a força, sendo menos pacientes com negociações diplomáticas do que a Europa. Os norte-americanos tendem a ver o mundo dividido entre o bem e o mal, entre amigos e inimigos, em comparação com as visões européias, mais complexas. Enfrentando adversários, os Estados Unidos tendem a apelar para a coerção mais do que para a persuasão, enfatizando as punições na busca de alterar o comportamento dos mesmos. "Eles querem resolver os problemas, eliminando ameaças."[3] Tudo isso os levaria a tender para o unilateralismo, menos inclinados a atuar por meio da ONU e a trabalhar de forma cooperativa com outras nações, mais céticos em relação às leis internacionais, mais dispostos a agir independentemente dos organismos internacionais.

---

[2] Robert Kagan, *Poder y debilidad*, Madri, Taurus, 2003.

[3] Idem, ibidem.

Os europeus se caracterizariam por maior tolerância, pelo uso da sutileza e da sofisticação, tratando de influenciar por meio desses mecanismos. Seriam mais tolerantes com o fracasso, mais pacientes com soluções que não aparecem imediatamente, favorecendo saídas pacíficas, negociações, diplomacia e persuasão em vez da coerção. São mais propensos a apelar para as leis, para as convenções e a opinião pública internacionais na resolução das disputas. Os europeus tenderiam a usar os vínculos comerciais para congregar as nações, acreditando que com isso possam forjar alianças duradouras.

Esse quadro, evidentemente caricatural, teria nuanças: os britânicos estariam mais próximos da visão dos norte-americanos do que seus parceiros europeus. E mesmo nos Estados Unidos haveria diferenças significativas, com os democratas constantemente parecendo mais "europeus" do que os republicanos. Segundo Kagan, até mesmo o secretário de Estado Colin Powell pareceria mais "europeu" do que o secretário de defesa Donald Rumsfeld.

Embora caricaturais, para Kagan essas teses captariam uma verdade essencial: os Estados Unidos e a Europa seriam fundamentalmente diferentes hoje; e Powell e Rumsfeld têm mais em comum do que Powell e ministros de relações exteriores europeus como Hubert Védrine ou mesmo Jack Straw. No momento de utilizar a força, os democratas norte-americanos têm mais em comum com os republicanos do que com grande parte dos socialistas e socialdemocratas europeus. O governo Clinton tem mais que ver com seus bombardeios ao Iraque, ao Afeganistão, ao Sudão e à Iugoslávia, diante do que os europeus teriam vacilado muito mais, ainda segundo Kagan.

A questão central para ele é: qual é a raiz das diferentes perspectivas estratégicas?

Essa postura européia é basicamente nova, representando uma evolução da cultura estratégica que dominou a Europa por séculos, até a Primeira Guerra Mundial. Mas da mesma forma que os europeus descendem do Iluminismo, os norte-americanos também são filhos dele. Portanto, não é a filiação doutrinária que poderia explicar as diferenças entre eles. Para Kagan, o que os diferencia é que o discurso norte-americano dos séculos XVIII e XIX se assemelharia muito ao discurso europeu de hoje. Acontece que, dois séculos depois, norte-americanos e europeus mudaram de posição e, em conseqüência, de perspectivas. Quando os Estados Unidos eram fracos em relação ao poder europeu, praticavam estratégias de ação indireta, estratégias de fraqueza. Agora, quando os Estados Unidos são fortes, atuam como as potências fortes costumam agir. Quando a Europa era uma grande potência, acreditava "na força e na glória marcial". Agora ela vê o mundo com os olhos de potências enfraquecidas. A força e/ou a fraqueza produzem estratégias distintas, discursos distintos, percepções distintas dos riscos e até mesmo dos meios de ação e dos cálculos de interesse.

A fraqueza européia dataria da Segunda Guerra Mundial, embora ficasse obscurecida até recentemente. A destruição das potências européias e sua incapacidade de manter suas colônias na África, na Ásia e no Oriente Médio forçou-as a uma retirada em grande escala, depois de mais de cinco séculos de dominação imperial, no que talvez tenha sido o mais significativo recuo de influência global na história humana. A Guerra Fria teria mascarado essa fraqueza – a perda de centralidade estratégica com o seu fim.

Esse final projetou não um mundo multipolar, com a Europa elevando seu protagonismo, mas bastaria o conflito nos Bálcãs no começo dos anos 1990 para que se revelasse a incapacidade militar da Europa. O conflito do Kosovo demonstrou a distância tecnológica entre a Europa e os Estados Unidos. Com o fim da Guerra Fria, a Europa diminuiu seus gastos de defesa gradualmente para menos de 2% do seu PIB, enquanto os Estados Unidos trataram de ganhar dividendos com a paz: seus orçamentos de defesa diminuíram ou permaneceram estáveis durante grande parte dos anos 1990, mas ainda assim esses gastos sempre permaneceram acima de 3% do PIB norte-americano. Se aumentasse para 4%, isso representaria uma pequena porcentagem da riqueza nacional gasta na última metade de século. (No final dos anos 1980, os gastos norte-americanos com a defesa estiveram em torno de 7% do PIB.)

O colapso da União Soviética aumentou o peso relativo do poderio norte-americano, fazendo com que os Estados Unidos passassem a ter a possibilidade de intervir praticamente onde desejassem, com a proliferação de intervenções: a invasão do Panamá em 1989, a guerra do Golfo em 1991, a intervenção na Somália em 1992, seguidas pelas intervenções no Haiti, na Bósnia e no Kosovo, valendo-se de novas tecnologias militares e de comunicação, que marcam um salto de qualidade na sua capacidade de ação militar.

Essa superioridade militar norte-americana produziu, segundo Kagan, a propensão a usar a força. Ficou claro nos últimos conflitos, em particular nas negociações prévias ao bombardeio do Kosovo, como os europeus tentaram, até o último momento, encontrar uma solução negociada, sem sucesso, e como entraram em cena os norte-americanos para "resolver" militarmente o conflito. Para Kagan, enquanto isso, a fraqueza militar européia produziu o que ele considera "uma perfeitamente compreensível aversão a exercer o poderio militar".

Num mundo anárquico, ainda segundo esse autor, os pequenos poderes sempre temem serem vítimas, enquanto os grandes poderes, por sua vez, freqüentemente temem as regras – que podem condicioná-los – mais do que temem a anarquia, em que seu poder traz segurança e prosperidade. A afirmação serve como uma luva para justificar a tese norte-americana de um "império do bem", que, como veremos mais adiante, seria requerida por um mundo incapaz de governar-se a si mesmo. "Os Estados Unidos poderiam ser um poderio hegemônico relativamente benigno" – afirmação que será resgatada, praticamente tal e qual, nos documentos oficiais do governo Bush. Os norte-americanos seriam chamados pelos europeus de caubóis. Kagan diz que os Estados Unidos de fato atuam como um xerife internacional, autonomeado, porém, no seu ponto de vista, saudado nesse papel, tentando levar um pouco de paz e justiça ao que os norte-americanos vêem como um mundo sem lei, em que os fora-da-lei necessitam ser destruídos e freqüentemente submetidos pelas armas.

Daí que o objetivo da política externa européia tem sido, segundo um observador europeu, "multilateralizar os Estados Unidos", o que, na lógica de Kagan, decorreria de sua incapacidade para o unilateralismo. Os Estados Unidos, segundo ele, teriam uma nada razoável demanda de segurança "perfeita", resultado de sua forma de vida, por séculos protegidos por dois oceanos, situação radicalmente diferente da européia, envolvida em guerras, agressões, invasões, por séculos. Assim, para Kagan, os europeus teriam concluído, razoavelmente, que a ameaça colocada por Saddam Hussein é mais tolerável para eles do que o risco de tirá-lo do poder, uma tolerância que seria o produto da fraqueza e de quem, depois dos atentados de 11 de setembro de 2001, teve que enfrentar menos ameaças do que os Estados Unidos. Washington fala de "ameaças" externas como "a proliferação de armas de destruição maciça, terrorismo e 'Estados vagabundos'", enquanto os europeus as encaram como "ameaças" internas, como "conflitos étnicos, migração, crime organizado, pobreza e degradação ambiental". Kagan pergunta-se se essa visão européia não decorreria de ela ser militarmente fraca e economicamente forte.

Além disso, "protegida" por uma potência que considera que pode participar ao mesmo tempo de quatro guerras, a Europa aumentou seus gastos militares de 150 para 180 bilhões de dólares nos anos 1990, enquanto os Estados Unidos elevaram seus gastos militares diretos em 280 bilhões por ano. Atualmente os norte-americanos estão gastando não menos do que 500 bilhões anualmente.

Sentindo-se como representante da civilização, a Europa assumiria como sua missão a transmissão dessa herança para o resto do mundo, ancorada na idéia da convivência pacífica, que lhe propiciou a unificação de um continente convulsionado, décadas antes, por guerras devastadoras. O poder norte-americano e sua disposição para resolver os conflitos unilateralmente por meio da força surgiriam como um obstáculo para essa missão européia. Porém, Kagan tem de confessar que as diferenças internas à Europa – particularmente aquelas introduzidas pela proximidade estratégica da Grã-Bretanha com os Estados Unidos – fazem com que "a política externa da Europa unificada seja provavelmente o mais débil de todos os produtos da integração européia".

Não se trata de uma debilidade fortuita, recorda ele, para quem "a Europa de hoje é em grande medida o produto da política externa norte-americana". O novo cenário mundial no final da Segunda Guerra permitiu aos Estados Unidos fazer da Europa um aliado estratégico contra a União Soviética e ao mesmo tempo diminuir-lhe a importância no plano do poder mundial.

Kagan reafirma sua convicção de que "os Estados Unidos são uma sociedade liberal, progressista". Porém "o problema é que os Estados Unidos precisam às vezes atuar conforme as regras de um mundo hobbesiano, mesmo que ao fazer isso eles violem as normas européias". Os Estados Unidos têm de se recusar a agir conforme convenções internacionais que podem bloquear sua capacidade para agir com efetividade. "Eles precisam apoiar o controle de armas, mas nem sempre para eles mesmos", exemplifica Kagan.

Poucos europeus estariam dispostos a admitir que esse comportamento norte-americano "beneficia o mundo civilizado, que o poder norte-americano, mesmo se empregado com um critério duplo, por ser o melhor meio para fazer avançar o progresso humano – e talvez o único meio". Não se trataria de um problema do governo Bush, mas de um problema "sistêmico", para Kagan. Por isso ele conclui seu trabalho sentenciando que:

Os Estados Unidos tornar-se-ão menos inclinados a ouvir ou talvez até mesmo a levar em conta os outros. Poderá chegar o dia, se é que ainda não chegou, em que os norte-americanos não prestarão maior atenção aos pronunciamentos da União Européia do que aos pronunciamentos dos países do Sudeste asiático ou aos do Pacto Andino.

A NOVA DOUTRINA IMPERIAL

A nova doutrina de guerra norte-americana está exposta no documento chamado "A estratégia de segurança nacional e os Estados Unidos", datado de setembro de 2002, um ano depois dos ataques às torres gêmeas. O documento sepulta conceitos básicos das estratégias anteriores dos Estados Unidos, como "dissuasão" e "contenção", até mesmo conceitos tradicionais como os de "aliança", de "ajuda internacional" e de "relações entre Estados fortes e fracos".

Mais do que uma virada de linha na política externa, trata-se de uma nova doutrina estratégica, em que desembocam as concepções que foram sendo amadurecidas pela oposição republicana ao governo Clinton, que incluem uma crítica radical do Estado de bem-estar e das suas concepções sobre a pobreza, assim como uma desconfiança em relação à tecnologia e à intelectualidade. Recordemos que, na virada entre os anos 1960 e 1970, o então presidente republicano Richard Nixon tinha assumido a hegemonia do Estado de origem rooseveltiana ao afirmar: "Somos todos keynesianos". Desde então os Estados Unidos viveram a contra-revolução reaganiana, a que se seguiram os dois mandatos de Clinton, na mesma direção, que desembocou no princípio da "terceira via", segundo o qual "não há benefício sem contrapartida", apontando para a nova "filosofia" de culpar os pobres pela pobreza. Os republicanos assumiram seu novo enfoque sob o nome de "conservadorismo com compaixão", que parte de um acerto de contas com o conceito de pobreza e o articula com suas novas preocupações estratégicas.

Essa nova direita, sucessora mais radical ainda do "reaganismo", expressou-se por meio de órgãos da mídia, como o jornal *Washington Times*, o canal de televisão Fox e o programa radiofônico *Rush Limbaudh Talk Show* – expressões das novas elaborações estratégicas que desembocaram na campanha do texano George Bush, na composição do seu governo e finalmente na reação aos atentados de 11 de setembro.

Os epicentros da nova política imperial estão no Oriente Médio – em particular na Palestina – e na Colômbia – em que a evolução da vizinha Venezuela fez ampliar o campo de ação. Os dois terrenos permitem articular os conceitos de "luta contra o terror" com interesses petrolíferos, dando assim conotação estratégica expressiva a ambos. À diferença, por exemplo, da Coréia do Norte, incluída no "eixo do mal", por ser sobrevivente do modelo de economia centralmente planificada e por possuir, confessadamente, armamento nuclear, com ameaças para um aliado estratégico dos Estados Unidos na região, a Coréia do Sul. Assim, o diferencial entre, por exemplo, o Iraque e a Coréia do Norte – mesmo se esta confessa o porte de armamento nuclear, negado por aquele, como se pode notar imediatamente – vem da presença do petróleo. A combinação entre interesses petrolíferos e a indústria bélica constitui, aliás, o eixo central dos interesses corporativos que sustentam o governo Bush.

Na Palestina, como já afirmaram alguns porta-vozes do governo norte-americano, eles lutariam contra a chantagem "terrorista" que, se aceita, segundo eles, levaria a consagrar o método como forma de busca de soluções negociadas. Daí o apoio incondicional às políticas agressivas dos governos israelenses, na busca da derrota política e militar dos palestinos. E, da mesma forma, o apoio à nova ofensiva de militarização do conflito colombiano e das formas – veladas ou abertas – de incentivo à derrubada de Hugo Chávez na Venezuela.

O Oriente Médio se presta, além disso, a uma contraposição mais aberta diante do que os Estados Unidos consideram sua superioridade essencial – seus avanços materiais. Um tópico incluído na agenda norte-americana a partir de sua nova doutrina foi a luta pela derrubada dos governos de Arafat e de Saddam Hussein, que seriam substituídos, na lógica norte-americana, por governos "modernos", democracias de estilo ocidental, que serviriam de parâmetros para outros movimentos similares, como forma de repetição do modelo desestabilizador posto em prática no Leste europeu e que permitiu a transformação dos modelos de estilo soviético em "democracias de mercado", conforme o figurino ocidental.

O tema da pobreza é particularmente central, porque articula a crítica radical do Estado de bem-estar e seu diagnóstico do tema com a nova visão político-militar dos Estados Unidos, além de supostamente permitir o domínio de um tema a partir do qual seria possível fazer um diagnóstico sobre a contraposição entre a riqueza dos Estados Unidos e a pobreza de grande parte do resto do mundo.

Se na Guerra Fria era no poderio da outra superpotência que residia o risco para a segurança dos Estados Unidos, no período atual seria a pobreza, associada à ignorância e à propensão a fundamentalismos religiosos, à inveja da riqueza norte-americana, à insensibilidade do apelo ao consumismo como instrumento de propaganda norte-americana.

> Os acontecimentos de 11 de setembro de 2001 ensinaram que os Estados fracos, como o Afeganistão, podem consistir num grave risco para nossos interesses nacionais, tanto quanto os Estados fortes. *A pobreza não pode transformar os pobres em terroristas e assassinos.* No entanto, a pobreza, as instituições fracas e a corrupção podem tornar os Estados fracos vulneráveis em relação aos desafios terroristas e aos traficantes de drogas dentro do seu território.[4]

Essa abordagem demonstra o tamanho da mudança de abordagem do atual governo norte-americano em relação àquela tradicional. A concepção do "Estado de bem-estar social" como ação compensatória das desigualdades produzidas e reproduzidas pelo mercado, e que atribuía ao Estado um papel regulador dos conflitos, é substituída pela crítica dessa concepção como meio de "corrupção", como caridade compensatória que, na prática, terminaria sendo um convite para atividades anti-sociais.

A relação entre ricos e pobres é redefinida: os pobres – e os países pobres – seriam indefesos e deveriam ser ajudados, com o risco de condená-los a uma subalternidade permanente, ou seriam pessoas como todas as outras, que poderiam inclusive ter ajuda, mas desde que demonstrassem disposição de superar sua situação? A pobreza seria um estado passivo ou ativo? Trata-se nos Estados Unidos de um debate de política interna, mas que obviamente subsidia a política externa norte-americana.

O Estado de bem-estar social foi definitivamente enterrado por Bill Clinton, quando incorporou um dos elementos da ideologia da "terceira via", presente também no governo de Tony Blair: nenhuma ajuda será dada sem contrapartida. O abandono portanto não é um estado que deva ser atendido sem nenhum outro critério.

---

4 Idem, ibidem.

44 EMIR SADER

Nas palavras de Richard Perle, ex-assessor do Secretário da Defesa de Ronald Reagan, um dos formuladores da política do atual presidente dos Estados Unidos sobre o Iraque e presidente do Defense Policy Board (Conselho de Política de Defesa), que trabalha para o Pentágono, em depoimento dado à Comissão de Assuntos Externos do Congresso dos Estados Unidos:

> Deixe-me dizer imediatamente que a idéia de que a pobreza seja a causa do terrorismo, apesar de amplamente aceita e freqüentemente discutida, não está provada. Que a pobreza não seja somente uma causa, mas verdadeiramente "uma causa na raiz", o que implica ser uma fonte essencial da violência terrorista, é quase certamente uma afirmação falsa e até mesmo perigosa, constantemente invocada para absolver os terroristas de sua responsabilidade ou para diminuir sua culpa. Trata-se de um preconceito liberal que, se for aceito, pode levar a guerra contra o terrorismo ao beco sem saída de um grande projeto de desenvolvimento do Terceiro Mundo.

Sua conclusão é que, uma vez aceito o argumento da pobreza, absolveriam-se os que formulam e difundem ideologias consideradas extremistas, como aquelas que são pregadas em tantas mesquitas do Oriente Médio. A conclusão é a de que "todos devem prestar contas", todos devem ser considerados responsáveis, tanto pela sua pobreza quanto por seu comportamento; a pobreza não pode ser utilizada como desculpa. Daí a maior ênfase nos planos educacionais do que nos planos sociais, mais na consciência dos atos do que no resgate da miséria e do abandono, fundada no princípio da responsabilização.

Um mundo de riqueza cercado por um mundo de pobreza, de qualquer forma, não poderia ser nem justo nem estável. Porém, toda a ajuda dispensada a esses países não alterou a situação. As instituições internacionais responsáveis deveriam ser reformadas, para incorporar modalidades de responsabilização, da mesma forma que o FMI submete os empréstimos a uma carta de intenções, na verdade duras contrapartidas para os recursos que fornece. Nesse caso, a ajuda seria condicionada a reformas políticas internas e a resultados constatáveis no plano econômico e social; no plano político, o compromisso de não contribuir e de impedir a circulação de armamento de extermínio de massa e de colaborar para o combate ao terrorismo e ao narcotráfico.

Coloca-se então o problema de quem fará o controle e de quem decide sobre os critérios desse controle, que nesse caso obviamente coloca os parâmetros norte-americanos como nação de referência – "guardiã da civilização ocidental", expressão que voltou a circular com profusão nos discursos do governo e da mídia dos Estados Unidos.

O documento não deixa dúvida sobre o papel imperial dos Estados Unidos na responsabilidade pela "*pax* mundial":

> Defendendo a paz desfrutaremos também a oportunidade histórica de preservar a paz. Hoje a comunidade internacional tem a primeira grande oportunidade, desde o nascimento dos Estados nacionais no século XVII, de construir um mundo em que as grandes potências possam competir em paz ao invés de preparar incessantemente a guerra. Hoje as grandes potências do mundo se encontram do mesmo lado, unidas pelo perigo comum da violência e do caos produzidos pelo terrorismo. Os Estados Unidos continuarão a construir estes interesses comuns para promover a segurança global.
>
> Os Estados Unidos se aproveitarão desta oportunidade para estender os benefícios da liberdade para o mundo inteiro. Trabalharemos ativamente para levar a esperança da democracia, do desenvolvimento, do livre mercado e do livre comércio para todos os rincões do mundo.[5]

Complementando, afirma-se que os Estados Unidos apoiarão firmemente todos os países que ajam de forma determinada para construir um mundo fundado na liberdade, no livre comércio e no livre mercado – com os três termos sempre estreitamente associados, como se a ideologia da democracia liberal fosse obrigatoriamente o liberalismo econômico extremo do neoliberalismo. A conclusão não deixa dúvidas sobre o papel que os Estados Unidos assumem: "Os Estados Unidos aceitam de bom grado sua responsabilidade na condução desta grande missão". E essa disposição deixa claro que será acionada unilateralmente quando julguem que seus interesses estejam prejudicados pela falta de coincidência entre as grandes potências e os organismos internacionais.

A nova estratégia militar norte-americana é na realidade produto da confluência de dois fenômenos, e não apenas resultado dos atentados de setembro de 2001. Um deles – analisado no capítulo "Onde estamos?", deste livro – foi a passagem da economia norte-americana de um ciclo de sete

---

[5] In Lucia Annunziata, *No – La seconda guerra iracheana e i dubbi dell'Occidente*, Roma, Donzelli, 2002, p. 112.

anos de expansão à recessão – reconhecida como oficialmente iniciada no primeiro trimestre de 2001. Esta virada já obrigaria os Estados Unidos a mudar seu discurso anterior, voltado para o "livre comércio" e para o apelo ao consumo. A mensagem era a de que a abertura das economias possibilitaria que os países tivessem acesso às tecnologias mais modernas, aos bens de consumo disponíveis nos Estados Unidos, ao progresso e ao desenvolvimento econômico.

No período Clinton – em que os Estados Unidos gozaram de uma certa lua-de-mel da Nova Ordem Mundial anunciada por Bush pai, porque fertilizada por um novo ciclo de crescimento econômico norte-americano, aliado à situação de única superpotência mundial –, o discurso dos Estados Unidos unia democracia liberal, direitos humanos e livre comércio. As intervenções bélicas com caráter "humanitário" na África e na Iugoslávia foram a principal inovação do período, quando os Estados Unidos se apropriavam plenamente do desdobramento da luta entre democracia e totalitarismo, vinda do período da Guerra Fria. Identificado com a democracia e identificando democracia política com liberalismo econômico, o discurso norte-americano pôde ainda exibir a expansão de sua economia e as renovações tecnológicas, que punha em prática como conseqüências diretas desse mesmo discurso. A polarização globalização–nacionalismo favorecia a consolidação desse discurso, porque passava ao mesmo tempo à dicotomia progresso–atraso.

A guerra surgia como um instrumento extremo, para casos como o do atentado contra a soberania de um aliado estratégico – como o Iraque em relação ao Kuwait – e o da Iugoslávia, para proteger uma etnia em extinção. Nesses dois casos, os Estados Unidos puderam contar, no primeiro, com o apoio da ONU e com a condenação internacional à invasão de um país, e, no segundo, até mesmo com a participação ativa de organismos de direitos humanos. Nos dois casos, grande parte da intelectualidade européia, mesmo aquela originariamente de esquerda, se juntou aos Estados Unidos, contribuindo decisivamente para obscurecer o caráter imperial da intervenção norte-americana, adocicando-a inclusive com a teoria das "guerras justas" – retomada por Norberto Bobbio.

Essa foi a primeira etapa do período de unipolaridade norte-americana, do qual 2001 representa a virada para a segunda etapa.

Os ataques de setembro de 2001 não representaram uma mudança de período histórico. Essa mudança se deu na passagem entre o mundo bipolar do segundo pós-guerra à unipolaridade do fim da União Soviética e da consagração dos Estados Unidos como única superpotência. Esse elemento estrutural do novo período não se alterou com os atentados de setembro de 2001, por mais traumáticos e espetaculares que tenham sido.

Esses atentados, unidos à recessão que havia chegado no primeiro trimestre de 2001, produziram uma reação do governo norte-americano, que alterou seu discurso e suas prioridades de ação interna e externa, definindo uma nova conjuntura no mundo, pelo peso e pela abrangência que as ações norte-americanas possuem na atualidade. Essa nova conjuntura representa o ingresso do mundo num período de turbulências, em que se unem recessão e guerra – uma combinação sempre explosiva.

A nova doutrina de segurança norte-americana vem consolidar essa virada, dando-lhe fundamentos doutrinários e formulando novas estratégias de ação. Muda o eixo, do apelo ao consumo sofisticado pela via da abertura das economias à luta contra o terrorismo. Mudam as prioridades, desloca-se o eixo territorial prioritário para a Ásia, alteram-se os aliados fundamentais.

Os aliados, no período anterior, eram prioritariamente as outras potências econômicas, agrupadas no G-8, na OMC, no FMI e no Banco Mundial, dirigindo a nova ordem econômica mundial e valendo-se da ONU e da Otan como força militar. O Fórum Econômico de Davos era a vitrine da euforia econômica e do exibicionismo da riqueza concentrada como evidência do sucesso dos modelos propostos. O Banco Mundial já havia mudado seu discurso, buscando integrar políticas sociais, sem alterar o modelo econômico que provocou as graves conseqüências sociais.

Na nova conjuntura, os aliados fundamentais passam a ser medidos pela estratégia de guerra do governo norte-americano. A Europa ocidental, seja pela sua resistência política aos Estados Unidos, seja pela sua perda de importância estratégica, perde peso. O mesmo acontece com a América Latina, que já havia visto ser rebaixado seu papel nas duas décadas anteriores. Em compensação, passam a desempenhar papel de aliados mais importantes a Rússia e a China, especialmente no que se refere à Ásia central.

A segunda guerra do Iraque introduziu um novo tipo de império. Os Estados Unidos aliam ocupação militar com tentativa de reconstrução de um país destruído, conforme os cânones da democracia liberal e da economia capitalista de mercado, buscando fazer do Iraque uma espécie de Japão do Oriente Médio. Em nome do "mundo civilizado", o governo Bush criou um Escritório para a Reconstrução e a Assistência Humanitária. "Houve um tempo em que muitos diziam que as culturas do Japão e da Alemanha eram incapazes de assumir valores democráticos", diz o presidente norte-americano. "Mas eles estavam errados. Algumas pessoas dizem a mesma coisa do Iraque hoje. Eles estão errados... A nação do Iraque... é plenamente capaz de se mover na direção da democracia", reitera ele, confiante na universalidade dos valores do liberalismo. No Iraque se instalaria uma "democracia" que serviria "de inspiração e exemplo de liberdade para outras nações na região". "Um sucesso no Iraque poderia dar início a um novo estágio para a paz no Oriente Médio", diz Bush, e "colocar em prática um progresso para um Estado palestino verdadeiramente democrático", revelando como, para o governo dos Estados Unidos, "o caminho para Jerusalém passa por Bagdá", segundo *The Economist*.

No entanto, essa tentativa se faz quando a pujança da economia norte-americana já não é a mesma do segundo pós-guerra, embora mantenha um forte poder de atração, revigorado pela desaparição da União Soviética e dos modelos centralmente planificados. Essa ofensiva tampouco pode contar com o consenso geral no bloco de potências capitalistas e tem de se enfrentar com aliados como a Rússia e a China, com os quais os Estados Unidos podem contar de forma intermitente, tal a complexidade dos interesses desses países e de seus governos.

Se o discurso do "livre comércio" tinha um potencial hegemônico que incluía o bloco de potências capitalistas – com diferenças setoriais, mas contando com um consenso ideológico –, o discurso da "luta contra o terrorismo" é redutivo. Ele não incorpora países e regiões do mundo que se sintam direta ou indiretamente ameaçados e, além disso, ao ser uma proposta que supõe a superioridade militar norte-americana, ao contrário do marco anterior em que a concorrência econômica era menos desequilibrada, levaria os que aderissem ao discurso a se subordinar à tutela dos Estados Unidos.

A superioridade militar norte-americana se consolidou com o que os especialistas chamam de "revolução nas questões militares", uma mudança fundamental na natureza da guerra, pela aplicação global de inovações nos armamentos e nos sistemas de comunicação[6]. Começando com a guerra

---

[6] Ver Perry Anderson, "Force and Consent", *New Left Review*, n. 17 (nova fase), set./out. 2002.

do Golfo, continuando com a da Iugoslávia, desembocou no Afeganistão com uma completa diversidade de satélites, mísseis inteligentes, bombas silenciosas e forças especiais, que evidenciaram a superioridade militar e tecnológica norte-americana, com poucas baixas humanas dos Estados Unidos. Tudo contribui então para que tendam a apoiar-se mais diretamente na força, relegando o papel do consenso na sua hegemonia.

Esses elementos colaboraram para a virada ideológica e política dos Estados Unidos. "Enquanto a retórica do regime de Clinton falava da causa da justiça internacional e da construção de uma paz democrática, o governo de Bush optou pela bandeira da 'guerra contra o terrorismo'."[7] O momento da virada foi setembro de 2001, que abriu espaço para a construção da nova doutrina e da nova estratégia norte-americanas.

Essa virada se inscreveu economicamente na passagem dos superávits da era Clinton para o retorno dos déficits fiscais – típicos também dos outros governos republicanos recentes, começando com o de Reagan, marcados também por políticas belicistas que serviram para ajudar a reativação da economia norte-americana. O orçamento para 2004 prevê quase 20% de gastos militares sobre o total dos gastos públicos. Cinqüenta e sete bilhões, dos 390 do total de gastos militares, são previstos para pesquisas de novos armamentos. Enquanto na Europa se gasta em média 7 mil dólares por soldado em pesquisa militar, os Estados Unidos gastam quatro vezes mais – 28 mil dólares. Isso para um total das forças armadas norte-americanas de 1 milhão e 400 mil militares, dos quais 250 mil estão fora de suas fronteiras em 750 instalações no exterior.

A hegemonia global norte-americana, nos seus fundamentos, os que a projetaram como o fator fundamental de coesão e liderança do bloco capitalista, se baseia naqueles elementos teorizados como sua "excepcionalidade". Sua localização e configuração geográfica por um lado, suas favoráveis condições sociais por outro, fizeram dos Estados Unidos um país privilegiado para o desenvolvimento capitalista. Uma escala continental do seu território, dos recursos e do seu mercado, protegido por dois oceanos, faz dele um país com características com que nenhum outro pode contar. Uma população de imigrantes constituiu uma sociedade praticamente sem passado pré-capitalista, afora as populações nativas. Com tra-

---

[7] Idem, ibidem.

balho escravo e fortes credos religiosos, pôde contar com uma trajetória histórica impressionante. Em pouco tempo na escala histórica, os Estados Unidos passaram de colônia à potência mais poderosa da história. Derrotaram a maior potência colonial da época, instaurando a primeira grande democracia liberal no mundo, começando rapidamente a constituir sua região de expansão imperial, na direção do México, de Cuba, das Filipinas e do resto do continente. Em pouco tempo os Estados Unidos construíram a maior economia capitalista do mundo, que, com a derrota da União Soviética, consolidaram-se como a única superpotência mundial, numa trajetória fulminante, que consolida na sua população a consciência de uma nação com um destino e uma missão "civilizatórios" no resto do mundo.

Sobre essas condições e sobre essa consciência, depois dos ataques de setembro de 2001, a nova doutrina norte-americana encontrou um campo fértil para se expandir internamente, gerando no entanto um perigoso abismo sobre seu potencial hegemônico interno e sua debilidade consensual externa, que requer a utilização da força. Isso, somado ao ciclo recessivo da economia – interna e externa –, gera as condições do período atual de turbulência que vive o mundo sob a hegemonia imperial norte-americana.

Uma visão alternativa: a chinesa

Qiao Liang e Wang Xiangsui, dois coronéis superiores do exército chinês escreveram em 1996, com base nos textos de Mao Tsé-tung, de Deng Xiaoping, de Chi-Haotian e de Mao-Yan, um texto, publicado pela primeira vez em 1999, que ficou restrito às forças armadas durante cerca de dois anos. O texto original ganhou três versões no exterior e passou a ser objeto de intensa exegese para tentar interpretar seu conteúdo e suas conseqüências.

O texto representa um novo momento na história das teorias estratégicas chinesas, e corresponde a fases diferentes da linha estratégica e programática do regime chinês. A primeira formulação foi a do próprio Mao, que orientou a guerra revolucionária na luta pelo poder. Tratava-se da estratégia de guerra popular que levou os comunistas ao poder e que depois passou a ser a base segundo a qual, da mesma forma que na luta pelo poder o campo cercou as cidades, no plano mundial seriam os povos explorados da Ásia, da África e da América Latina que cercariam os bastiões dos centros do capitalismo mundial, até poder derrotá-los.

Paralelamente, os chineses desenvolveram seu poder nuclear, para poder enfrentar ou evitar uma guerra nuclear. Com a virada na política chinesa posta em prática por Deng Xiaoping e por Jian-ze-ming, a China foi abandonando a idéia da guerra global contra o imperialismo e o capitalismo. A nova estratégia militar, correspondente à virada histórica da China para aquela que é sua estratégia geral de construção do país, passou a se preocupar com a construção de uma base de poderio suficiente para impedir a China de voltar a sofrer a humilhação das invasões e das ocupações. O objetivo essencial passou a ser simplesmente o de recompor a integridade territorial, o que incluía a luta para reincorporar Hong Kong – objetivo realizado com sucesso, mas que supôs a força militar e a disposição de empregá-la, por parte do regime, contra a Grã-Bretanha – e a disposição de fazer o mesmo com Taiwan, um caso muito mais complicado, pela tutela dos Estados Unidos em relação à ilha.

A China passou a considerar o papel da superioridade tecnológica a partir da guerra do Golfo, das campanhas aéreas, do profissionalismo militar. A partir de 1991, os dirigentes chineses se propuseram a priorizar a modernização, a profissionalização, o adestramento e o planejamento operativo das unidades militares. A preparação militar se insere no marco da reunificação territorial da China. A revisão do programa de mísseis do país; o enorme impulso dado às forças estratégicas com o projeto chamado Grande Muralha; a modernização das linhas operativas de aviões de caça, com a compra dos primeiros SU-27 da Rússia, e da defesa antiaérea, com os mísseis russos S-300; a finalização dos projetos Awacs, das contramedidas eletrônicas, da potencialização das forças especiais e anfíbias; a constituição das forças de intervenção rápida; e uma série de resoluções de segurança demonstravam como a China havia feito sérios investimentos na sua renovação militar, de comunicações e de segurança. Não ficava claro contra qual inimigo a China se preparava.

Foi no momento das manobras militares chinesas durante a crise com Taiwan em 1996, no momento das eleições presidenciais daquele ano, em que os coronéis chineses, mobilizados para essas operações, decidiram escrever um livro que permitisse às forças armadas chinesas refletir sobre seu próprio futuro e também sobre as transformações operadas no mundo sob a hegemonia unipolar dos Estados Unidos. Ambos pertencem a uma nova geração de militares chineses, que começaram a se interrogar sobre como conduzir conflitos em um ambiente de alta tecnologia.

A guerra limitada assumiu para eles um valor estratégico, colocando a exigência de enfrentar uma guerra limitada no tempo e no espaço, mas levada a cabo com meios modernos, como um objetivo estratégico e uma meta para a modernização estrutural de suas forças armadas e de seu equipamento. Não se abandonou a idéia da guerra total, mas a guerra limitada justificava a constituição de novas formas armadas, a redução das forças, a gradual profissionalização, a constituição de forças de reação rápida. As dificuldades de dominar as novas tecnologias colocavam o desafio de encarar a guerra tecnológica com os meios de que eles realmente dispunham.

Um dos representantes dessa nova geração de militares – o major general Lu Linzhi, vice-comandante da Academia Militar de Kunning – havia declarado, já em 1995, que uma guerra limitada em condições de alta tecnologia não deveria esperar o ataque do adversário, mas deveria lançar um ataque preventivo em profundidade contra os objetivos vitais, com o fim de debilitar a superioridade tecnológica do mesmo e minar sua capacidade ofensiva. Dizia ele:

> Numa guerra futura contra uma agressão, todas as ações inimigas voltadas para dividir o nosso território e ameaçar a nossa soberania constituem, na realidade, o "primeiro golpe" no sentido estratégico. Porque, tão logo o adversário efetue a operação de abrandamento (ofensiva estratégica) e outras operações contra nós e a guerra pareça inevitável, nós devemos lançar o ataque preventivo no tempo justo. No ataque preventivo é necessário considerar muitos fatores. Os principais são: 1. O objetivo é debilitar a superioridade tecnológica e minar a preparação ofensiva adversária. 2. Na predisposição da área da batalha é necessário considerar uma zona de ataque em sentido tridimensional. 3. Ao escolher a forma de operação é necessário considerar com particular atenção a do fogo a distância, as operações especiais e as de sabotagem.[8]

Mantendo o princípio original de sua doutrina, segundo o qual forças inferiores podem vencer forças superiores, torna-se decisivo o caráter da iniciativa. Uma iniciativa que deve destruir elementos internos essenciais do sistema de guerra e operativo do inimigo. Somente assim seria possível levá-lo à defensiva, aliviando assim a pressão que sua superioridade técnica e de equi-

---

[8] Qiao Liang e Wang Xiangsui, *Guerra senza limite*, Gorizia, Libreria Editrice Goriziana, 2001, p. 16.

pamento de forças poderia impor. Dessa forma seria possível mudar a relação de forças no campo de batalha e no conjunto da guerra. Nas condições de transformação tecnológica bélica, a destruição e a capacidade de resistir à destruição dos mecanismos e dos sistemas operativos teriam se tornado a ação principal de todo o processo da guerra moderna. O que se altera é a substituição do objetivo de aniquilamento pelo de destruição estrutural.

A consciência dessa nova geração é de que a China dispõe de um aparato militar numericamente enorme, integrado territorial e economicamente ao país, mas não tem recursos para a modernização necessária, e mais, não conta com pessoal qualificado. O país tem necessidade de tecnologia muito desenvolvida, sobretudo porque se considera relativamente só em relação a um adversário com forças superiores e com prazos relativamente curtos, segundo essa visão, para recuperar as debilidades estratégicas.

Existe uma consciência plena por parte dos chineses de que a combinação entre recursos tecnológicos e financeiros torna impossível alcançar os Estados Unidos. A vulnerabilidade norte-americana viria não da invenção de novos armamentos, mas da sua utilização original, que requer capacidade de reflexão, que um povo de caráter pragmático como o norte-americano não distinguiria bem.

> [...] uma queda bem planificada da bolsa, um ataque com vírus em computadores provocando incerteza nas moedas do país adversário, difundir notícias falsas na internet sobre líderes políticos adversários podem ser novas formas originais de usar as armas.[9]

Esses pensadores chineses chegam a afirmar que os principais atores da próxima guerra não serão tanto os militares, mas os civis e em particular os *hackers*, considerando que já em 1994 eles tinham levado a cabo 230 mil ataques aos computadores do Departamento de Defesa dos Estados Unidos.

Na visão chinesa, inimigos mais perigosos que Estados são organizações não-estatais, entre as quais eles incluem a Jihad islâmica, as milícias civis norte-americanas, a seita japonesa Aum, Bin Laden, mas também George Soros, como "terrorista financeiro". As lutas fundamentais que a humanidade tem de enfrentar, nessa visão, são: a manutenção da paz, a luta antidrogas,

---

[9] Idem, ibidem, p. 22.

a supressão da violência, a assistência militar, a intervenção em caso de desastres naturais ou na emergência humanitária, a luta contra o terrorismo.

Valendo-se de um princípio chinês, similar ao de Maquiavel, de que conforme um fenômeno chega ao extremo numa direção, ele tende a retornar na direção oposta, os chineses apostam numa virada de rumo. O extremo do papel da tecnologia, nesse sentido, tenderia a ser revertido. Assim, as guerras do futuro consistiriam em vencer batalhas não convencionais e saber combater fora do campo de batalha. "Deste ponto de vista – dizem eles – os generais Powell, Schwarzkopf e Shalikashvili não são modernos, mas na verdade são militares tradicionalistas."[10]

Existiria assim um grande vazio entre o que pode ser chamado de convencional e de moderno, um vazio que só poderia ser preenchido por pensadores profundos, pelos que eles chamam de "Maquiaveis militares". "A origem da guerra sem limites pode ser encontrada no grande pensador italiano do Renascimento e, obviamente muito antes dele, no pensador militar chinês Han Feizi."[11]

A guerra sem limites significa para eles superar as fronteiras, as restrições e até os tabus que separam o militar do não-militar, as armas das não-armas e o pessoal militar do civil. A combinação dos vários métodos seria o segredo da vitória nas novas condições. Uma visão restrita ao militar seria redutiva. Acompanhar o andamento dos enfrentamentos é a condição para saber usar corretamente os diversos elementos da guerra sem limites.

As organizações supraestatais, internacionais e não-governamentais estariam criando a nova estrutura de poder global; já os Estados Unidos agem por meio de organismos estatais para defender seus próprios interesses. Enquanto os Estados modernos atuam através do FMI, do Banco Mundial, da OMC, da ONU, surgem e se estendem organizações como as corporações multinacionais, as associações profissionais, Greenpeace, as ONGs em geral, o Comitê Olímpico, as organizações religiosas, as organizações terroristas, os *hackers*.

A tendência seria a de um enfraquecimento crescente da confiança na capacidade das organizações supraestatais para resolver os conflitos. Have-

---

[10] Idem, ibidem, p. 25.

[11] Idem, ibidem, p. 25.

ria uma tendência à globalização econômica, à internacionalização das políticas nacionais, ao reagrupamento dos recursos informativos e à compressão do ciclo de inovações tecnológicas.

> Na ideologia do globalismo, oposto ao isolacionismo, os norte-americanos estão expandindo sua força na direção de objetivos ilimitados. Isso levará inevitavelmente à tragédia. Uma empresa com capital limitado e com responsabilidade ilimitada está destinada à falência.[12]

No século XXI – segundo os militares chineses – os soldados terão de se perguntar quem eles são:

> Se Bin Laden e Soros são soldados, então quem não é? Se Powell, Schwarzkopf, Dayan são políticos, então o que é um político? Esta é a questão fundamental do globalismo e da guerra na era da globalização.[13]

Na conclusão, os militares chineses retomam considerações sobre a profundidade da globalização, a ponto de ela ter feito com que o conceito de Estado-nação, nascido em 1648 com a paz de Westfália, não seja mais o único conceito representativo que domina as organizações sociais, políticas, econômicas e culturais. As inúmeras organizações metanacionais, transnacionais e não nacionais, unidas às contradições entre países, colocam um desafio sem precedentes à autoridade, aos interesses e à vontade das nações. E da mesma forma que o surgimento dos Estados nacionais se deu em meio a guerras, na transição para a globalização seria inevitável impedir conflitos entre blocos de interesses.

A diferença hoje é que, apesar da aparente importância dos meios militares, "qualquer meio político, econômico ou diplomático tem força suficiente para suplantar os meios militares"[14]. Mas a humanidade não deveria se satisfazer, porque na verdade o mundo inteiro se transforma num campo de batalha; continuamos a nos matar, só que com armas mais avançadas e com meios mais sofisticados, fazendo com que a guerra, ainda que em certo aspecto menos cruenta, permaneça sempre igualmente brutal. Como a paz não é ainda possível como estado permanente, trata-se é de buscar a vitória.

---

[12] Idem, ibidem, p. 26.

[13] Idem, ibidem, p. 26.

[14] Idem, ibidem, p. 192.

Transcendendo os limites tradicionais, para desenvolver-se num campo de batalha ilimitado, não é mais possível confiar apenas nas armas e nas forças militares para garantir a segurança nacional. A guerra não pode depender apenas dos soldados, das unidades militares e das questões militares, tornando-se cada vez mais dependente de políticos, de estudiosos e de banqueiros.

As esperanças de que o desenvolvimento tecnológico permitisse controlar a guerra, depois de um século, desembocaram numa situação em que podemos dizer que ela continua a ser "um cavalo não domado". Apesar dos avanços da última década do século passado, que possibilitaram diminuir o número de vítimas civis e inclusive militares, reduzindo – na visão dos militares chineses – a brutalidade da guerra, esta continua brutal como sempre. "A única diferença está no fato de que esta brutalidade se estendeu através de diversos modos pelos quais os exércitos se enfrentam."[15] E eles usam os exemplos do desastre aéreo de Lockerbie, dos atentados de Nairóbi e de Dar es Salam, das crises financeiras do Sudeste asiático – como formas diferenciais dessa guerra ilimitada. Claro que teriam acrescentado os atentados de setembro de 2001 nos Estados Unidos, como uma expressão a mais dessa guerra.

"Esta é então a globalização", concluem eles, para os quais se trata de captar o caráter da guerra na era da globalização. Diluem-se os limites entre soldados e não-soldados, entre guerra e não-guerra, gerando um inter-relacionamento entre todos os problemas mais espinhosos: "para resolver isto devemos encontrar a chave, uma chave que deveria abrir todas as fechaduras, se estas são colocadas na porta da guerra"[16]. Esta chave deveria ser adaptada para todos os níveis e para todas as dimensões, da política bélica à estratégia, da técnica operativa à técnica. "No que se refere a nós, não podemos pensar numa chave melhor do que a 'guerra sem limites'."[17]

---

[15] Idem, ibidem, p. 193.

[16] Idem, ibidem, p. 193.

[17] Idem, ibidem, p. 193.

Hegemonia imperial: consenso e dominação

Os Estados Unidos gozaram uma lua-de-mel especial durante a década de 1990. A desaparição da União Soviética abriu o campo para o reinado de uma única superpotência. Triunfava, com os Estados Unidos, a democracia liberal, que se somava ao predomínio da variante liberal da economia capitalista. Precisamente os antigos territórios do Leste europeu, ex-região de regimes do campo socialista, reciclaram-se para democracias liberais de economias neoliberais. O eixo democracia liberal–economia capitalista de mercado–direitos humanos tornou-se a doutrina fundamental de um poder imperial vitorioso, que interveio militarmente nos anos 1990, mas para expulsar tropas de um país que havia invadido outro; para levar assistência humanitária a um país africano que passava fome; para terminar com uma "limpeza étnica". As três intervenções puderam ser justificadas por pensadores europeus, como Norberto Bobbio, com a tese da "guerra justa" ou por membros do Partido Radical da Itália, como Emma Boninno, com a tese da "intervenção humanitária".

Mas o carro-chefe da hegemonia norte-americana não era sua superioridade militar, embora ela estivesse colocada no horizonte. Foram os Estados Unidos que fizeram a guerra do Golfo, financiados pela Alemanha e pelo Japão, principalmente, por defenderem valores e interesses do conjunto das potências capitalistas – dependentes da "*pax* americana" para conseguir abastecer-se de petróleo. O carro-chefe é o triunfo do *american way of life*. A apresentação ao mundo da combinação de democracia política – no sentido liberal, vitorioso hegemonicamente nas décadas anteriores e identificado diretamente com democracia –, liberdades individuais e progresso material veio com o sucesso nos planos econômico, político e tecnológico.

A exportação desse modelo de sociedade encontrou, no mais poderoso aparelho de propaganda jamais existente na história – a combinação entre meios de comunicação e indústria do divertimento –, o instrumento de sua universalização. Eles compõem um impressionante aparato econômico, informativo e de divertimento, que chega a quase o mundo inteiro, generalizando estilos musicais, cinematográficos, de moda, informativos, próximo de uma formidável homogeneização que acompanha e dá alma à globalização neoliberal. Os critérios de verdade, de beleza, morais gerados por esses mecanismos se estendem como nunca no Ocidente. McDonald's, Hollywood, jeans, Coca-Cola, CNN, Microsoft são símbolos da "universalidade" do *american way of life* e do seu sucesso mundial.

As teses de Francis Fukuyama sobre o fim da história[18] correspondem à idéia política de que a história teria chegado a seu horizonte último – a democracia liberal e a economia capitalista de mercado. Seguiriam ocorrendo acontecimentos, porém nenhum superando esse marco histórico – seu patamar final.

A resistência à globalização neoliberal se daria no marco de economias pré-capitalistas; a resistência à democracia liberal se daria no marco de Estados fundamentalistas, que sequer instauraram a separação entre religião e política. O caso dos Estados árabes serviu como ilustração para reforçar o argumento. A polarização entre o modelo norte-americano e o dos regimes islâmicos foi paradigmática desse raciocínio. A polarização capitalismo–socialismo – traduzida pela ideologia liberal na oposição democracia–totalitarismo – foi substituída por aquela entre liberalismo – político e econômico – e fundamentalismo.

Nesse sentido, a obra de Samuel Huntington[19] é um complemento e não um desmentido das teses de Fukuyama. Terminada a bipolaridade entre Estados Unidos e União Soviética, a história contemporânea seria movida por conflitos entre civilizações, dos quais aquele entre liberalismo – como expressão da civilização ocidental – e islamismo seria o mais agudo.

A nova doutrina imperial norte-americana adota as teses de Huntington para interpretar o significado dos atentados de setembro de 2001, retomando expressões como "uma nova cruzada" e "eixo do bem contra eixo do mal", sob um claro pano de fundo de criminalização do islamismo e de caracterização das sociedades árabes contemporâneas – dentre elas a iraquiana, a palestina, a síria, a iraniana – como novos modelos de regimes totalitários. Reatualizava-se assim o modelo que tantos ganhos trouxe para os Estados Unidos na luta contra a União Soviética, da oposição entre democracia e totalitarismo, com o "terrorismo" substituindo a "subversão" atribuída aos partidos comunistas e aos movimentos guerrilheiros do período histórico anterior.

---

[18] Francis Fukuyama, *O fim da história e o último homem*, Rio de Janeiro, Rocco, 1989.

[19] Samuel Huntington, *O choque de civilizações*, Rio de Janeiro, Objetiva, 1997.

Porém, ao mesmo tempo, ao dar-lhe um forte conteúdo militar, fazendo valer a inquestionável superioridade norte-americana nesse plano, deu um destaque radical à força, em detrimento do consenso. Este se assentava na capacidade de expansão da economia norte-americana, revertida na virada do século XX, enfraquecendo as teses do livre comércio como passaporte para seguir o sucesso econômico norte-americano.

A guerra do Iraque representa o momento máximo de unilateralismo e de utilização da superioridade militar dos Estados Unidos como potência hegemônica. Os Estados Unidos ganham em capacidade unilateral de ação, mas se isolam, aprofundam divergências no bloco de potências dominantes e em órgãos internacionais como a ONU e até mesmo a Otan.

No entanto, essa ênfase não esgota, apenas diminui a importância do modelo de sociedade que os Estados Unidos exibem ao mundo como expressão do sucesso de sua democracia e de sua economia. Grande parte dos países do mundo segue dependendo do mercado norte-americano; a imagem do estilo norte-americano de viver continua exercendo seu fascínio; a mídia norte-americana segue tendo um peso determinante na formação da opinião pública mundial. Enquanto não surgirem formas alternativas de construção de sociedade, que construam sistemas políticos democráticos, economias e formas de sociabilidade alternativos; enquanto isso, o poder de atração dos Estados Unidos continuará sendo um elemento de força da capacidade hegemônica norte-americana, mesmo que governos determinados possam colocá-lo em segundo plano.

A LUTA ANTIIMPERIAL NO NOVO SÉCULO

A luta contra a hegemonia imperial norte-americana na sua forma atual precisa, em primeiro lugar, evitar a armadilha da militarização, que desloca para o campo dos enfrentamentos de força a luta entre os Estados Unidos e seus inimigos. Linhas de ação como a dos palestinos e das guerrilhas colombianas – justamente nos dois epicentros da "guerra infinita" –, de resposta violenta, tendem a fortalecer a generalização dos enfrentamentos militares, numa correlação de forças muito desfavorável, que bloqueia a possibilidade de vitórias como aquelas obtidas no período histórico anterior.

Quando tinha vigência a bipolaridade mundial, vitórias contra os Estados Unidos foram possíveis – em Cuba, no Vietnã, no Irã, na Nicarágua, por exemplo, entre os anos 1959 e 1979 – por meio de estratégias insurrecionais. Situadas em zonas de disputa – nos casos do Vietnã e do Irã – ou valendo-se do fator surpresa, derrotas foram impostas aos Estados Unidos, sob o pano de fundo do equilíbrio político-militar entre as duas superpotências.

A década de 1990 introduziu as lutas antiimperialistas num novo marco – o da unipolaridade mundial. Seus reflexos não demoraram a se fazer sentir: o fim do regime sandinista, a reconversão das guerrilhas salvadorenha e guatemalteca à luta institucional foram algumas das conseqüências diretas da nova correlação de forças em escala mundial. Todas essas viradas tiveram que ver, direta ou indiretamente, com a mudança radical na relação de forças internacional. Os três movimentos nos países centro-americanos buscavam a ruptura com o sistema de dominação norte-americano. A partir daquele momento, com a hegemonia dos modelos neoliberais, a luta passou de um caráter antiimperialista à luta de resistência ao neoliberalismo, no horizonte da economia capitalista.

A tônica nessa luta foi deslocada para a resistência de movimentos sociais aos projetos regressivos ligados à prioridade do ajuste fiscal e de políticas de mercantilização e para a crítica social e moral contra as conseqüências negativas dessas políticas. Salvo a Colômbia, cuja situação seguiu na mesma direção das décadas anteriores, no resto do continente se transformaram em lutas sociais, culturais e políticas no plano institucional, deslocando o enfrentamento no plano militar.

Os maiores sucessos nessa luta se deram pela catalisação da rejeição popular a políticas de ajuste fiscal – como nos casos venezuelano, brasileiro e equatoriano –, que colocam a luta antineoliberal como o marco contemporâneo da luta antiimperial. O tema da guerra se acrescenta a ele, conforme o governo Bush associa estreitamente o futuro da hegemonia norte-americana no mundo à sua capacidade de exportar seu modelo para países e regiões com trajetórias muito diferenciadas.

A segunda guerra do Iraque pode abrir, muito mais cedo que se poderia supor, espaço para um mundo multilateral, mais além do unilateralismo norte-americano, conforme os graus de desgaste e principalmente conforme a capacidade de articulação dos que se opõem à posição belicista norte-americana, especialmente entre governos europeus como os da Alemanha e da França e governos latino-americanos como o do Brasil, além eventualmente da Rússia, da China e de outros que não somem automaticamente sob a hegemonia dos Estados Unidos. Grupos como os anti-G8 podem desempenhar o papel de articular os principais países do sul do mundo, como o Brasil – convidado para presidir –, a Índia, a China, a África do Sul, o México, a Indonésia, a Nigéria, entre outros.

Mais do que nunca, a entrada do século XXI é a da disputa por uma nova hegemonia e contra a hegemonia norte-americana, pela emancipação e contra a dominação imperial.

ONDE ESTAMOS?

Recentemente, a humanidade apresentou viradas radicais na sua história no espaço de uma geração, transformações essas que, em outros períodos, levavam décadas ou mesmo séculos para acontecer. Quem nasceu na segunda metade do século XX pôde conviver com o ciclo de maior expansão do capitalismo na sua história, concomitantemente à construção do sólido bloco ocidental em torno da hegemonia norte-americana, tendo diante de si, pela primeira vez na história, um bloco de países que reivindicavam o socialismo. A cronologia de revoluções não deixava de se estender: a de 1949 na China, a de 1959 em Cuba e a de 1979 na Nicarágua somavam-se à vitória definitiva do Vietnã, à libertação das colônias portuguesas na África e a movimentos democráticos e antiimperialistas como os do Irã e de Granada, projetando um fortalecimento cada vez maior das tendências anticapitalistas.

Um quadro *sui generis* de bipolaridade mundial era simultâneo a um outro fenômeno novo: o da industrialização e urbanização aceleradas de países da periferia capitalista, rompendo com a divisão do trabalho entre o centro e a periferia desse sistema, coincidindo com economias industrializadas e agrárias ou mineiras e com sociedades urbanizadas e rurais. A crise capitalista datada de 1973 apenas vinha confirmar as limitações de uma economia que parecia exaurir-se na sua capacidade de crescimento, concomitantemente à derrota norte-americana na Indochina, à vitória do movimento dos direitos civis e contra a guerra dentro mesmo dos Estados Unidos e à crise do sistema político do país com o escândalo de Watergate e a renúncia de Richard Nixon.

Aquele quadro parecia prenunciar uma virada para a hegemonia do bloco anticapitalista – como que a confirmar a sucessão histórica de modos de produção –, a ponto de, como afirma Giovanni Arrighi, em relação à crise econômica do capitalismo dos anos 1970, "a questão mais pertinente parece não ser se ele sobreviveria, mas através de qual combinação de reformas e revoluções ele viria a morrer"[1].

Essa avaliação se situava na longa tradição das tendências predominantes no marxismo, que se desdobrava em dois padrões de análise complementares. Um se apoiava numa suposta evolução histórica dos modos de produção, que havia conduzido – segundo a análise do *Manifesto Comunista* – ao capitalismo e dali ao socialismo e ao comunismo. Outro, numa absolutização dos fatores econômicos na evolução histórica.

Na confluência das duas estava a continuidade da interpretação herdada do "Imperialismo" de Lenin – independentemente de qual era o significado da "etapa superior" – e a focalização da "crise geral" – como seria a categoria utilizada pela Internacional Comunista – no processo de acumulação de capital. O marxismo não havia encarado, em escala histórica, grandes processos de "regressão" que atentassem contra a tentação evolucionista. Períodos contra-revolucionários – como aquele que se seguiu à derrota dos jacobinos na revolução francesa – haviam sido enfocados como tais – como parênteses que não negariam a tendência geral evolutiva da história. As tendências contrárias continuaram a ser encaradas como contratendências.

O movimento operário internacional viveu algumas viradas na correlação de forças ao longo do século XX – quando havia se constituído como força mundial – e teve, diante de todas elas, dificuldades na forma de enfocá-las. A primeira foi a da atitude diante da deflagração da Primeira Guerra Mundial, em 1914; a segunda, o triunfo da onda contra-revolucionária nos anos 1930, antes da terceira delas, o fim do chamado "campo socialista". Esses três momentos foram testes significativos da capacidade de análise de viradas negativas na correlação de forças, e podem permitir compreender com que instrumentos a teoria anticapitalista encararia seus reveses e as transformações negativas que decorreram daí.

Porém, aquele quadro não apenas não evoluiu na direção esperada como mudou radicalmente, de forma ainda mais surpreendente, em poucos anos,

---

[1]   Giovanni Arrighi, *O longo século XX*, Rio de Janeiro, Contraponto/Unesp, 1994.

incluindo o inédito fenômeno da autodissolução de uma superpotência como a União Soviética.

Transformações dessa dimensão na relação de forças são um grande desafio para a capacidade de compreendê-las. Mais ainda porque elas trazem consigo transformações profundas nas condições cotidianas de vida da grande maioria da humanidade, nos planos econômico, social, político e cultural.

Em setembro de 1994 organizamos um seminário com o nome "Pós-neoliberalismo", com a esperança de que o Brasil pudesse ser poupado dessa experiência que já devastava vários outros países, dado que Lula era o candidato favorito às eleições presidenciais, depois que o primeiro projeto neoliberal – o de Fernando Collor – havia sido interrompido. Quando o seminário foi realizado, o novo quadro político já estava configurado: o então ministro da fazenda, Fernando Henrique Cardoso, havia comandado a nova versão do projeto – agora com a tônica centrada no ajuste fiscal e na luta antiinflacionária –, organizado um novo bloco de forças e se projetava como o favorito.

O seminário deu origem a um livro de ampla difusão – *Pós-neoliberalismo*[2] – e, em especial, teve no seu bojo a apresentação de um texto de Perry Anderson que se tornaria a melhor e mais conhecida caracterização do neoliberalismo e avaliação da correlação de forças que sua hegemonia impunha. Foi um duro golpe para os que esperávamos um alento no combate ao neoliberalismo, mas tivemos de nos defrontar com a lógica implacável de um raciocínio que nos revelava de forma crua e inquestionável a relação de forças real do novo período histórico. Anderson chamava a atenção para a "vitalidade impressionante" do novo modelo hegemônico e advertia: "Seu dinamismo não está ainda esgotado".

Sua análise se insere na divisão de que o peso determinante na correlação de forças mundial, tal qual extraído do pensamento de Marx, estaria no centro do capitalismo. De fato, qualquer análise sobre os destinos do socialismo e do capitalismo no século XX tem de voltar seus olhos menos para a periferia do sistema – Moscou, Pequim, Havana ou Hanói, que terminaram sendo os epicentros do socialismo tal qual ele existiu nesse século – e mais

---

[2] Emir Sader e Pablo Gentili (orgs.), São Paulo, Paz e Terra, 1995.

para Nova York, Londres, Tóquio, Berlim, onde a esquerda anticapitalista nunca teve força expressiva.

O que triunfou, em última instância, por meio de várias mediações, foi o desenvolvimento superior das forças produtivas das potências capitalistas em relação ao então chamado "campo socialista" e à União Soviética em particular. Foi, em última instância, o que um autor chamou de "a vingança de Marx"[3], uma "vingança" da própria realidade contra os "desvios" da história, que levaram a que as primeiras rupturas com a cadeira imperialista se dessem na sua periferia – da União Soviética para a China –, enquanto, apesar de seu crescimento econômico, a União Soviética perdeu, ao longo das décadas em que existiu, a competição econômica com as potências capitalistas ocidentais, tanto com as européias quanto com os Estados Unidos e o Japão.

Meghnad Desai tenta retomar a lógica d'*O capital* e constata que, com o fim da União Soviética, é como se o mundo tivesse retornado para a situação de pré-1917. Porém, coerente com a visão de Marx, ele sabe que a história não se desenvolve sob a forma de círculos, mas de espiral. Desai constata que, na virada anterior de milênio, a Europa estava nas trevas da Idade Média, enquanto a força dinâmica residia no poder expansionista do islamismo. A China era o país tecnologicamente mais avançado e talvez o mais próspero do mundo.

Foi na segunda metade do milênio passado que se alterou profundamente a balança entre a Europa e o que o eurocentrismo que chegava chama de "o resto do mundo". Foram as inovações na guerra e na navegação que tornaram possível a expansão do Ocidente, o que permitiu, entre outras coisas, a transferência de riqueza das colônias para as metrópoles. "Deus e armas foram utilizados para conseguir ouro."[4] O que permitiu a hegemonia ocidental foi a superioridade tecnológica, inclusive no plano militar.

Tal qual o *Manifesto Comunista*, Desai reconhece como, por não ser um "sistema benévolo", o capitalismo criou mecanismos dinâmicos de acumulação de capital, baseados na busca ilimitada de maximização dos lucros, produzindo riqueza e miséria ao mesmo tempo. Teria, nos dois últimos

---

[3] Meghnad Desai, *Marx's Revenge* – The Resurgence of Capitalism and the Death of State Socialism, Londres, Verso, 2002.

[4] Idem, ibidem.

séculos, as mais amplas conquistas de bem-estar, comparadas com as dos milênios anteriores. Desai destaca, entre elas: muito mais pessoas estão vivas agora do que em 1800 (mais ou menos seis vezes mais), vivendo mais, em média dez ou vinte anos mais. Um bilhão de pessoas viviam em média quarenta anos em 1800, para seis bilhões vivendo em média sessenta anos hoje – isso seria uma mostra do sucesso do capitalismo. Mais pessoas teriam saído da pobreza nos últimos duzentos anos – especialmente desde 1945 –, como nunca antes na história.

Porém, o triunfo do bloco capitalista sobre o socialista se fundaria essencialmente no seu avanço material. A forma assumida pela crise dos países do Leste europeu confirma isto: não foi tanto a democracia liberal que levou aqueles países a optar por retornar ao capitalismo, mas sobretudo as atrações oferecidas pelo consumo das economias de mercado. Governantes autocráticos como Walesa, Yeltsin e Putin exemplificariam como a demanda econômica foi mais forte que a democracia política. A vitória do bloco ocidental sobre o campo socialista representaria a vingança de Marx sobre os desvios da história em relação a suas propostas de que o socialismo teria no centro do capitalismo seu campo apropriado para realização, como modelo de sociedade que incorporaria os avanços do capitalismo e o negaria como sistema, construindo um tipo antagônico de sociedade. Um desvio que, para Lenin, seria temporário: a revolução teria começado pelo seu elo mais fraco, a Rússia, mas teria de ser resgatada pela revolução na Europa avançada, para que esse desvio fosse temporário, mas não se transformasse numa opção estratégica, o que a faria se chocar com as condições objetivas, que acabaram sendo determinantes no fracasso da experiência soviética.

Um dos fatores determinantes da virada histórica das duas últimas décadas do século XX, que abriu o novo período e a nova correlação de forças mundial, foi o desaparecimento do chamado "campo socialista" e, em particular, da União Soviética, como primeira existência histórica de um Estado que reivindicou o socialismo e se colocou como força antagônica ao capitalismo, numa polarização inédita na história da humanidade. Esse fenômeno representou uma derrota das forças anticapitalistas em diversos sentidos:

a) na constituição de um Estado e de um modelo de sociedade não democráticos e de uma economia mais atrasada do que a das sociedades capitalistas desenvolvidas;

68   Emir Sader

b) na sua auto-extinção e desaparição da União Soviética;
c) no fim da bipolaridade mundial, que contrabalançava o poderio norte-americano e possibilitava a existência de espaços de luta para países da periferia capitalista.

Esse novo cenário mundial aparece como um retorno pré-1917. Aquele ano marcava, na visão de Lukács, o surgimento de uma era marcada pela "atualidade da revolução". O socialismo deixava de estar apenas inscrito nas lutas de classe inerentes ao capitalismo para ter existência histórica concreta num primeiro Estado operário e, ao mesmo tempo, passaria a nortear concretamente os horizontes da luta histórica dali para frente. Todas essas lutas se inscreveriam na contradição capitalismo–socialismo, que começaria a nortear o horizonte histórico.

Esse horizonte permitiu compreender grande parte dos embates políticos e teóricos do século, a partir de 1917. Os partidos socialdemocratas e comunistas personificavam, de diferentes maneiras, estratégias de superação do capitalismo na Europa, enquanto as lutas na periferia do sistema articulavam as reivindicações de libertação nacional com projetos de ruptura com o sistema imperialista vigente. Foi nesse marco que surgiu e se expandiu até um limite significativo o então chamado "campo socialista". Este consistiria no espaço de ruptura com o capitalismo, esboçando a futura comunidade de países integrados no marco de um socialismo internacional.

Esse horizonte norteou as lutas políticas internacionais a partir da vitória bolchevique, de forma mais aberta com o final da Segunda Guerra Mundial, quando tanto num como no outro campo da Guerra Fria o confronto entre os dois blocos os orientava estrategicamente. Os dois blocos – o capitalista e o socialista – raciocinavam na perspectiva da derrota e desaparição do outro. O capitalista caracterizava o enfrentamento como um conflito entre "democracia e totalitarismo". O socialista, como entre "capitalismo e socialismo".

A visão socialista – na sua versão soviética – se apoiava numa interpretação economicista e evolucionista do marxismo, que previa o determinismo histórico da substituição de um modo de produção por outro. Uma leitura desse tipo da evolução histórica permitiria apostar nos fatores "objetivos" – o desenvolvimento das forças produtivas – como o acelerador das transformações históricas e como o campo de enfrentamento em que o socialismo levaria vantagens, daí sua opção como campo preferencial dos enfrenta-

A VINGANÇA DA HISTÓRIA   69

mentos. Quando Nikita Kruschev atreveu-se a anunciar, no início dos anos 1960, que em dez anos o socialismo teria ultrapassado o capitalismo, se referia a uma vantagem econômica, a uma superação nos índices de desenvolvimento, reatualizando o economicismo que havia prevalecido nos tempos de Stalin.

O paradoxal dessa visão residia precisamente no fato de que o campo socialista se organizava na periferia do sistema, tendo portanto uma defasagem no desenvolvimento econômico. A partir da derrota da revolução alemã, entre o final da segunda e o começo da terceira década do século XX, ficou bloqueado o caminho de expansão da revolução na direção do Ocidente, isto é, do capitalismo desenvolvido. Essa trajetória refluiu na direção do Oriente. Enquanto ganhava em extensão – da Rússia para a China –, perdia em nível de desenvolvimento econômico. Incorporava grandes massas da população, mas com elas herdava o atraso do desenvolvimento capitalista nesses países. Não por acaso, o sucesso econômico imediato dos novos regimes se dava justamente no desenvolvimento extensivo, com baixo desenvolvimento tecnológico, mas atendendo a demandas elementares da população. Quando esse processo se esgotou, as defasagens com relação ao desenvolvimento tecnológico do capitalismo se fizeram sentir com toda sua força sobre a competição entre os dois sistemas, e as desvantagens pesaram decisivamente contra o socialismo.

Nesse sentido, a decisão da União Soviética de importar a fábrica de automóveis Fiat estava prenhe de significados. Em primeiro lugar, significava o abandono por parte do primeiro Estado socialista da tarefa de recuperar o atraso tecnológico que havia herdado, apelando para a importação da tecnologia mais desenvolvida das potências capitalistas, justamente com a importação da mercadoria-chave – tanto no plano econômico como no simbólico – do capitalismo, na sua versão norte-americana. Nem a escolha por uma fábrica italiana, em vez de norte-americana, nem a denominação da cidade de implantação – Togliattigrado, para homenagear o secretário-geral do Partido Comunista italiano – podiam disfarçar o fracasso soviético na corrida tecnológica.

Havia no entanto outro significado, de não menor alcance, naquela opção: importavam-se, com o automóvel, o estilo de vida, as ambições e, numa sociedade ainda marcada por profundas carências, os privilégios, porque a fabricação não se centrou na produção de ônibus e caminhões, mas na de automóveis. Era como se, depois de ter passado pela etapa de industrialização de base, na passagem para o atendimento do consumo sofisticado, a União Soviética escolhesse um tipo de sociedade. As palavras de Kruschev ajudavam a decifrar que a competição iria se dar no campo econômico, em que se prometia a fartura do consumo ocidental com os direitos sociais universalizados, ausentes nas sociedades capitalistas. Embora essa opção pudesse ser lida nos planos de industrialização acelerada dos anos 1930, foi nesse momento de aberta polarização e competição com o bloco capitalista que ela se tornou clara e foi assumida conscientemente pelo campo socialista. A incorporação de países do Leste europeu ao campo fortalecia essa alternativa, especialmente aqueles de maior desenvolvimento relativo – como Alemanha Oriental, Checoslováquia, Polônia e Hungria.

Tudo isso se dava no mesmo momento em que, apesar do equilíbrio nuclear e das conquistas da União Soviética no campo aeroespacial, a dianteira tecnológica do campo capitalista se ampliava, com a consolidação das economias alemã e japonesa, reconstruídas no segundo pós-guerra, em condições tecnológicas modernas, disputando com os próprios Estados Unidos a vantagem em vários ramos de vanguarda. A própria idéia de dois mercados, um capitalista e outro socialista, norteado aquele pelo valor de troca e este pelo valor de uso, representava cada vez menos uma realidade.

A União Soviética, além dos déficits estruturais em grãos – herança nunca superada da resolução violenta da questão agrária no final dos anos 1920 por Stalin –, passava a depender cada vez mais da tecnologia ocidental – como testemunhava o caso da Fiat –, assim como de seus financiamentos, e cada vez mais de importações de cereais. Quando o governo Reagan retomou a espiral militarista, levando a um novo ciclo de investimentos, a União Soviética foi levada a gastos que sua estagnada economia não suportava. É preciso recordar como os investimentos militares são funcionais às economias capitalistas, para as quais atuam como formas de keynesianismos militares, enquanto, para as economias centralmente planificadas, esses investimentos têm apenas o papel de expressar a força política e militar dos regimes, desviando, no entanto, recursos que deveriam ir para outros setores da economia. Quando houve a incorporação da informática à indústria bélica e a tantos outros setores da economia pelos Estados Unidos, a competição estava decidida a favor desta e contra a União Soviética. Situação mais grave ainda, porque a própria União Soviética havia optado por concorrer no plano econômico, no maior desenvolvimento das forças produtivas, e não na qualidade diferente da sua sociedade. As tentativas de Gorbachev de reformar a União Soviética, nos planos econômico e político ao mesmo tempo, já chegaram tarde, quando o destino daquele tipo de regime já estava condenado.

A desaparição da União Soviética e do campo socialista representou assim, em primeiro lugar, a desaparição do socialismo como alternativa ao capitalismo. Os países sobreviventes, que seguiram reivindicando o socialismo, tiveram sua situação muito alterada. Cuba passou a uma posição defensiva, reivindicando a sobrevivência do seu regime mediante alguns tipos de concessão e de flexibilização internos, consciente de que o entorno internacional não favorece o avanço na construção do socialismo. Enquanto isso a China acentuou sua opção por uma economia de mercado, combinada com centralização política, e uma integração no mercado internacional.

O período passou a ser caracterizado pela hegemonia norte-americana, assentada na tríade "livre comércio", "eleições livres" e "direitos humanos", e pela recuperação do termo "capitalismo"[5]. O triunfo da "democracia" sobre o "totalitarismo" parece ter liberado o campo para o discurso do mercado capitalista.

FORÇA E DEBILIDADE DA HEGEMONIA IMPERIAL

Uma das características diferenciadoras do período histórico atual é a estranha combinação entre a indiscutível hegemonia da maior potência capitalista – os Estados Unidos – e a sua incapacidade de imprimir uma dinâmica de crescimento e de estabilização política mundial. O ciclo longo expansivo do segundo pós-guerra – que se estendeu até meados dos anos 1970 – combinou hegemonia norte-americana no bloco capitalista e o maior ciclo de expansão econômica do capitalismo na sua história. Embora ameaçada por outra superpotência, os Estados Unidos comandavam um crescimento contínuo da economia dos principais setores do bloco capitalista – tanto a tríade das potências centrais (Estados Unidos, Japão, Alemanha), quanto países da periferia (Brasil, México, África do Sul, Índia, Coréia do Sul). Ao mesmo tempo, a bipolaridade impunha um certo equilíbrio, do qual decorria uma estabilidade política na maior parte do mundo.

---

[5]   Perry Anderson, "Force and Consent", art. cit.

Nesse período, apesar do ciclo curto expansivo da economia norte-americana durante os anos 1990, nenhum dos outros setores motores da economia mundial o acompanhou, com o Japão envolvido numa profunda e prolongada recessão e a Europa ocidental mantendo níveis muito medíocres de crescimento. A expansão das economias do Sudeste asiático e da Índia não bastaram para compensar, e apenas a China assumiu um ritmo inédito de crescimento. Ainda assim, os índices de expansão da economia norte-americana estiveram sempre muito abaixo daqueles alcançados no período de crescimento anterior.

O ciclo expansivo da economia norte-americana tem de ser entendido nos seus fundamentos, tanto para compreender a natureza e a profundidade da recessão atual quanto para caracterizar o período por que atravessa o capitalismo internacional. Duas décadas de profunda estagnação internacional – desde a "crise do petróleo", que encerrou o ciclo longo expansivo mais importante da história do capitalismo, iniciado no final da Segunda Guerra – foram sucedidas por sete anos de rápido crescimento do PIB, do investimento, da produtividade e até mesmo dos salários reais, reduzindo-se o desemprego e a inflação a níveis próximos do *boom* do ciclo expansivo anterior[6]. Ainda que com os exageros tão a gosto da mídia econômica, o desempenho da economia norte-americana foi superior a todos os outros momentos desde a década de 1970, ainda que inferior sempre ao quarto de século anterior a esse momento.

Paralelamente, no entanto, se deu a geração da maior bolha especulativa da história dos Estados Unidos, fator inerente e diferenciador desse ciclo, que finalmente será decisivo no seu esgotamento e na recessão atual. "O valor das ações explodiu, não guardando qualquer relação com os lucros corporativos subjacentes."[7] O endividamento das famílias, do setor corporativo e financeiro, incentivado pela lucratividade dos seus papéis nas bolsas, incharam em proporções sem precedentes históricos. "A bolha pôde, dessa forma, alimentar-se e, portanto, sustentar e acelerar o *boom* da economia."[8]

---

[6] Ver Robert Brenner, *O* boom *e a bolha:* os Estados Unidos na economia mundial, Rio de Janeiro, Record, 2003.

[7] Cf. Idem, ibidem, p. 38.

[8] Idem, ibidem.

A enorme e crescente disparidade entre a alta dos preços das ações e o acelerado crescimento dos investimentos trazia no seu bojo uma formidável crise de superprodução, que acabaria explodindo à superfície na virada do século. Graças a financiamentos a custo praticamente zero, as corporações tiraram vantagem da desregulação financeira e do afrouxamento dos créditos para inundar o mercado de alta tecnologia, sem se importar com a demanda e com as taxas de lucro. Com mercados de produtos financeiros sem regulação, houve um acúmulo de capital fixo investido tal que só poderia se dar uma formidável acumulação de estoques, o que Robert Brenner compara àquela de equipamentos para estradas de ferro, alimentada por uma bolha durante o século XIX. "O lucro tornou-se impossível", conclui ele.

Impulsionadas pela bolha no mercado de ações norte-americano, a crise e a recessão, iniciadas, como era de se esperar, pelas empresas de internet, seguidas pelas de equipamentos para telecomunicações, estendeu-se para o mundo inteiro, e a bolha do mercado norte-americano era seu motor.

A enorme elevação da superexploração dos trabalhadores – tanto norte-americanos quanto imigrantes – combinada com uma grande renovação tecnológica em que a informática teve papel essencial foram os motores essenciais desse ciclo expansivo[9]. Durante os cinco mandatos seguidos, completando duas décadas – dois governos Reagan, governo Bush pai, dois governos Clinton –, os trabalhadores perderam direitos, em grande medida pela generalização da chamada "flexibilização laboral", eufemismo que camufla a superexploração, acelerando a rotatividade de mão-de-obra, num país que já contava com pouca proteção social para a força de trabalho. Essa fragilidade foi ainda mais intensificada pelo ingresso crescente da força de trabalho imigrante – da mexicana à asiática, entre tantas outras origens –, que em geral é contratada sem autorização para trabalhar, ficando portanto ainda mais vulnerável à superexploração, por não poder se sindicalizar e estar sempre com o risco de expulsão. Essa imigração, que se tornou a geradora do maior ingresso de divisas para a grande maioria dos países da América Central e do Caribe, contribuiu ao mesmo tempo para rebaixar a capacidade de negociação de uma classe trabalhadora já enfraquecida, desde os grandes combates em que foi derrotada nos governos Reagan.

---

[9] Ver Ruy Mauro Marini, em Emir Sader (org.), *Dialética da dependência*, Petrópolis, Vozes, 2000.

A rotatividade no emprego, por sua vez, pressionada pela oferta de mão-de-obra sem proteção social, fez com que os trabalhadores perdessem cerca de 14% cada vez que mudavam de posto de trabalho, o que tratavam de compensar com a extensão da jornada, acrescentando outro trabalho – vigilante à noite, entregador de *pizza* nos fins de semana etc. Como resultado, os Estados Unidos passaram a ser o país com a mais longa jornada de trabalho do mundo – 55 horas –, ultrapassando o tradicional recorde japonês, pelo acúmulo de trabalhos. Desmentindo gurus como Jeremy Rifkin, entre outros, que anunciavam "o fim do trabalho", os norte-americanos trabalham muito mais do que antes do início do ciclo expansivo dos anos 1990. O país que mais criou empregos nesse período e mais se desenvolveu tecnologicamente é aquele em que cada pessoa trabalha mais, com jornadas mais longas e menos tempo livre.

Concomitantemente, conforme o Estado foi restringindo os direitos que o Estado rooseveltiano assegurava, a massa da população foi buscar garantir seus direitos nas bolsas de valores, incentivada pelas campanhas a favor dos fundos de pensão privados e pela propaganda governamental e da mídia de que a expansão das ações seria ilimitada. Com a retirada do Estado, as bolsas passaram a ter uma centralidade na economia dos Estados Unidos como nunca haviam tido anteriormente. Sessenta por cento das famílias norte-americanas passaram a ter, em 2000, suas poupanças investidas nas bolsas, entre ações adquiridas diretamente e também através dos fundos de pensão – uma porcentagem que onze anos antes era de menos de um terço. Foi uma grande vitória do capitalismo norte-americano e de sua ideologia fazer com que a grande massa da classe média, mais uma fração dos trabalhadores, passassem a ter seus destinos e o futuro de suas famílias dependentes das bolsas de valores e, portanto, do capital financeiro.

As bolsas passaram assim a ter um papel político substitutivo do Estado, o que obriga o governo e o banco central norte-americanos a se ocuparem dela e, de alguma forma, darem sua garantia a movimentos sobre os quais não têm nenhum controle. Os fundos de pensão investidos na bolsa foram rapidamente substituindo a seguridade social pública para garantir o nível de vida dos trabalhadores na sua velhice. As ações preferenciais foram tomando o lugar dos sindicatos em promover aumentos redistributivos e tutelar o poder de compra dos seus compradores. As economias investidas nas bolsas permitiram a muitas famílias norte-americanas pagar escolas e

A VINGANÇA DA HISTÓRIA   75

universidades muito caras. Uma propaganda da Merryl Lynch – o maior gestor norte-americano de fundos de investimento – se dirigia às famílias, concitando-as a "tomar o futuro em suas próprias mãos", comprando suas ações, para poder "comprar casa, mandar os filhos para a escola e gozar de uma pensão decorosa" – todas funções até recentemente assumidas pelo Estado e pelos sindicatos.

Essa operação política neoliberal de transferência dos direitos garantidos pelo Estado para investimentos na bolsa se iniciou com Ronald Reagan e se completou com Bill Clinton: usar as bolsas para construir um consenso político fundado na venda em massa de ações. Foi por isso que a "terceira via" de Clinton foi saudada pelo colunista do *New York Times*, Thomas Friedman, como a ideologia adequada da globalização (neoliberal). O mercado, no lugar do Estado, se transformaria no espaço de construção do consenso social.

Uma idéia aproximada de como a baixa das ações passou a afetar o nível de vida dos norte-americanos está no dado de que, quando a crise ainda não se declarava abertamente, em 2000, as famílias com investimentos nas bolsas ficaram mais pobres, pela primeira vez em cinqüenta e cinco anos, isto é, desde que existem estatísticas a esse respeito. A partir de então a queda se acentuou.

Essa queda é tanto mais grave porque o ciclo expansivo dos anos 1990 teve no consumo das famílias sua maior alavanca, e estas, agora mais endividadas do que nunca, tornam-se de incentivo a freio da demanda. Levadas pelo mito de que a economia norte-americana havia ingressado num novo patamar histórico – batizado de "nova economia" –, os norte-americanos foram levados a estender indefinidamente seu consumo. "O ciclo econômico – uma criação da era industrial – poderia estar se tornando um anacronismo", lia-se no *Wall Street Journal* no último editorial de 1999, pouco tempo antes de implodir o mito de que a economia dos Estados Unidos teria entrado numa fase pós-industrial, de serviços, em que a informática a deixaria imune a crises. Isso se daria porque a informática possibilitaria detectar preventivamente os gargalos de eventuais crises, permitindo superá-los antes que estourassem. E, por outro lado, a demanda pela generalização do uso da informática seria quase indefinida, levando a expansão da produção a níveis similares aos da indústria automobilística ao longo do século XX, imitando mesmo a moda desta de produzir uma nova geração de veículos a cada ano.

Houve um grave erro de confundir os efeitos da difusão da internet, que devem continuar se estendendo e transformando as formas de viver e de trabalhar, com a explosão das bolsas de valores. Foi com recursos obtidos facilmente num certo momento nas bolsas que se multiplicaram empresas de informática e outras se expandiram rapidamente. Mas conforme essa euforia foi diminuindo e os acionistas foram exigindo retorno, murchou rapidamente a fonte fácil de financiamentos. A Cisco se tornou a maior empresa mundial na produção dos sistemas de fibra óptica, e suas ações, que se haviam tornado as mais valorizadas do mundo em 2000, no começo de 2001 tinham perdido dois terços do seu valor.

Por outro lado, a recessão fez com que velozmente as empresas diminuíssem a demanda de novas gerações de computadores, decepcionando a expectativa de que esse processo seria praticamente inesgotável. Basta que as empresas renovem seus computadores a cada três e não a cada dois anos, para que a demanda caia em um terço. Nos anos 1920 a indústria automobilística também gerou esse tipo de ilusões: o triunfo da grande indústria fordista e taylorista pretendia tornar muito mais previsível o andamento da produção e do consumo em relação ao passado. As aceleradas buscas de novas tecnologias, naquele momento e muito mais nos ciclos expansivos recentes, produzem um aumento grande das despesas, que pesam duramente, quando se chega à recessão, no endividamento das empresas.

Daí, como previa o marxista belga Ernest Mandel, a sucessão de ciclos de expansão mais longos – como o dos anos 1990 nos Estados Unidos – seguidos de recessões mais intensas e mais duras. Compara-se a "velha economia" com um automóvel e a "nova" com um avião, no sentido de que aquela pode frear até parar, enquanto esta, com uma velocidade muito maior, breca num golpe e se detém com grandes sobressaltos, como acontece na decolagem de um avião. A "nova economia" tem necessidade de crescimento rápido para que o investimento de alto risco em tecnologia seja compensado. O apelo ao investimento em alta tecnologia leva ao mecanismo clássico do capitalismo – na velha ou na "nova economia": a superprodução. Excessiva tecnologia, desenvolvendo excessivamente as forças produtivas em relação à histórica lentidão do capitalismo em distribuir renda e, assim, gerar demanda correspondente à sua reconhecida capacidade de expansão da produção.

O ciclo de rápido crescimento econômico dos anos 1990 nos Estados

Unidos ocasionou o aumento da produtividade do trabalho e das remunerações, reduzindo o desemprego e a inflação, com os investimentos subindo significativamente. No entanto, esse ciclo foi apoiado numa enorme bolha especulativa, com grande aumento do endividamento familiar, das empresas e do Estado norte-americano, que financiaram a expansão do consumo privado. Esse endividamento foi coberto pela compra de papéis da dívida norte-americana por capitais externos, o que gerou inédita fragilidade da economia desse país.

Quando terminou o ciclo expansivo – que era julgado interminável – e o capitalismo retomou suas oscilações cíclicas, com uma típica crise de superprodução, os Estados Unidos sofriam os atentados de 11 de setembro de 2001. A confluência dos dois provocou a mudança de linha e do discurso do governo norte-americano. O período político mundial havia mudado com o fim da União Soviética e, com ele, o da bipolaridade mundial; os atentados de 11 de setembro também mudaram o panorama mundial pelo caráter traumático, mas principalmente pela reação norte-americana.

Esta era inicialmente de caráter político-militar, quando do ataque ao Afeganistão e a decretação da "guerra infinita" aos que passaram a chamar de componentes do "eixo do mal", promotores do "terror", segundo a versão do governo Bush. Posteriormente, a nova política dos Estados Unidos assumiu uma nova doutrina que, com a segunda guerra ao Iraque, tornou o "conflito de civilizações" como sua ideologia oficial. Caso se concretize, sob a forma de ocupação do Iraque ou outra forma qualquer de tutela política e militar, representará um período novo na história da humanidade, em que o capitalismo ocidental, representado pelo seu país líder – qualquer que seja o apoio de que disponha –, deflagrará uma guerra colonial, desatada por um novo poder imperial, que tem como objetivo a generalização – tomando a força militar como pedra de toque – do conflito entre a civilização ocidental e as sociedades árabes.

POR QUE E O QUE EM PORTO ALEGRE?

A geografia dos novos movimentos antiglobalização liberal inova: é como se o deslocamento histórico a que se referia Isaac Deutscher[1] – do movimento anticapitalista da Europa ocidental para a Rússia e posteriormente para a China – tivesse sofrido uma reviravolta, mas para o que foi necessário um terremoto que terminasse com a União Soviética e o chamado "campo socialista", que levasse à reconversão da China para uma integração pragmática no mercado capitalista e a uma crise – primeiro de identidade, depois de força política – da socialdemocracia, além da desaparição dos PCs e da derrota do Terceiro Mundo. Uma certa geografia da esquerda foi apagada, de cujos destroços surgiram os movimentos que – de Chiapas a Porto Alegre, passando por Seattle, Gênova, Barcelona, entre outros epicentros – questionam a globalização neoliberal e apontam para um novo desenho ideológico, geográfico e político.

Chiapas, Seattle, Porto Alegre – a que apontam esses lugares? Uma região pobre do sul do México, uma cidade símbolo até ali da pós-modernidade nos Estados Unidos, uma cidade "européia" do sul do Brasil, governada por um partido que pretende representar os trabalhadores – o que podem ter em comum? Que movimento pode surgir dessa diversidade social e geográfica?

Porto Alegre é uma cidade do sul do Brasil, um país pouco conhecido por tradições de esquerda que, de repente, aparece como símbolo dos novos movimentos antiglobalização liberal. Não apenas o significado da cidade,

---

[1] Isaac Deutscher, *A revolução inacabada*, Rio de Janeiro, Civilização Brasileira, 1968, p. 10.

mas especialmente o dos Fóruns Sociais Mundiais de que ela tem sido sede, aparece como uma incógnita, em que se depositam, ao mesmo tempo, esperanças, ilusões, temores e interrogações.

Por que Brasil, por que Porto Alegre?

A esquerda brasileira teve um desenvolvimento relativamente atrasado em comparação com a de outros países da região, como a Argentina, o Uruguai e o Chile. Embora tenha tido partidos comunista e socialista fundados mais ou menos nas mesmas datas que os dos outros países – na segunda metade dos anos 1910 ou no começo dos anos 1920 –, seu desenvolvimento econômico-social – economia cafeeira e baixo desenvolvimento industrial – não possibilitou que esses partidos ganhassem a força de massa que conseguiram nos outros países citados.

Significativa é a comparação do surgimento do projeto nacional-popular com Getúlio Vargas no Brasil e com Perón na Argentina. No Brasil Vargas chega ao poder em 1930, em meio a um país essencialmente agrário e rural, promovendo os direitos da reduzida classe operária urbana, mediante um sindicalismo que o Estado não teve maiores dificuldades de atrelar política e institucionalmente. Foi essa a resposta brasileira à crise de 1929.

Na Argentina, a resposta foi outra. Enquanto no Brasil um governo conservador, primário-exportador, foi derrubado, na Argentina foi um governo radical, progressista, que já havia protagonizado a reforma universitária de Córdoba no final dos anos 1910, a vítima dos efeitos devastadores do craque da bolsa de Nova York. Um governo militar, que renegocia a dependência argentina em termos regressivos, ocupará o poder durante toda a década de 1930 e parte da seguinte, para somente na metade dos anos 1940 Perón ascender ao poder. Ele o faz diante de uma classe operária constituída socialmente e com trajetória e tradição política e ideológica. Por isso Perón teve de derrotar a influência socialista e comunista para projetar-se como novo líder popular do país. Vargas, por sua vez, teve muito menos dificuldades para se impor, pela própria debilidade social e falta de tradição e de histórico de lutas da classe trabalhadora brasileira. Como uma de suas conseqüências, a coalizão nacionalista brasileira que apoiou Vargas – que governou como ditador de 1930 a 1945 e como presidente eleito de 1950 a 1954 –, composta por trabalhistas e por comunistas, quando foi derrotada pelo golpe militar de 1964, praticamente desapareceu. Os trabalhistas deixaram de existir, tal a forma que sua força estava atrelada ao aparelho de Estado e, em particular, ao Ministério do Trabalho – agora apropriados por inimigos dos trabalhadores, pelos militares da "doutrina de segurança nacional", que entre suas primeiras medidas decretaram a intervenção militar em todos os organismos sindicais, o arrocho salarial e a perseguição policial a seus líderes –, enquanto os comunistas, ao verem fracassar sua estratégia institucional de aliança subordinada com a burguesia supostamente nacional, entraram em colapso definitivo, que anos mais tarde levaria a sua desaparição da cena política brasileira.

Embora com um conteúdo similar pelo lado do projeto das classes dominantes, a ditadura militar brasileira teve particularidades que se refletiram também no processo de reorganização da esquerda nacional e que desembocaram na sua configuração atual, que inclui não apenas ser a sede do Fórum Social Mundial, como também a força da sua esquerda política – o Partido dos Trabalhadores e as candidaturas de Lula à presidência – e social – a Central Única dos Trabalhadores (CUT) e o Movimento dos Trabalhadores Sem-Terra (MST).

O golpe militar se deu no Brasil de forma relativamente precoce em relação aos outros países da região. Embora a esquerda brasileira fosse relativamente mais fraca que a dos outros países, começou a apresentar-se como ameaça, por causa do papel-chave do país e pelo amadurecimento relativamente rápido de condições consideradas de risco pela estratégia de segurança nacional. Os principais agentes do golpe – o governo norte-americano e a oficialidade das Forças Armadas brasileiras, concentrada então na Escola Superior de Guerra – detiveram-se especialmente no surgimento de um movimento de mobilização e sindicalização rurais nunca antes visto no país, assim como na politização e organização de setores de baixa e média oficialidade das Forças Armadas, movimentos esses que colocavam em risco o monolitismo do que seria o "o partido" das classes dominantes durante o período da ditadura militar.

Essa data relativamente precoce – no Brasil o golpe se dá em 1964, junto com a Bolívia; o golpe de 1966 na Argentina fracassa e seu projeto será retomado somente dez anos mais tarde; no Chile e no Uruguai eles se dão em 1973 – permitiu à ditadura militar brasileira gozar de uma espécie de "lua-de-mel" no ciclo longo expansivo do capitalismo, ainda que no seu final, mas podendo gozar de um excedente de dólares que em parte se canalizou para irrigar um novo ciclo expansivo do capitalismo brasileiro. Este retomou o crescimento, ainda que de forma seletiva, privilegiando a exportação e a alta esfera do consumo[2], com índices de crescimento acima dos 10% ao ano, até a crise internacional do capitalismo de 1973 e o final desse ciclo.

Ainda assim, enquanto praticamente todas as outras economias entravam em recessão, a brasileira tinha seu crescimento baixado para 5% e 7%, porém agora baseada já não mais em investimentos diretos, mas em empréstimos e em inversões estatais, para obras de duvidosas necessidades – como estádios de futebol por todo o país ou uma nunca terminada rodovia Transamazônica – ou outras, como grandes usinas hidroelétricas, sempre obras grandiosas que garantiram a manutenção de um impulso expansionista até o final da década de 1970. Nesse momento o bumerangue dos empréstimos e dos gastos estatais encerra cinco décadas de crescimento contínuo, que haviam transformado a face do Brasil em quase todos os seus aspectos, freados pelo endividamento, pela inflação e pelos déficits públicos. Essa crise introduziu não uma década perdida, mas décadas de baixo crescimento, senão de estagnação, com índices de expansão da economia que na média mal ultrapassam o do crescimento demográfico.

A esquerda, diante do golpe militar, reagiu majoritariamente pela resistência armada, seja impulsionada pela falta de espaços para outra forma de luta, seja pelos exemplos cubano e chinês, mas foi derrotada em poucos anos (a resistência armada pode ser considerada como ativa de 1967 a 1971, com algumas ações espetaculares, mas sem capacidade de acumulação de força junto às massas). A essa derrota se seguiu a hegemonia liberal na oposição democrática, orientada ideologicamente pela teoria do autoritarismo, de Fernando Henrique Cardoso, que começava a ganhar prestígio como intelectual que arriscava também uma carreira política. Ao lado dessa força, cristalizada num partido amplo que reagrupava toda a oposição legal – o Movimento Democrático Brasileiro (MDB) –, desenvolveu-se um sindicalismo de base, no campo devastado do sindicalismo trabalhista e comunista.

Esse sindicalismo teve seu centro principal na indústria automobilística da periferia de São Paulo, então já transformada na principal cidade do

---

[2] Ver Ruy Mauro Marini, op. cit.

A VINGANÇA DA HISTÓRIA 83

país, em termos econômicos e sociais. Se na fase anterior o sindicalismo teve seu centro em empresas estatais – petróleo, transportes, serviços públicos em geral – e no Rio de Janeiro, ex-capital do país, dessa vez o centro seriam grandes corporações privadas, uma parte delas de capital internacional e em particular da indústria automobilística, alavanca do crescimento industrial brasileiro desde os anos 1950, constituindo, com seus desdobramentos, até hoje, um quarto do seu PIB. Com uma ideologia antipatronal, com forte hostilidade ao Estado – dominado pelos militares e agentes de repressão, além de políticas anti-salariais –, esse novo movimento sindical forjaria o núcleo do que seria o novo grande partido de esquerda no Brasil, o Partido dos Trabalhadores, levando seu principal dirigente, Luís Inácio da Silva, conhecido como Lula, um líder sindical imigrante do Nordeste – zona rural por excelência no país –, com trajetória típica da nova geração da classe trabalhadora, a ser a principal liderança do novo partido.

Ao Partido dos Trabalhadores uniram-se também os círculos organizados pela ala progressista da Igreja Católica brasileira – instituição que havia se transformado rapidamente de participante do golpe militar em principal refúgio de base para a nova militância social no campo e nas cidades, a partir da teologia da libertação –, militantes pelos direitos humanos, pelos direitos cívicos em geral, além de militantes remanescentes da resistência armada e grupos de esquerda tradicionais – trotskistas e maoístas remanescentes, todos, porém, sob a hegemonia do grupo dirigido por Lula.

O Partido dos Trabalhadores tem sido o grande protagonista da política da esquerda brasileira, com uma fisionomia que se alterou, desde um partido de resistência à ditadura e à transição pactada – que levou o Brasil a uma democracia mitigada, mantendo o perfil de país com a pior distribuição de renda do mundo – e chegou à legenda que buscou encontrar espaços para ser alternativa de governo nacional. As candidaturas de Lula à presidência da República, de 1989 a 1998, todas resultando um segundo lugar, foram fixando um grande caudal de votos, no patamar de 30%, e ajudaram a transformar o partido no primeiro a ser tomado isoladamente, em escala nacional.

Desde sua fundação em 1980, o Partido dos Trabalhadores conquistou prefeituras, em que deixa sua marca de administrações municipais em geral bem-sucedidas, seja pela prioridade de políticas sociais, seja pela transparência de seus governos, seja pela interação como os movimentos sociais.

Foi porém a política de "orçamento participativo" que caracterizou as prefeituras de maior sucesso do PT, a começar pela de Porto Alegre.

Porto Alegre é a capital do Estado do Rio Grande do Sul, o mais meridional do Brasil, marcado pela fronteira com a Argentina e o Uruguai. É uma situação especial, dado que todas as outras fronteiras de um país com a enorme extensão territorial do Brasil são praticamente inacessíveis, definindo uma falsa proximidade com os outros países da América do Sul (o Brasil só não tem fronteiras com o Chile e o Equador no subcontinente, mas as fronteiras com a Bolívia, a Colômbia, o Peru e a Venezuela são praticamente mortas, restando apenas a fronteira com o Paraguai, com circulação ampla e direta). Essa característica de estado de fronteira fez do Rio Grande do Sul um estado forte militarmente, e, a partir daí – quando os militares brasileiros começaram a participar diretamente da política, logo depois da cruel guerra movida com a Argentina e o Uruguai no final do século XIX –, forte politicamente.

Foi desse estado que proveio o principal estadista brasileiro até aqui – Getúlio Vargas – líder do movimento que derrubou a oligarquia rural em 1930, assim como um seu continuador, João Goulart, presidente brasileiro de 1961 a 1964, deposto pelo golpe militar, assim como também outro de seus sucessores, Leonel Brizola, ex-governador do Rio Grande do Sul e do Rio de Janeiro, dirigente de um remanescente e hoje inexpressivo partido político nacionalista. Foi também daquele estado que provieram vários dos mais importantes altos oficiais da ditadura militar, inclusive três que assumiram a presidência – Costa e Silva, Garrastazu Médici e João Figueiredo.

Essa tradição politizada do estado foi herdada pelo Partido dos Trabalhadores, numa versão mais radicalizada, inicialmente através da eleição de prefeitos na capital do estado, Porto Alegre, desde 1988. Na gestão do primeiro prefeito do PT nessa cidade, Olívio Dutra – sindicalista, bancário, fundador do partido com Lula e outros sindicalistas –, que foi elaborada pelo então vice-prefeito, Tarso Genro – advogado, ex-militante da luta clandestina contra a ditadura –, implantou-se a política de orçamento participativo, que consiste em deslocar da Câmara de Vereadores para assembléias populares a decisão sobre os recursos orçamentários de livre disposição do governo municipal.

Essa experiência tem permitido a politização dos debates orçamentários, tirando-os da esfera tecnocrática e legislativa, no sentido estreito da palavra, e permitindo um amplo debate da cidadania organizada em torno das prioridades e do significado social e político das opções orçamentárias feitas por uma série sucessiva de assembléias ao longo do ano. Além de decidir sobre os investimentos, essas assembléias acompanham sua realização e fazem balanços de sua aplicação. Esse processo tornou-se o grande trunfo diferenciador, mobilizador e legitimador dos governos do Partido dos Trabalhadores, a ponto de, a partir de um certo momento, todos os candidatos opositores também o incorporarem – ainda que sob formas mitigadas – em seus programas eleitorais.

Tarso Genro sucedeu a Olívio Dutra na prefeitura de Porto Alegre; seu vice-prefeito, Raul Pont, o sucedeu e, posteriormente, o próprio Genro voltou a ser eleito prefeito da cidade, cargo de que se licenciou para ser candidato derrotado a governador pelo PT, na sucessão de Dutra, que havia introduzido a experiência do orçamento participativo, estendida já às principais cidades do Rio Grande do Sul, governadas pelo PT.

Quando alguns membros de ONGs brasileiras procuraram o jornalista Bernard Cassen, do *Le Monde Diplomatique*, no início de 2001, para propor a realização de um fórum alternativo a Davos, propondo-lhe que fosse realizado na Europa, Cassen tomou a iniciativa de sugerir que a sede fosse na periferia do capitalismo, no Brasil e mais particularmente em Porto Alegre. Essa escolha se deu justamente pelo sucesso das políticas de reforma democrática do Estado, centradas no orçamento participativo – portanto, numa política pública, levada a cabo por um partido de esquerda no marco da reforma política do Estado, centrada no fortalecimento da esfera pública.

O QUE TEM SIDO O FÓRUM SOCIAL MUNDIAL

Apesar desses critérios para a escolha de Porto Alegre como sede do que seria o primeiro Fórum Social Mundial, realizado em janeiro de 2001, simultaneamente ao Fórum Econômico de Davos – assim como o segundo, na mesma época do ano de 2002 –, a composição do que seria o Comitê Organizador foi um fator que impôs um viés particular ao perfil inicial dos fóruns. Esse comitê foi composto majoritariamente por organizações não-governamentais, com participação minoritária dos dois principais movimentos sociais do país – a Central Única dos Trabalhadores, hegemonizada pelo Partido dos Trabalhadores, e o Movimento dos Trabalhadores

Sem-Terra, identificado com tendências mais radicalizadas do próprio PT. Esse papel central das ONGs fez com que a definição do caráter do Fórum e a composição dos seus participantes assumisse uma das temáticas predominantes nos movimentos de resistência ao neoliberalismo nas duas décadas anteriores – o de espaço de aglutinação da "sociedade civil", com os significados múltiplos e difusos que esse conceito passou a ter ao longo do período.

Não é este o lugar para retomar a genealogia do termo, suas diversas acepções e os novos conteúdos que possa estar assumindo. Já existe uma vasta bibliografia sobre o tema. (Nota: ver bibliografia no final do livro.) O que importa minimamente resgatar são dois elementos, um inclusivo e outro exclusivo. O primeiro se refere às margens de coincidências perigosas do resgate da "sociedade civil" com movimentos neoliberais e, em particular, com a linha do Banco Mundial de incorporação de ONGs, como extensão da participação dessas organizações na aplicação de políticas sociais compensatórias propostas pelo Banco, de que o México, já antes do governo de Vicente Fox, porém mais acentuadamente desde que tomou posse em 2001, foi um laboratório de experiências. Essa margem de coincidências permite ambigüidades que não tiveram até aqui efeitos negativos que desfigurassem o caráter originalmente antineoliberal dos fóruns, pelo forte peso de um de seus componentes programáticos originais, derivados das manifestações fundadoras de Seattle, em novembro de 1999, contra a OMC e, portanto, contra as políticas do chamado "livre comércio".

O outro aspecto da opção pela "sociedade civil" é excludente: deixa de fora os partidos e os governos, ao assumir a oposição sociedade civil/Estado. Esse aspecto é mais grave, não apenas porque um movimento antineoliberal não pode prescindir de nenhuma força numa luta ainda tão desigual, mas principalmente porque se abstrai das temáticas do poder, do Estado, da esfera pública, da direção política e até mesmo, de alguma forma, da luta ideológica. O movimento, ao assumir essa delimitação, se priva de apoios e restringe sua ótica, deixando de lado elementos essenciais até mesmo para a escolha de Porto Alegre como referência central dos fóruns, como os temas da reforma democrática do Estado e da centralidade da esfera pública, todos levados a cabo por um partido de esquerda, o Partido dos Trabalhadores.

Esse aspecto termina sendo mais grave porque, se levado estritamente adiante, limita a formulação de propostas alternativas ao neoliberalismo. Nesse caso, a busca de alternativas fica restrita ao marco local – derivado da formulação de tanto sucesso entre as ONGs, "Pensar local, agir local" –, abrindo mão da luta por uma hegemonia alternativa ou ao marco setorial – alternativas de "comércio justo", de "desenvolvimento ecologicamente sustentável" –, sem propostas globais de projetos negadores e superadores do neoliberalismo como proposta global do capitalismo na presente fase histórica.

Essa limitação se fez presente no próprio formato dos dois primeiros fóruns, que tiveram em sua estrutura central, respectivamente, 24 e 27 mesas-redondas, com temáticas bastante fragmentadas e tendentes a multiplicar essa dinâmica, aparentando-se mais a uma abordagem acadêmica, com sua respectiva divisão intelectual do conhecimento. As palestras gerais eram mais testemunhos de pessoas ligadas de alguma forma ao movimento – e significativamente no primeiro fórum os testemunhos de maior sucesso foram os de dirigentes políticos ou de movimentos sociais, como Lula, João Pedro Stedile, José Bové e Eduardo Galeano.

O próprio fato de se definirem como organizações "não-governamentais" explicita sua falta de ambição de construir projetos hegemônicos alternativos, que não poderiam deixar de incluir Estados e governos, como formas de articulação do poder político e econômico nas sociedades contemporâneas. Implícita ou explicitamente se inserem assim no marco do liberalismo, seja na sua crítica essencial à ação do Estado e dos governos, seja na redução de sua ação à "sociedade civil", cujos espaços, definidos por oposição ao Estado, terminam por configurar os limites liberais de suas concepções políticas. Diluem na "sociedade civil" a natureza de classe dos seus componentes – corporações multinacionais, bancos, máfias, junto a movimentos sociais, sindicatos, entidades civis –, demonizando conjuntamente o Estado. O protagonismo das organizações não-governamentais na luta de resistência ao neoliberalismo é um sinal do caráter ainda defensivo – e impotente para lutar por uma hegemonia alternativa – dessa luta. A colocação da luta contra a hegemonia imperial norte-americana e o caráter anticapitalista da luta contra o neoliberalismo são os elementos que podem marcar a virada para uma etapa ofensiva e política nos movimentos que lutam por uma globalização alternativa.

Enquanto isso, conforme os velhos componentes da esquerda foram desertando desse campo ou se enfraquecendo e perdendo expressão, o campo das resistências ao neoliberalismo foi sendo ocupado por esses tipos de organização – as ONGs –, desvinculados do campo político e, com ele, da reflexão e de propostas estratégicas. Era como se esse campo fosse abandonado ao "inimigo". Foi sendo teorizado o surgimento de um novo tipo de cidadania, de caráter global, mais além das fronteiras nacionais, cujo debilitamento foi sendo dado como suposto. E, com o enfraquecimento do Estado, se aceitava também o da política – pelo menos em suas formas tradicionais.

A aparição de um movimento como o dos zapatistas, que teria conseguido direitos à própria existência, no México, por intermédio do seu reconhecimento internacional via internet e sua difusão por agências de notícias, as quais teriam feito repercutir internamente as idéias desse movimento, serviu como exemplo da forma de cidadania universal – antes mesmo daquela em nível nacional, pela qual os zapatistas ainda continuam a lutar – que começaria a existir.

Por outro lado, numa concepção diferenciada do liberalismo, passou-se a utilizar a idéia de sociedade civil como composta pela cidadania organizada, cuja expressão mais definida seriam os movimentos sociais, as organizações não-governamentais e entidades civis que lutam pelos direitos sociais, políticos e culturais. Mantém-se, da concepção original, a oposição ao Estado, aos governos, partidos políticos e parlamentos, embora buscando um recorte também pelo lado das grandes corporações, embora nunca explicitada e reiterada nas práticas de número significativo de ONGs, com suas "parcerias" com empresas privadas.

Não seria estranho, portanto, que, surgindo depois de rupturas tão marcantes – como abordaremos a seguir – os fóruns apresentassem um quadro de difícil apreensão com base em comparações com outras tentativas de coordenação internacional. O mundo do trabalho, que caracterizou as Internacionais, até mesmo a primeira, com o próprio sentido de internacionalismo extraído da universalização da exploração do trabalho pelo capital, perdeu protagonismo. O mesmo aconteceu com o outro componente da "esquerda" tal como ela existiu na periferia do capitalismo – o "terceiro mundo" – e suas formas de organização econômica e política. A sua ausência, sob a forma que existia anteriormente, é uma das características dos fóruns, embora estejam presentes centrais sindicais importantes – como as do Brasil, da África do Sul e da Coréia do Sul, bem como representantes das dos Estados Unidos, da Argentina e de alguns países europeus. Significativamente também, a presença maior dos representantes do mundo do trabalho se dá em países da semiperiferia. Os do "terceiro mundo" – e os fóruns têm sido realizados em um espaço do "terceiro mundo" – estão igualmente presentes, embora as maiores manifestações desde Seattle tenham se dado em cidades do centro: Gênova, Florença, Londres, Madri, Roma e Barcelona, entre outras. Essa nova combinação – muito presente em Gênova, com a participação determinante de um novo subproletariado jovem – é um dos fatores que marcam as diferenças específicas dos fóruns e apontam para uma nova combinação de elementos na construção de novas formas de subjetividade na luta por um mundo pós-neoliberal.

Rupturas e continuidades

Antes de seguir adiante e refletir sobre o que os fóruns podem ser, sobre seu potencial, detenhamo-nos um pouco nas suas limitações ou, pelo menos, no cenário histórico de que eles surgiram. A novidade radical dos Fóruns Sociais Mundiais coloca desafios sobre sua natureza, que tentam ser contornados por comparações aproximativas, que vão desde as Internacionais operárias – a primeira, mais do que as outras – até a Conferência de Bandung[3], passando por uma variante de Woodstock – como encanta à grande mídia caracterizar. É possível encontrar algo de cada um deles, mas qualquer comparação dessa ordem traz mais confusões do que esclarecimentos sobre sua natureza ou pelo menos sobre o que o Fórum Social Mundial tem sido e sobre o que ele pode vir a ser.

O novo sempre apresenta essa dificuldade de ser apreendido na sua especificidade, mais ainda se surge depois de tantas transformações, que mudaram até mesmo o cenário histórico mais geral em que se deram os acontecimentos anteriores. As Internacionais surgiram no marco da constituição do movimento operário, com o tema do trabalho ganhando centralidade – especialmente a partir da Segunda[4] –, e levaria mais de um século para se desdobrarem na formação dos partidos de esquerda – especialmente socialistas e comunistas –, nas organizações sindicais, nas representações parla-

---

[3] Ver Michael Hardt, "From Porto Alegre", *New Left Review*, n. 14 (nova fase), mar./abr. 2002.

[4] Ver Perry Anderson, "Internationalism: a Breviary", *New Left Review*, n. 14 (nova fase), mar./abr. 2002.

mentares, em distintas expressões culturais. Mesmo se uma comparação não tenta reproduzir mecanicamente as mesmas condições históricas, mas apenas buscar semelhanças que possam ajudar a descrever um novo fenômeno, política e historicamente o cenário é outro, com todas as suas conseqüências no plano ideológico.

Como marco de comparação inicial, pode-se dizer que uma ausência notável no primeiro Fórum de Porto Alegre (janeiro de 2001) foi a da esquerda tradicional européia – tanto de seus partidos como de seus sindicatos –, exatamente as principais forças que haviam protagonizado a categoria "esquerda" com seu componente central do trabalho. Sua participação nos dois Fóruns seguintes (2002 e 2003) foi um pouco maior, porém sem expressão significativa no conjunto do evento.

Isso se deve tanto à sua crise ideológica – com a reconversão da social-democracia a programas neoliberais –, quanto à diminuição de sua importância política – com os PCs reduzidos à sua mínima expressão, e as centrais sindicais na defensiva. Os temas tradicionais dessas vertentes do movimento operário estavam presentes, mas redimensionados, num marco muito mais amplo e diversificado de problemas a discutir, protagonizado principalmente, pelo lado do mundo do trabalho, pelas centrais sindicais do Brasil, da África do Sul e da Coréia do Sul, significativamente países da semiperiferia capitalista.

Podem-se sempre considerar elementos comuns com a Primeira Internacional, especialmente no caráter ideológico libertário, plural, rebelde, na composição social heterogênea, na tônica internacionalista, na oposição à mercantilização do mundo. É no entanto indispensável, para captar o significado dos novos fenômenos, colocar a ênfase nos elementos diferenciadores, especialmente no marco de ruptura do período histórico existente entre aquele iniciado com o surgimento do termo "esquerda" e o movimento operário, como foram conhecidos por mais de um século. Separam-nos a derrota e a desaparição do que historicamente assumiu a imagem do "socialismo" e as transformações operadas na esquerda, como ela foi projetada para o mundo, a partir dos processos políticos da Europa ocidental.

A partir do surgimento da União Soviética e, especialmente, do final da Segunda Guerra Mundial, com o cenário internacional polarizado pela oposição "capitalismo/socialismo", as referências ideológicas e políticas eram relativamente determinadas, com a luta entre a polarização dos dois sistemas pregada pela esquerda e aquela entre "democracia/totalitarismo", proposta pelas potências capitalistas ocidentais. Foi esse o embate ideológico maior que presidiu o período histórico anterior àquele que vivemos atualmente.

O desaparecimento da forma histórica do socialismo assumida pela União Soviética e pelo então chamado "campo socialista" concluiu o período de "atualidade da revolução", e o capitalismo voltou a reinar sozinho no cenário mundial. Os próprios países remanescentes do socialismo se reciclaram: a China, na direção de uma forma mitigada de economia de mercado, caminho provavelmente trilhado também pelo Vietnã; e Cuba buscando mais defender as conquistas sociais básicas do período anterior do que avançar na direção do socialismo.

As forças sociais e políticas correspondentes sofreram por sua vez os efeitos da radical mudança na correlação de forças. Os sindicatos e centrais sindicais, sob o impacto da expansão do desemprego na Europa, passaram à defensiva, entre formas relativamente debilitadas de resistência e outras de adequação a distintas formas de "flexibilização laboral" – sempre formas disfarçadas de aumento da superexploração do trabalho –, em meio à perda acelerada do número de adeptos e de reinserção em um mundo do trabalho crescentemente informal e heterogêneo, em que as formas tradicionais de organização e de luta foram perdendo sua eficácia.

Os partidos, por sua vez, sofreram os abalos da generalização das políticas neoliberais de ajuste fiscal, de desregulação, de abertura dos mercados, de flexibilização laboral, adotando essas políticas a socialdemocracia em suas gestões de governo – justamente no momento em que, pela primeira vez, se tornaram majoritárias nos Estados da Europa ocidental –, enquanto os PCs dessa região encolhiam ou simplesmente desapareciam e o cenário político do Leste europeu expressava algo similar, com versões radicalizadas do neoliberalismo ou reconversões dos ex-PCs a políticas socialdemocratas, adaptadas aos novos tempos.

As dimensões dessa derrota para a esquerda não foram ainda suficientemente avaliadas na sua profundidade e abrangência. Nos seus principais tópicos podemos constatar, antes de tudo, a vitória do liberalismo, nos planos econômico e político. Economicamente, com a contraposição à regulação e ao "Estado de bem-estar social", da desregulação e da retração dos direitos sociais em função de mecanismos de mercado e de financeirização da economia, incluídos os Estados. A mercantilização se projetou do plano das relações sociais para o das práticas e da consciência social, tornando-se o referencial central da vida ideológica nas duas últimas décadas, enquanto a "empresa" passou a ocupar o lugar central como sujeito dos processos econômicos, em detrimento do Estado, dos sindicatos, dos movimentos sociais, dos partidos – de todas as formas reguladoras e associativas da vida social, todas contrapostas à extensão ilimitada dos mecanismos de mercado.

Do ponto de vista político, com o deslocamento da polarização capitalismo/socialismo a favor daquela entre democracia (liberal)/totalitarismo, o liberalismo conquistou espaços como nunca antes havia conseguido no campo da esquerda. No da esquerda tradicional, com a assunção de políticas econômicas neoliberais e dos pressupostos do modelo político de democracia representativa como a forma definitiva de democracia política. Paralelamente, desapareceu do cenário político e ideológico o "imperialismo" como fenômeno e, com ele, os Estados Unidos puderam, com mais facilidade, impor sua hegemonia no plano internacional, como modelo de sistema político "democrático" e de sucesso econômico, pelos seus graus insuperados de desregulação econômica, consubstanciados num modelo "anglo-saxão", contraposto às sobrevivências do "Estado de bem-estar social" na Europa ocidental.

A idéia de progresso econômico passou a associar-se à liberdade de movimento das empresas e do capital, e os graus de desregulação passaram a medir as potencialidades da expansão econômica. A idéia de "globalização" foi assumida como marca por esse modelo, para impor uma contraposição a modelos "atrasados", nacionais, apropriando-se do movimento internacional do capital como se sua modalidade fosse a única possível.

O conjunto desses elementos constituiu uma hegemonia extensa e profunda, que se cristaliza no plano ideológico e cultural, como nunca o capitalismo havia gozado. Se um país de cultura tão diferenciada como o Japão já havia, no segundo pós-guerra, assumido supostos básicos do modelo de capitalismo ocidental – e do norte-americano em particular, afirmando seu sucesso numa forma diferenciada desse capitalismo, nas suas condições específicas –, a China passou, nas duas últimas décadas, a assumir alguns desses pressupostos como seu objetivo, mudando hábitos e valores de parcelas significativas de sua sociedade, num ritmo jamais visto na cultura oriental.

Se na Europa ocidental a socialdemocracia se fez porta-voz de políticas neoliberais – ainda que mantendo, no caso do governo de Lionel Jospin na

França, em particular, matizes próprios no plano social –, na América Latina as vertentes populistas tradicionais – que sempre tiveram no nacionalismo, retórico ou real, uma de suas características – e as socialdemocratas assumiram esse papel, nesse caso com modalidades extremas de neoliberalismo – de que os casos do Partido Revolucionário Internacional mexicano e do peronismo são exemplos privilegiados.

A compreensão da dimensão das rupturas operadas nas décadas anteriores ao zapatismo, a Seattle e aos Fóruns de Porto Alegre é condição para compreensão da natureza do novo quadro histórico em que esses fenômenos se inserem. Os Fóruns têm sido o espaço do reencontro dos movimentos de resistência à globalização neoliberal, na busca da formulação de alternativas globais e locais, da troca de experiências dos diversos movimentos e de afirmação política da vontade de construir "um outro mundo possível". Com a desaparição do socialismo do horizonte histórico atual – e, com ele, da própria tematização do capitalismo como sistema social historicamente determinado –, a esquerda ficou completamente desarmada para enfrentar a contra-ofensiva conservadora que se apossou do mundo desde os governos de Reagan e Thatcher, continuados com os da chamada "terceira via", de Clinton e Blair. Dos projetos estratégicos de construção de um novo tipo de sociedade, passou-se à defesa dos direitos avassalados – típicos da situação de defensiva do movimento sindical – ou à criação de espaços locais e setoriais de resistência – com a proliferação de governos municipais alternativos e das ONGs, e seu lema "pensar global, agir local", como melhores exemplos.

Abandonava-se a possibilidade de construção de um tipo de sociedade alternativa ao capitalismo, movendo-se a luta no interior da resistência ao neoliberalismo, como modalidade contemporânea desse tipo de sociedade. Induzia-se o diagnóstico das teorias sobre o "totalitarismo", segundo a qual todas as tentativas de análises globais – isto é, históricas, pensadas na sua totalidade, como processo – desembocariam em projetos redutivos, que terminariam tendo no Estado seu agente "totalitário". A democracia requereria, pelo seu lado "pluralista", diagnósticos "complexos", não redutivos ao "economicismo" atribuído ao marxismo – realmente existente –, e assim se renunciaria ao que passou a ser chamado de "grandes narrativas".

Foi nesse marco que surgiram formas de resistência locais, experiências de governo municipais e provinciais, setoriais – ecológicas, femininas, étnicas, de direitos humanos, entre outras –, de cuja agregação se constituiria o movimento que, unido a organizações sindicais e de resistência à Organização Mundial do Comércio e a suas teses do "livre comércio", explodiu à superfície em Seattle, em novembro de 1999. Se elas representam avanços na construção de espaços novos de acumulação de forças, muitas delas trazem implícita a idéia de renúncia à construção de uma sociedade alternativa, como se, de alguma forma, a condenação aos marcos do capitalismo e da democracia liberal – de que as formulações de Fukuyama são a expressão mais acabada – fosse assumida como tal.

O que o Fórum de Porto Alegre pode ser

O Fórum Social Mundial de Porto Alegre é um espaço inédito de encontro de forças anti-sistêmicas em escala internacional. Inédito pela diversidade de forças que o compõem – não apenas partidos ou forças políticas, mas uma gama de movimentos sociais, organizações não-governamentais, civis, centrais sindicais, personalidades, partidos, governos –, pelo seu caráter de espaço não-estatal ou partidário, por se propor a formulação de alternativas globais ao neoliberalismo e estratégias para colocá-las em prática.

Nesse sentido, por sua própria existência, o Fórum significa, em primeiro lugar, a geração de um espaço que faz com que a luta de resistência ao neoliberalismo se livre dos estreitos limites da opção entre globalização liberal e Estados nacionais em que o neoliberalismo pretendeu aprisionar essa luta. Incorpora-se a esse encontro a idéia de que as alternativas ao neoliberalismo têm de se dar na direção da sua superação e, portanto, têm de se dar no plano internacional. O peso do Estado nacional é reconhecido na formulação dessas alternativas e na sua realização; porém, o marco comum é o da globalização alternativa, não apenas aquela do capital, tendo as corporações multinacionais como seus agentes.

Em segundo o lugar, o Fórum Social Mundial permite o restabelecimento de uma aliança entre as forças de oposição ao neoliberalismo da periferia e do centro do capitalismo, processo que havia sofrido uma profunda fratura desde a hegemonia neoliberal e o fim da União Soviética, quando os países do centro – governados pela socialdemocracia ou por ex-comunistas – redefiniram as áreas de influência mundial, abandonando os países da periferia na sua condição de vítimas privilegiadas da nova ofensiva do grande capital e das grandes corporações internacionais.

Em terceiro, possibilita a reunião das contribuições teóricas, sociais e políticas num mesmo espaço, sem hierarquia determinada, buscando a construção de alternativas globais ao neoliberalismo. Resgata-se de alguma forma a herança acumulada pela esquerda histórica, pelos movimentos sociais e pela produção teórica, ao mesmo tempo em que permite a esta ser pautada pelas temáticas do movimento por uma globalização alternativa.

Esse movimento reflete, no seu interior, os elementos de força e de fraqueza que a luta contra o neoliberalismo tem revelado. Elementos de força, como o recolhimento do que de melhor tem surgido na produção teórica, seja no plano das análises globais, seja no plano setorial, como a presença de movimentos os mais diversos – sindicais, de gênero, de etnias, de meio ambiente etc. –, ao lado de forças e dirigentes políticos e personalidades do mundo acadêmico e cultural; como o reconhecimento moral de que os grandes temas da humanidade na entrada do novo século são discutidos no seu interior, e não em Davos. Elementos de fraqueza, como a ausência ainda de tradução desses elementos de força em força política – seja no plano de governos, de parlamentos ou de outras formas, além das mobilizações de massa, que possam exercer efetivamente o veto sobre políticas neoliberais vigentes, seja sob a forma de outras formas inovadoras de ação política. Fraqueza também no plano econômico, que possa transformar o crescente sentimento de esgotamento e fracasso das políticas neoliberais em políticas econômicas alternativas e, antes mesmo disso, pelo menos, em capacidade de frear o movimento especulativo de capitais e apontar para novas formas de intercâmbio econômico internacional. Outro elemento de debilidade do Fórum Social Mundial é a representação ainda muito desigual na participação nos fóruns, com significativa ausência ou sub-representação precisamente de países do centro do capitalismo, como os Estados Unidos, a Alemanha, o Japão, a Inglaterra, ou de potências emergentes de grande importância, como a China e a Índia.

Passos importantes foram dados no seminário realizado em Barcelona pelo Comitê Internacional do Fórum Social Mundial, em abril de 2002. Entre suas principais decisões estão a transferência da direção política do Fórum Social Mundial do comitê organizativo originário – composto por organizações brasileiras, majoritariamente ONGs – para o Comitê Internacional. Este é composto por cerca de sessenta redes internacionais, de todos os continentes, com um leque bastante representativo de organizações. Por outro lado, esse comitê decidiu dar um formato mais concentrado aos fóruns, com uma pauta de seis temas básicos, que agrupam todos os outros, para poder avançar de forma mais decidida na formulação de propostas políticas abrangentes e de estratégicas de luta para consegui-los. Já se havia decidido que os fóruns não são eventos, mas um processo de elaboração de alternativas e de luta para sua colocação em prática. Nessa perspectiva se realizaram, já antes do Fórum de 2003, fóruns continentais e setoriais e outros foram programados.

O Fórum Social Mundial de Porto Alegre representa assim um elemento novo, que marca a virada do período de resistência fragmentada, setorial, defensiva ao neoliberalismo, para a fase de acumulação concentrada de forças, que pode permitir a passagem a um período que se apóie em forças políticas, sociais e culturais articuladas internacionalmente, e assim enfrentar o neoliberalismo com condições de derrotá-lo e superá-lo. As primeiras décadas do novo século são o cenário para esse novo desafio, com a consciência da sua complexidade e da desigualdade de forças ainda presente hoje em dia.

No momento da irrupção da rebelião dos zapatistas e das manifestações de Seattle, estávamos ainda no ciclo de crescimento da economia norte-americana, que dava o tom do clima econômico mundial. Chiapas foi feito contra o Nafta, Seattle contra a Organização Mundial do Comércio. O primeiro Fórum Social Mundial se propôs a formulação de alternativas ao neoliberalismo. O segundo Fórum já se realizou quando o ciclo expansivo norte-americano havia se esgotado e, depois de 11 de setembro de 2001, os Estados Unidos haviam mudado seu presidente, sua política externa e seu discurso. Os Fóruns de Porto Alegre de 2002 e 2003 incorporaram como tema central a questão da paz e contra a guerra; o de 2002 foi aberto por Noam Chomsky, no marco de propostas de paz para a Palestina, para Chiapas, para a Colômbia e para o País Basco. Na nova conjuntura, temos um duplo desafio, o de criar alternativas ao neoliberalismo e às políticas imperiais dos Estados Unidos.

SEGUNDA PARTE

A AMÉRICA LATINA NO SÉCULO XXI

Introdução

Nunca na sua história a América Latina esteve tão povoada por regimes políticos democráticos – conforme os cânones liberais – como na entrada do século XXI. Depois da substituição dos governos do PRI pelo de Vicente Fox no México, ligado ao até então opositor PAN, da reconversão dos movimentos guerrilheiros da Guatemala e de El Salvador para a luta institucional, da retomada formal da institucionalidade no Haiti, da substituição do regime de Fujimori pelo de Alejandro Toledo no Peru, da instauração de um processo formal de alternância institucional no Paraguai, com o fim do governo do general Ströessner, com a transição das ditaduras militares a regimes eleitorais na Argentina, no Chile, no Uruguai, no Brasil e na Bolívia, a América Latina teria instaurado o reinado de regimes políticos democráticos praticamente no conjunto do continente. Apenas Cuba manteria um regime que não corresponde aos critérios liberais de democracia. Até mesmo o governo de Hugo Chávez, na Venezuela, por mais que seja acusado pela oposição de ditatorial ou autoritário, instalou-se conforme as normas liberais, mediante eleições e um conjunto de plebiscitos, que aprovaram uma nova Constituição para o país.

É como se, depois de ter sido, nas décadas anteriores, um continente de revoluções e de ter passado a ser um continente de contra-revoluções, uma espécie de síntese equilibrada dos dois momentos tivesse se imposto, sob a forma de democracias generalizadas, que tivessem vindo para ficar. Regimes apoiados e legitimados pelo voto popular, que poriam em prática políticas com a aprovação da maioria da população, expressariam a modalidade latino-americana de inserção no modelo de democracia liberal vigente nos Estados Unidos e na Europa. Autores chegaram a formular o que seria o fim da utopia latino-americana – como Jorge Castañeda, em seu livro *Utopia unarmed*[1] – e a rendição ao liberalismo anglo-saxão pelo continente, como que prenunciando o banho de liberalismo a que foi submetido o continente nas duas décadas posteriores.

Essas duas décadas viram as maiores transformações concentradas da história latino-americana, o que exige um balanço que possibilite não somente compreender a natureza daqueles regimes, mas também saber o quanto eles permitiram o avanço na construção de sociedades democráticas, o que permitirá compreender ao mesmo tempo o que é a América Latina, seus problemas e suas potencialidades.

A América Latina vive, de forma mais clara a partir da metade dos anos 1990, a sua pior crise econômica e social, desde os anos 1930. Suas economias revelam enorme fragilidade externa, sua inserção internacional teve o perfil rebaixado tanto econômica quanto politicamente. Que relação a democracia teve com esse quadro?

Uma primeira resposta, apressada, seria a de atribuir a ela a responsabilidade, total ou parcial, pela crise desses regimes. Coincidem no tempo sua instauração ou reinstauração e o surgimento, de forma cada vez mais acentuada, dos fatores de crise. De tal forma que o neoliberalismo, como política econômica e como ideologia, tornou-se uma expressão aparentemente indissociável desses regimes democrático-liberais. O peso da crise, na realidade, repousa nas políticas econômicas e na ideologia que passou a presidir os novos governos, com desdobramentos diretos na política.

Outra resposta possível é considerar que esses regimes não correspondem a democracias reais. Ou que esses regimes – democráticos ou não – não são compatíveis com as condições necessárias à solução da crise do continente – visões que discutiremos mais adiante.

É significativo que durante os anos de ascensão e apogeu do neoliberalismo na América Latina os presidentes tenham conseguido se eleger e se reeleger quase que automaticamente, como aconteceu de forma expressiva

---

[1] *Utopia desarmada.* Tradução de Eric Nepomuceno. São Paulo, Companhia das Letras, 1994.

com Menem, com Fujimori e com Fernando Henrique Cardoso. Como reflexo de sua fase de esgotamento e decadência, passou a ocorrer exatamente o oposto: os presidentes eleitos que não rompem com o neoliberalismo perdem rapidamente legitimidade, como foi o caso com Fernando de la Rúa, com Sanches de Losada e com Alejandro Toledo, de forma mais aguda, porém igualmente com outros como Vicente Fox, Ricardo Lagos e Jorge Battle.

A eleição de Lula, assim como a de Lucio Gutiérrez, coloca pela primeira vez na presidência candidatos que se propunham, em suas campanhas eleitorais, a romper com as políticas neoliberais e abrir um novo período histórico na América Latina.

A América Latina antes do neoliberalismo

A América Latina viveu três períodos claramente diferenciados ao longo do século XX: o primeiro, praticamente extensão do século XIX, em que predominavam as economias primário-exportadoras, orientadas pelas teorias do comércio internacional apoiadas no conceito de "vantagens comparativas". A esses modelos de acumulação correspondiam regimes políticos oligárquicos, em que as distintas frações das elites econômicas disputavam entre si a apropriação do Estado e, a partir daí, dos recursos da exportação e do comércio exterior em geral.

Até o início do século XX, a América Latina não teve importância e peso significativo no plano mundial, salvo como campo de exploração pelas potências coloniais; nenhum grande fenômeno, nenhum grande personagem reconhecido internacionalmente, nem sequer as revoluções de independência, que ficaram à sombra da revolução norte-americana.

A mais importante transformação do século XIX, depois da independência, foi o ingresso dos Estados Unidos no campo das nações imperiais, com a incorporação de vastos territórios do México – incluindo Califórnia, Texas e Flórida – e a guerra hispano-americana, com a tutela que passou a exercer diretamente sobre Cuba e Porto Rico, além do desenho – já antecipado por José Martí – de seu projeto hegemônico sobre o conjunto do continente, expresso na Doutrina Monroe.

Em compensação, apenas iniciado o século XX, o continente revelou que tipo de século lhe aguardava, com o massacre dos mineiros em Santa María de Iquique, no norte do Chile, e especialmente com a revolução mexicana, que representou o ingresso definitivo da América Latina na agenda dos grandes acontecimentos históricos de dimensão mundial. A imagem desta se projetou sobre todo o continente, antes de tudo sobre a cultura e o imaginário camponês, mas também sobre a possibilidade de projetos políticos com forte peso das questões nacional e agrária, que por muito tempo dariam a pauta política dos movimentos populares no continente. A revolução mexicana atraiu a atenção dos revolucionários do mundo todo, só sendo relativizada pelo surgimento da revolução soviética, que colocou pela primeira vez a possibilidade de um poder operário e camponês, que substituísse o capitalismo pelo socialismo.

Simultaneamente, o continente passou a revelar novas dimensões dos seus conflitos sociais e da constituição de novos sujeitos políticos, como fruto do processo de urbanização e dos momentos iniciais de processos de industrialização, como a reforma universitária em Córdoba, na Argentina, a fundação dos partidos comunistas, os movimentos de rebeldia de setores da classe média, como o tenentismo no Brasil, a Apra no Peru, o radicalismo na Argentina – que desembocaram na crise de 1929 e nas distintas reações a ela, a anunciar o primeiro grande marco de um novo período histórico no continente.

Afetada profundamente pela crise de 1929, a América Latina teve praticamente todos os seus governos – conservadores ou progressistas – substituídos como efeito dos abalos nos modelos exportadores, questionados pela recessão internacional. Fenômenos como a rebelião camponesa em El Salvador, dirigida por Farabundo Martí, a luta antiimperialista de Sandino na Nicarágua, a "república socialista" no Chile, a "revolução de 1930" no Brasil, o movimento semi-insurrecional que derrubou a ditadura de Gerardo Machado em Cuba, entre vários outros movimentos similares, pertencem a essa vaga de mobilizações populares, que desembocaram, em vários países, em governos nacionalistas – que tiveram em Getúlio Vargas no Brasil, em Lázaro Cárdenas no México e em Perón na Argentina suas expressões mais conhecidas.

Nas décadas posteriores à crise de 1929, vários países do continente desenvolveram políticas que mais tarde a Cepal teorizaria com o nome de "industrializações substitutivas de importações" e que possibilitaram, valendo-se do vácuo deixado pela recessão no centro do capitalismo, avançar num dos fenômenos econômico-sociais mais relevantes e inovadores do século XX: a industrialização – ainda que atrasada e dependente – de países da periferia do capitalismo. Até ali a divisão entre centro e periferia do sistema recobria imediatamente aquela entre economias industrializadas e primário-exportadoras, entre sociedades urbanizadas e sociedades agrárias, com evidentes mecanismos de intercâmbio desigual entre elas. A partir daquele momento, formam-se novos blocos no poder, hegemonizados por frações industriais das burguesias locais, com participação, ainda que subordinada, de fração das classes subalternas, em geral representadas pelos seus setores urbanos sindicalizados.

Esse processo de industrialização permitiu o surgimento e o fortalecimento das classes trabalhadoras em vários países latino-americanos, o que modificaria o panorama social e político no continente. A partir dali se constituíram as primeiras forças políticas das classes dominadas, centradas no movimento sindical – seja de caráter classista, seja com lideranças populistas. Baseados em alianças políticas dirigidas por projetos nacionais, vários países do continente viveram experiências populares significativas, que representaram a primeira grande aparição do movimento de massas. Foi o período de maior crescimento econômico em países como a Argentina, o México, o Brasil, o Chile e o Peru, entre outros, que tiveram transformada sua fisionomia em poucas décadas, mais rapidamente do que nos séculos anteriores. Não por acaso os países que tinham o maior desenvolvimento econômico relativo, que tinham se valido de forma mais direta da crise de 1929 para implementar seu processo de industrialização – México, Brasil e Argentina –, serão os que terão como força política predominante partidos ou líderes que privilegiaram a questão nacional sobre a questão de classe, deixando para segundo plano os partidos classistas.

Esse período começa a se esgotar com o fim da guerra da Coréia e o término da "trégua" que os países imperialistas haviam sido obrigados a conceder, pela recessão e, posteriormente, pelas economias de guerra que se impuseram pela deflagração da Segunda Guerra Mundial (1939-1945). Já se havia prenunciado com a passagem do cenário internacional para aquele dominado pela Guerra Fria, que havia colocado os partidos comunistas na ilegalidade – tendo efeitos mais diretos nos países em que esses partidos tinham um papel político mais importante, como no Chile e no Brasil, por exemplo, mas com efeitos em todos eles, afetando as alianças políticas e os espaços para o movimento sindical, em particular.

O período termina finalmente em meados dos anos 1960, conforme o processo de internacionalização das economias, com a consolidação das grandes corporações multinacionais e o estreitamento dos espaços nacionais de acumulação. O governo da Frente Popular no Chile, a revolução boliviana de 1952, o movimento chamado de "bogotazo" em 1948 na Colômbia – como reação popular ao assassinato do dirigente liberal Jorge Eliezer Gaitán – são algumas das maiores convulsões do período, que terá na revolução cubana seu momento mais importante.

O novo período verá uma disputa política entre três projetos diferenciados – a alternativa socialista no continente, introduzida pela revolução cubana, o projeto de nacionalismo militar de Velasco Alvarado no Peru e o da ditadura militar no Brasil. Os três disputavam o espaço deixado pelo esgotamento do modelo de substituição de importações no plano econômico e pelas crises dos regimes democrático-liberais, com golpes militares em vários países, especialmente do Cone Sul latino-americano.

O novo período foi introduzido pelos golpes militares no Brasil e na Bolívia, em 1964, seguido pelos outros similares – na Argentina em 1966 e em 1976, na Bolívia novamente em 1971, no Chile e no Uruguai em 1973. Em pouco mais de uma década, os regimes políticos democrático-liberais da sub-região foram todos reduzidos a ditaduras militares orientadas pela doutrina de segurança nacional. No caso brasileiro mantém-se ainda uma política de desenvolvimento industrial, mas já com um caráter fortemente antipopular – pela repressão aos salários e aos sindicatos – e com um papel hegemônico das corporações multinacionais – pela internacionalização da economia. Porém, a partir da passagem do capitalismo a seu ciclo longo recessivo em meados dos anos 1970 e da crise da dívida dos países latino-americanos – 1980-1981 –, as economias do continente passam, no seu conjunto, a uma fase recessiva, em que se geram as condições para a adesão a modelos neoliberais, encerrando definitivamente o período "desenvolvimentista" e introduzindo consensos em torno do combate à inflação e à "estabilidade monetária" – carros-chefes do neoliberalismo na América Latina.

A passagem de período se dá com a "crise da dívida", desatada em 1980, que gerou déficits de balança de pagamentos que tornaram inviáveis os projetos de desenvolvimento para a região. A década de 1980 foi chamada de "década perdida" basicamente porque os governos se dedicaram fundamentalmente a buscar saldos comerciais que diminuíssem os dados daqueles déficits. As hiperinflações embutidas nesse processo iriam ser referências fundamentais para

A VINGANÇA DA HISTÓRIA 105

que os objetivos de desenvolvimento fossem substituídos pelos de estabilidade monetária – alavanca de enraizamento do neoliberalismo na América Latina.

O NOVO CONSENSO: COMBATE À INFLAÇÃO

A América Latina foi o berço e o laboratório de experiências do neo-liberalismo. Foi no combate à hiperinflação boliviana que Jeffrey Sachs pôde testar os modelos de estabilidade monetária que depois foram exportados para países do Leste europeu. Foi no Chile de Pinochet que os economistas da Escola de Chicago, sob a direção de Milton Friedman, encontraram o primeiro país com as condições políticas criadas para a experimentação de suas propostas econômicas de abertura econômica e de desregulação.

O combate à inflação foi a pedra de toque da construção do modelo hegemônico neoliberal. Os diagnósticos que levaram às políticas de desre-gulação foram os que atacaram a inflação como fonte dos problemas que haviam levado à estagnação econômica, à deterioração dos serviços sociais e da infra-estrutura do Estado, ao empobrecimento generalizado da popu-lação. Os argumentos do "imposto inflacionário" e do ataque aos gastos do Estado, cujo déficit seria a fonte da inflação, ganharam grande aceitação e demonstraram, no momento da sua aplicação, sua eficácia imediata.

Rapidamente se difundiu o efeito desses laboratórios, multiplicados pela nova moda liberal, difundida pelo duo Reagan–Thatcher e rapidamente reproduzida pelos órgãos de divulgação internacionais e retomados local-mente pela mídia e pelos quadros econômico-tecnocráticos do grande capital. O Chile passava por um processo de "modernização" econômica, a Bolívia havia conseguido superar a hiperinflação – os resultados se contrapunham aos preços pagos por esses amargos remédios.

O Chile voltava a ser um país primário-exportador, com sua economia baseada nas "vantagens comparativas" do cobre, das frutas, da madeira, dos peixes, abandonando seu nível intermediário de desenvolvimento indus-trial, apoiado no Pacto Andino, e voltando a importar maciçamente produtos industrializados. No plano social, de um dos países com melhores índices, junto com a Costa Rica e o Uruguai, o país se aproximava perigosamente dos índices brasileiros.

A Bolívia pagou com o desmantelamento de sua economia mineira o controle da inflação, desarticulando suas minas e colocando no desemprego dezenas de milhares de seus trabalhadores. A exportação de gás para o Brasil e para a Argentina substituiu essa atividade econômica, ao mesmo tempo que se expandiu a economia cocaleira. Uma parte dos líderes mineiros transladaram para o campo, levando consigo a experiência do movimento sindical para a luta dos cocaleiros.

Sucedeu-se então no tempo, com grande rapidez, a proliferação do que já se havia convencionado chamar de "Consenso de Washington", como uma espécie de passagem obrigatória das economias de todos os países do mundo, para recolocá-las em condições de retomar o crescimento econômico. A segunda etapa do neoliberalismo – que o articulou com a redemocratização e que contou com a conversão da socialdemocracia a esse modelo, iniciada na Europa ocidental com a virada do governo de François Mitterrand em 1983 – foi reproduzida rapidamente na América Latina e teve sua expressão emblemática na conversão neoliberal do peronismo. Depois do fracasso do governo de Raúl Alfonsín, Carlos Menem fez uma campanha eleitoral nos moldes clássicos do peronismo, centrada num "choque produtivo"; porém, imediatamente após as eleições chamou aos mais ferrenhos adversários históricos do peronismo para aplicar as políticas liberais da Escola de Chicago na Argentina.

Se na Europa ocidental esse caráter hegemônico do neoliberalismo se dava pela adesão da socialdemocracia, na América Latina quem personificava o "estatismo", o "regulacionismo" e o "redistributivismo" eram correntes como o peronismo, o PRI mexicano, a Ação Democrática na Venezuela. Um após o outro – da mesma forma que a sucessão de adesões européia que seguiram-se a Mitterrand e a Felipe González –, esses partidos foram adotando os modelos de ajuste fiscal, de estabilidade monetária, de desregulação, de privatização, de abertura das economias ao mercado internacional, com políticas que reproduziam de forma mecânica os "consensos" recomendados pelo FMI e pelo Banco Mundial. Na América Latina, os governos de Menem, de Salinas de Gortari e de Ernesto Zedillo no México, de Carlos Andrés Peres na Venezuela e de Fernando Henrique Cardoso no Brasil reproduziam essa conversão de forças de centro-esquerda para os modelos neoliberais.

A etapa seguinte foi aberta pela crise mexicana de 1994 e definitivamente instaurada com a crise asiática de 1997, seguida pela da Rússia em 1998 e pela brasileira em janeiro de 1999. A passagem do capitalismo norte-americano para um novo ciclo recessivo, a partir de 2001, dá a essa etapa

A VINGANÇA DA HISTÓRIA   107

um tom acentuado de limite, de esgotamento do potencial hegemônico, com reflexos previsivelmente duros sobre a economia mexicana – o caso modelar da segunda metade dos anos 1990 – e sobre o resto do continente. A crise argentina, colocando em questão a política de paridade cambial, assim como a dolarização no Equador e em El Salvador, evidencia como um novo horizonte passou a ser necessário para prover novo oxigênio ao neoliberalismo, quando até mesmo a "terceira via" – de Ricardo Lagos no Chile, de Fernando de la Rúa na Argentina, de Vicente Fox no México – se tornou impotente para isso, como os governos de Clinton e de Blair funcionaram nos Estados Unidos e na Inglaterra.

O fracasso de Fernando de la Rúa, de Sanches de Losada e de Alejandro Toledo confirmou como os tempos haviam mudado na América Latina. A manutenção da política econômica de ajuste fiscal – com promessas de retomada do desenvolvimento econômico, de criação de empregos, de privilégio das políticas sociais – fracassou em ambos os casos. Se antes os candidatos a colocar em prática essas políticas se elegiam e se reelegiam – como foram os casos de Menem, de Fujimori e de Fernando Henrique Cardoso –, agora, ao contrário, a manutenção dessas políticas condena ao fracasso, porque elas esgotaram seu efeito estabilizador, não permitiram retomar o desenvolvimento e se tornaram fonte de desequilíbrio econômico e financeiro. De aparentes soluções para a crise, as políticas de ajuste fiscal tornaram-se elas mesmas fontes de crise, pelos desequilíbrios de balanças de pagamentos e pela multiplicação do endividamento público, em condições internacionais que já não favoreciam mais a atração de capitais. O continente entrava em cheio na crise; na sua pior, mais extensa e profunda crise desde os anos 1930.

A CRISE LATINO-AMERICANA

Nesse marco, em que consiste a crise latino-americana atual? Basicamente em que aproximadamente duas décadas de programas de estabilização monetária, de hegemonia neoliberal, de predomínio da acumulação financeira, não levaram o continente – nem sequer alguns países – a retomar o desenvolvimento, a recuperar seu atraso na corrida tecnológica, a estabilizar e a estender regimes democráticos, a diminuir os problemas sociais, a projetar sociedades pujantes e criativas, tecnológica e culturalmente.

Ao contrário, o continente vive uma profunda e extensa ressaca dos remédios neoliberais, com efeitos colaterais generalizados. O quadro atual nos remete para o pior dos cenários possíveis: Estados enfraquecidos no plano externo e com capacidade de ação cada vez menor no plano interno; sociedades cada vez mais fragmentadas e desiguais, com amplos setores excluídos dos seus direitos básicos, a começar pelo direito ao emprego formal; economias que perderam dinamismo voltam maciçamente a depender da exportação de matérias-primas, enquanto ingressaram num quadro de crescente financeirização, do qual não conseguem sair; culturalmente, o continente revela uma incapacidade de retomar ciclos de criatividade e originalidade que o caracterizaram nas décadas anteriores, sob forte pressão da grande mídia internacional.

Duas décadas de aplicação de políticas neoliberais corroeram as bases das relações sociais sobre as quais se haviam edificado o Estado latino-americano, os conceitos de nação e de soberania. Estes se articulavam em torno do objetivo do desenvolvimento econômico – tendo a industrialização como motor –, da integração social – em torno de um mercado interno nacionalmente estruturado, com relações formais de trabalho em expansão – e da independência externa – identificada com a expansão do comércio exterior. Esses três objetivos – desenvolvimento econômico, mercado interno e externo – foram as idéias-força que moveram a remodelação do Estado latino-americano, especialmente na segunda metade do século XX.

A atual crise latino-americana consiste na ressaca da aplicação das políticas de desregulação ao longo de mais de uma década. Os efeitos negativos mencionados são expressões de uma crise de acumulação – fortemente prejudicada pela financeirização da economia –, resultado da aplicação de políticas de estabilização, essencialmente recessivas. O esgotamento dos modelos de industrialização se deu de forma brusca, entre os anos 1960 e 1970. O Brasil foi exceção, adiando esse esgotamento para o final da década de 1970, porque a ditadura militar soube valer-se ainda do período expansivo do capitalismo internacional para dar novo impulso a esse ciclo. No entanto, a crise da dívida, na virada da década de 1970 para a de 1980, foi geral no continente, provocando a passagem da América Latina para um ciclo longo recessivo, de que ainda não conseguiu sair.

A explosão do endividamento, somada à passagem do modelo hegemônico do capitalismo para o neoliberalismo, favoreceu a hegemonia do capital financeiro sobre as economias do continente. A abertura para o mercado internacional, a privatização de empresas estatais, a desregulação econômica, a "flexibilização laboral" foram instrumentos que levaram a essa hegemonia, que permeou o conjunto de suas economias, em detrimento do capital produtivo. As taxas de lucro obtidas pelos investimentos financeiros, somadas à sua liquidez, tornaram-se o grande pólo de atração que transferiu recursos para a esfera especulativa. Esse mecanismo foi particularmente forte na América Latina, pressionada pelo endividamento e pelos déficits públicos, refletidos em descontrole inflacionário.

Diante de uma América Latina enfraquecida, os horizontes diferenciados de solução podem ser resumidos nas duas propostas colocadas de reinserção internacional: a Área de Livre Comércio das Américas (Alca) ou o Mercado Comum do Sul (Mercosul) renovado, fortalecido e ampliado – conforme a proposta do governo Lula.

A CRISE E A ESQUERDA LATINO-AMERICANA

É impossível compreender os rumos atuais da América Latina – tanto suas viradas históricas recentes quanto sua crise atual e suas possíveis alternativas – fora da trajetória da esquerda latino-americana. Se no seu nascimento a esquerda do continente foi diretamente caudatária do movimento operário europeu, gerando movimentos com forte componente ideológico e pouco enraizamento em cada país, no transcurso do século XX a esquerda latino-americana foi ganhando em músculos e em raízes, passando a protagonizar de forma central os grandes acontecimentos vividos pelo continente – especialmente depois das três primeiras décadas do século passado.

A esquerda latino-americana foi, durante o primeiro período de sua história, marcada pelo surgimento do movimento operário na Europa, com formas elementares de organização sindical, primeiras expressões partidárias – socialistas e comunistas –, paralelamente ao forte fenômeno imigratório, que trouxe para o continente as experiências européias, especialmente da Espanha, da Itália e de Portugal. Países como a Argentina – pelo seu maior desenvolvimento econômico relativo – e o Chile – pelo caráter de sua economia mineira – foram protagonistas das primeiras grandes experiências de massa do movimento sindical – base social original da esquerda no continente.

O impacto da vitória bolchevique teve na fundação dos partidos e na quase desaparição do anarquismo seus efeitos políticos imediatos. O impacto também se traduziu no surgimento de dirigentes políticos que, simultaneamente, ao estilo dos dirigentes bolcheviques, tinham capacidade de elaboração teórica. Podem ser incluídos nesse caso o chileno Luis Emilio Recabarren, fundador dos partidos comunistas chileno e argentino, fenômeno que se repetiria mais tarde com o peruano José Carlos Mariátegui e com o cubano Julio Antonio Mella – os três dirigentes comunistas latino-americanos que corresponderam a esse perfil teórico e político.

Embora grande parte das economias do continente fosse agrícola, as dificuldades de organização dos trabalhadores do campo, dada a brutalidade da dominação, que mantinha extensamente formas de exploração pré-capitalistas, fizeram com que a esquerda latino-americana surgisse ligada aos primeiros momentos do processo de industrialização e da classe operária urbana ou vinculada à produção mineira – de que a Argentina e o Chile são exemplos claros.

A Argentina teve uma classe operária desenvolvendo-se ainda no século XIX, assim como formações – como um partido socialista – diretamente vinculadas à industrialização, à urbanização e à imigração de trabalhadores europeus. O caso chileno é diferente: caracterizado pela economia mineira, produziu concentrados enclaves de trabalhadores onde se desenvolviam as explorações mineiras – de salitre e, mais tarde, de cobre –, produzindo pólos operários com organização e ideologia classistas, que detinham ao mesmo tempo a chave da economia exportadora do país, de propriedade de capitais estrangeiros – ingleses no salitre, até os anos 1920, norte-americanos no cobre, a partir dos anos 1930. Essa forte tensão explica, em parte, o caráter violento das lutas operárias no Chile, com sucessão de grandes movimentos de mobilização operária, que constantemente desembocavam em massacres.

As políticas levadas a cabo a partir dos anos 1930, privilegiando a industrialização e deixando a reforma agrária em segundo plano – exceção do México, pelas conquistas da revolução –, foram separando o destino dos trabalhadores urbanos do dos trabalhadores rurais. Isso aconteceu paradigmaticamente com a introdução dos direitos sindicais por Getúlio Vargas no Brasil, restritos aos trabalhadores urbanos, quando a grande massa de trabalhadores brasileiros se situava no campo, definindo um destino diferenciado para os dois e acrescentando uma razão a mais – ademais da ausência de reforma agrária – para o êxodo da massa trabalhadora do campo para a cidade. No Chile, um fenômeno similar se deu com a anuência explícita dos partidos socialista e comunista e da central de trabalhadores dirigida por eles, que, no governo de Frente Popular, se comprometeram a não levar a cabo a sindicalização rural, em favor de uma frente antifascista que congregaria os proprietários rurais.

Os dois acontecimentos mencionados como introdutórios da América Latina no século XX – o massacre de Santa María de Iquique e a revolução mexicana – apontam para as duas trajetórias mais significativas na constituição da esquerda latino-americana como força política. A primeira, protagonizada pela nascente esquerda chilena para partidos políticos classistas, enquanto a mexicana aponta para experiências mais centradas nas questões nacionais e populares. O Chile e o Uruguai foram os exemplos mais claros de esquerdas que tiveram nos partidos socialista e comunista seus principais protagonistas, enquanto o México e a Argentina são exemplos de predominância de experiências nacionais e populares, com o PRI e o peronismo. Numa delas a força do movimento sindical se expressou politicamente nos partidos socialista e comunista, com sua ideologia classista e seu programa anticapitalista. No outro, essa força desembocou em movimentos nacionais populares. Como foi mencionado anteriormente, esse fenômeno tem que ver diretamente com a força das burguesias nativas, pelo maior desenvolvimento do processo de industrialização, que, nesses dois países, junto com o Brasil, gerou lideranças populares centradas na questão nacional, predominantemente sobre a questão social, privilegiada pelos partidos comunista e socialista.

Entre esses casos, o da Argentina e o do Brasil se diferenciam, originando destinos diferenciados para as esquerdas desses países nas décadas seguintes e explicando, em parte, as situações tão distintas dessas forças na atualidade. Getúlio Vargas assume o governo provisório do Brasil em 1930, como reação às políticas primário-exportadoras do bloco no poder, profundamente afetado pela crise de 1929. Impôs, ao longo dos seus anos no poder, uma política de industrialização, no marco da qual reconheceu o direito à sindicalização dos operários urbanos, ainda que subordinados ao Ministério do Trabalho. Seu governo se relacionava com uma classe operária incipiente, produto do baixo nível de desenvolvimento industrial do país, acentuado pela crise econômica de 1929, que elevou ainda mais os índices de desemprego no Brasil. Não foi difícil assim para Getúlio impor sua hegemonia ao movimento operário, sobretudo porque o Partido Comunista havia criticado e se distanciado da "revolução de 1930", um movimento antioligárquico dirigido por baixas e médias patentes militares, em nome ainda da linha do "terceiro período" da Internacional Comunista, que pregava a luta pelo poder baseada em alianças operário-camponesas. Essa orientação isolou ainda mais os comunistas, facilitando a hegemonia getulista sobre o ainda incipiente movimento dos trabalhadores urbanos.

A reação – diferenciada – dos vários países latino-americanos à crise de 1929 foi determinante para que essas forças se constituíssem e se enraizassem nos seus respectivos países. Da mesma forma que a crise foi um desafio para cada país, foi também para as respectivas esquerdas. A fisionomia de cada país e de suas esquerdas saiu transformada da crise e, de alguma maneira, condicionou a trajetória política dos países nas décadas seguintes. A crise de 1929 e – décadas mais tarde – o advento das políticas neoliberais foram as provas mais significativas e determinantes para as forças de esquerda no continente; funcionaram como filtros, que selecionaram aquelas forças em condições de captar os mecanismos históricos que enfrentavam e de se apresentar como alternativas.

A segunda etapa histórica é aquela que decorre de 1930 até os anos 1980. É até aqui o período mais importante da história da esquerda e, ao mesmo tempo, da história da própria América Latina. Nessa etapa se constituem os partidos socialista e comunista como forças de massa – conseguiram-no notadamente o Chile e o Uruguai, e, secundariamente, o Brasil, a Colômbia, entre outros –, desenvolvem-se como forças igualmente de massa o PRI mexicano – com destaque para o governo de Lázaro Cárdenas na segunda metade dos anos 1930, o getulismo no Brasil, o peronismo na Argentina, o Apra no Peru, assim como sindicatos e centrais sindicais por quase todo o continente.

Esse período é introduzido pelas reações à crise de 1929, especialmente pela "revolução de 1930" no Brasil, a "república socialista" no Chile, o movimento de derrubada da ditadura de Gerardo Machado em Cuba, entre outros. Teve continuidade, ainda na década de 1930, por movimentos insurrecionais em El Salvador, dirigido por Farabundo Martí, e na Nicarágua, por Augusto Cesar Sandino, pelo governo de Frente Popular em 1938 no Chile, pelo governo de Lázaro Cárdenas no México.

Esses fenômenos todos se inseriam no marco internacional conturbado do entre-guerras, com regimes políticos instabilizados pelos tremores provocados pela crise de 1929, que permitiram a vários países se valer dela para impulsionar processos de industrialização, e assim fortalecer suas classes trabalhadoras, e de expansão das frentes democráticas de luta contra o fascismo que, apesar de se ter traduzido em fórmula governamental apenas com a Frente Popular no Chile, teve influência no quadro político em vários países, introduzindo, junto à temática classista dos partidos socialista e comunista, a questão democrática e, ao mesmo tempo, a complexa questão sobre a natureza dos regimes e dos movimentos nacionalistas latino-americanos – como o getulismo e o peronismo –, permitindo assim falsas assimilações aos fascismos europeus.

No seu segundo ciclo no pós-guerra, confluem movimentos como o peronismo e o getulismo, revoluções como a boliviana de 1952 e a cubana de 1959, no que até aqui foi o momento de maior força da esquerda latino-americana, pelo que desencadeou. O triunfo da revolução cubana, como dissemos, teve para a América Latina mais influências do que a vitória da revolução russa para a Europa. Generalizou-se o modelo de guerra de guerrilhas para um grande número de países: México, Guatemala, El Salvador, Nicarágua, Venezuela, Colômbia, Bolívia, Peru, Argentina, Brasil e Uruguai. Se a extensão do "campo socialista" fortalecia os partidos comunistas no continente, sua hegemonia no campo da esquerda sofreu dois duros baques: o primeiro, a cisão entre a China e a União Soviética, tanto pelas denúncias do caminho adotado por esta como pela perda do país mais populoso do mundo e pelo surgimento de cisões maoístas dentro dos PCs, que, embora em geral pouco expressivas, enfraqueciam esse campo. O outro, a vitória da revolução cubana, revelando que o primeiro triunfo estratégico no continente se dava fora do Partido Comunista e como alternativa a ele. O socialismo e a via insurrecional pareciam se tornar o objetivo e a forma de luta dominantes a partir daquele momento.

A vitória da revolução cubana transformou-se rapidamente da derrubada de uma ditadura a um regime que assumia, pela primeira vez no continente – e no hemisfério ocidental – o socialismo. Isso representou uma novidade radical para a América Latina. De realidade distante – soviética, chinesa –, o socialismo passou a ser uma realidade histórica palpável, passou a representar uma atualidade possível, no momento mesmo em que o capitalismo dava mostras de esgotamento do seu ciclo expansivo de industrialização substitutiva de importações no continente e ditaduras militares substituíam as democracias liberais.

Embora a tentativa de transição pacífica ao socialismo do Chile se desse mais tarde, o triunfo cubano selou a sorte dos PCs no continente, que o desenlace chileno apenas confirmou. A esquerda latino-americana fechava assim sua primeira grande etapa histórica, num marco de virada do capitalismo latino-americano de expansão para sintomas de esgotamento da sua capacidade de seguir crescendo nos moldes do projeto industrializador original, que permitia a aliança entre a burguesia industrial, as camadas médias e o movimento sindical, de início do ciclo de ditaduras militares no Cone Sul do continente e de vitória da revolução cubana, como as influências que o modelo insurrecional cubano produziu no conjunto do continente.

Esse foi o terceiro período da história da esquerda latino-americana, marcada fortemente pela influência do triunfo da revolução em Cuba. No marco internacional, fortalecia essa influência uma relação de forças equilibrada entre o campo capitalista, liderado pelos Estados Unidos, e o campo socialista, liderado pela União Soviética, em um marco aparentemente de fortalecimento deste – pelo menos de sua expansão – e de enfraquecimento daquele. A guerra do Vietnã, com o desgaste norte-americano e a extensa solidariedade mundial com os vietnamitas; a "revolução cultural" chinesa ou pelo menos a versão chegada a grande parte do mundo do que seria esse fenômeno; o triunfo argelino na luta anticolonial contra a França; as mobilizações da segunda metade dos anos 1960, particularmente na França, na Alemanha, na Itália, no México, mas com outras tantas como no Japão e no Brasil; a própria morte de Che Guevara, embora um duro golpe nos movimentos revolucionários da América Latina e do mundo, tudo isso serviu de imediato como elemento fortalecedor do ânimo revolucionário. Ao mesmo tempo, os prenúncios de esgotamento do maior ciclo de crescimento do capitalismo apontavam para um horizonte de crise de acumulação.

Foi nesse marco que se deram os vários ciclos curtos de luta armada no continente, sempre tendo como referência a revolução cubana, como modelo vencedor. O primeiro incluía Cuba, Nicarágua, Venezuela, Peru e Guatemala, basicamente, num modelo de guerrilha rural bastante similar ao cubano, pelo menos na sua codificação pelos textos de Che e de Régis Debray. Foi derrotado, mas retomado em seguida, em moldes similares, na Guatemala, no Peru, na Venezuela, novamente, somando-se modalidades de guerrilha urbana no Uruguai, na Argentina, no Brasil, além da Colômbia, com formas urbana e rural, e do México, no campo.

Os dois ciclos foram duramente derrotados, em prazos relativamente curtos, ao longo das décadas de 1960 e 1970, em grande medida porque haviam perdido o fator surpresa, que havia sido importante no caso cubano, assim como pela reiteração mecânica da experiência de Cuba nos casos de guerrilha rural. Na outra modalidade, a derrota veio pela incapacidade de resolver os impasses da guerrilha urbana, ao trasladar para os centros de dominação político-militar formas de acumulação de força típicas da guerrilha rural, acelerando enfrentamentos em condições desfavoráveis, ainda que com notáveis níveis de acumulação de forças no Uruguai e na Argentina.

Ainda assim, nos países cuja estrutura econômico-social e mesmo as formas de dominação política mais se assemelhavam a Cuba – os da América Central – deu-se um terceiro ciclo de luta armada ao longo dos anos 1970, em particular na sua segunda metade, na Nicarágua, cuja vitória em 1979 alentou a extensão de processos similares na Guatemala e em El Salvador. A vitória sandinista esteve estreitamente articulada à derrota norte-americana no Vietnã e à crise interna do governo Nixon, que terminaram gerando uma incapacidade de nova intervenção externa dos Estados Unidos, fator que substituiu a surpresa do caso cubano. A derrota de Jimmy Carter, que representava a assimilação dos golpes sofridos pelos Estados Unidos, e a retomada da ofensiva político-militar norte-americana com a vitória de Ronald Reagan em 1990 mudou esse quadro, o que acabaria sendo decisivo no fracasso sandinista e na inviabilidade de novas vitórias da guerrilha na Guatemala e em El Salvador, levando à reciclagem dos movimentos guerrilheiros desses dois países para a luta institucional – sobretudo depois da desaparição da União Soviética –, encerrando os ciclos de luta insurrecional na América Latina (a Colômbia tem uma trajetória própria, que vem de antes dos ciclos mencionados, desde a guerra civil desatada pelo "bogotazo" de 1948, transcorrendo ao longo dos anos 1950, como continuação pela esquerda – as Farc – do acordo de união nacional dos dois partidos tradicionais, o liberal e o conservador, protagonistas da guerra civil, que passaram a cogovernar a partir de então).

A experiência chilena de tentativa de transição institucional ao socialismo é um caso particular, que se dá na contramão das tendências e da correlação de forças no continente e em especial na região do Cone Sul, o que acabará se constituindo num dos fatores do seu fracasso – seu isolamento e cerco regional. O Chile foi uma espécie de laboratório de experiências políticas na América Latina – adaptando para o continente a expressão de Friedrich Engels para a França. Seu movimento operário começou relativamente cedo porque, sendo uma economia primário-exportadora, ao produzir e exportar minérios, gerou ao mesmo tempo uma classe operária, já no fim do século XIX, que protagonizou grandes lutas operárias ao longo de todo o século XX.

Foi assim que o Chile teve classe operária antes de burguesia industrial; teve centrais sindicais e partidos socialista e comunista participando diretamente no governo de Frente Popular ainda nos anos 1930. Foi o país que protagonizou a tentativa de experiência alternativa à revolução cubana promovida pelos Estados Unidos por meio da "Aliança para o progresso" – o governo democrata cristão de Eduardo Frei, nos anos 1960. E finalmente – portanto, não por acaso – foi palco da única experiência política de transição institucional ao socialismo no mundo, com o governo da Unidade Popular, entre os anos 1970 e 1973.

Foi um desenvolvimento único no continente, talvez somente comparável ao Uruguai, com quem compartilhou uma longa tradição democrática. O Uruguai adotou a jornada de oito horas de trabalho um ano antes dos Estados Unidos, teve a lei do divórcio setenta anos antes da Espanha e o voto feminino catorze anos antes da França, aboliu os castigos corporais cento e vinte anos antes da Grã-Bretanha[2].

O Chile escolheu por meio de eleições todos os seus presidentes entre 1830 e 1970, com exceção de 1891 e do período entre 1924 e 1931. Desenvolveu-se nesse país um Congresso antes dos países europeus, salvo a Inglaterra e a Noruega. A participação eleitoral no Chile, na metade do século XIX, era equivalente à existente na mesma época na Holanda, o que a Inglaterra havia conseguido apenas vinte anos antes e que a Itália só teria vinte anos depois. O Chile implantou o voto secreto em 1874, antes que isso ocorresse na Bélgica, na Dinamarca, na Noruega e na França. O Chile teve partidos participantes das três Internacionais Operárias; foi o único país, além da França e da Espanha, a ter governo de Frente Popular.

---

[2] Eduardo Galeano, *O teatro do bem e do mal*, Porto Alegre, L&PM, 2002.

O Chile viveu essa tradição democrática, de alternância – teve governos de frente popular, com os partidos radical, socialista e comunista, no final dos anos 1930; um governo de populismo militar do general Carlos Ibáñez, apoiado por Perón, nos anos 1950; seguido por um governo conservador, outro democrata cristão e finalmente um governo socialista-comunista.

Não foi por acaso, portanto, que o Chile se transformou no cenário de uma tentativa de transição do capitalismo ao socialismo pela via institucional. Havia uma tal confiança na democracia do país, no direito de alternância no governo – nas décadas anteriores, quatro governos com identidades políticas ideológicas diferenciadas tinham se sucedido no governo, sem rupturas institucionais. A esquerda chilena foi caudatária dessa visão e apostou profundamente numa transição institucional, mesmo com uma vitória eleitoral em que recebeu pouco mais de um terço dos votos, faltando medir o caráter profundo da transição proposta, que supunha, simplesmente, a estatização dos 150 maiores monopólios do país, além da nacionalização das minas de cobre – a fonte fundamental de divisas para o país, em mãos de capitais norte-americanos.

Sua derrota fechou uma trajetória dos partidos comunistas no continente, que há décadas pregavam, em graus variados, o caminho que a esquerda chilena tentou colocar em prática. Nos anos 1970, a esquerda latino-americana viu seus principais cenários se deslocarem do Cone Sul para a América Central, avançando sem balanços que permitissem incorporar experiências, readaptar rotas e formas de luta.

A imagem da esquerda no continente, em 1990, era a de maior fragilidade desde que ela surgiu no cenário político latino-americano, nas primeiras décadas do século XX. Os movimentos armados tinham sido duramente derrotados em praticamente todos os países onde se haviam desenvolvido, vencidos por duras ofensivas repressivas e regimes ditatoriais, desaparecendo da cena política. O regime sandinista se havia esgotado e havia sido derrotado nas urnas em 1990. Os partidos comunistas – inclusive aqueles que haviam sido tradicionalmente os mais fortes, afora o cubano, os PCs do Chile e do Uruguai – foram reduzidos à impotência, enfraquecendo-se igualmente as centrais sindicais dirigidas ou hegemonizadas por eles. Alguns chegaram à mudança do nome e à sua descaracterização, como o caso do PC brasileiro. Tudo aconteceu de forma bastante paralela ao ocorrido com os PCs da Europa ocidental, demonstrando como o fim da União Soviética havia sido um fator decisivo nesse declínio. As organizações sindicais como um todo se debilitaram sob o impacto das políticas recessivas de ajuste fiscal, assim como as de "flexibilização laboral", que no seu conjunto promoveram a precariedade das relações de trabalho para a maioria dos trabalhadores do continente.

Os partidos socialistas, socialdemocratas e os movimentos e partidos conhecidos como "populistas" e nacionalistas se reciclaram, de forma igualmente paralela ao fenômeno europeu, para políticas neoliberais. O peronismo, o PRI mexicano, o Partido Socialista Chileno, o PSDB no Brasil, a Ação Democrática na Venezuela, o MIR da Bolívia – são exemplos claros desse processo. Com isso, ajudaram a isolar ainda mais os PCs e outras forças mais radicais à esquerda, abandonaram suas tradicionais políticas de regulação estatal de distribuição de renda e tornaram-se responsáveis pela extensão do neoliberalismo ao conjunto do continente, abandonando o já debilitado campo da esquerda.

Um movimento específico, típico do período de derrota da esquerda, foi a tentativa de criação de um eixo para uma "terceira via" latino-americana, através do chamado "Consenso de Buenos Aires". Mediante um documento redigido pelo cientista político brasileiro radicado nos Estados Unidos Roberto Mangabeira Unger e pelo que foi ministro de relações exteriores do México, Jorge Castañeda, o documento pretendia se constituir em alternativa entre a esquerda tradicional – considerada "estatista" – e as forças neoliberais. O movimento correspondia ao segundo fluxo do neoliberalismo, liderado pelos governos de Tony Blair e de Bill Clinton, no centro do capitalismo. O documento final foi assinado por dirigentes que logo assumiram os governos dos seus países, como o chileno Ricardo Lagos, o mexicano Vicente Fox e o argentino Fernando de la Rúa, e pelo candidato à presidência do Brasil, que não se elegeu, Ciro Gomes. O movimento parecia assim votado ao sucesso, diante da crise da esquerda e de sinais de esgotamento do primeiro ciclo neoliberal, além do protagonismo de Clinton e de Blair em escala mundial.

Cuba, por sua vez, uma referência central para a esquerda do continente, foi particularmente vitimada pela desaparição do "campo socialista". O regime cubano conseguiu sobreviver, ao contrário dos regimes do Leste europeu e da própria União Soviética, demonstrando como a legitimidade conseguida pelas conquistas da revolução cubana eram de qualidade diferente daquelas dos regimes do Leste europeu, resultado da chegada das tropas soviéticas, que derrotaram a ocupação nazista. Porém, o preço pago pelo regime cubano foi alto, ao ficar sem a integração internacional ao planejamento do "campo socialista", que lhe permitia obter petróleo, entre outros bens estratégicos, em troca de açúcar, cítricos, níquel. Os golpes foram muito duros e fizeram com que o regime cubano passasse pelos seus piores momentos entre os anos 1989 e 1994. Para superar relativamente a crise, o governo cubano deu uma virada drástica na sua política econômica, permitindo atividades privadas antes reservadas apenas para o setor estatal – à exceção da educação e da saúde –, além de tolerar uma área de circulação do dólar e de expandir os contratos com empresas estrangeiras no país.

Como resultado da nova política, em que Cuba se propõe a não retroceder, porém não a avançar na construção do socialismo, devido à mudança negativa da correlação de forças internacional, com seus reflexos diretos sobre a economia do país, a ilha deixou de ser uma referência de alternativa para a esquerda do continente. Mantém-se a solidariedade a Cuba diante do bloqueio norte-americano, deixando porém de ser um horizonte para o movimento popular latino-americano, seja como sistema político, seja como modelo socioeconômico.

O campo da esquerda ficou composto por remanescentes das forças sobreviventes do período anterior – particularmente partidos comunistas, debilitados –, por movimentos sociais, inclusive centrais sindicais resistentes ao neoliberalismo, e por algumas forças *sui generis*, que protagonizaram as principais lutas políticas no plano institucional – PRD no México, Farabundo Martí em El Salvador, Frente Ampla no Uruguai e Partido dos Trabalhadores no Brasil –, além do caso particular do Partido Comunista de Cuba. São todas elas forças de origens diversas: o PRD, fruto da fusão entre uma cisão do PRI com outras forças de esquerda, incluído o Partido Comunista; a Farabundo Martí, a frente reconvertida da luta armada para a luta institucional; a Frente Ampla, continuidade da frente dos grupos de esquerda uruguaia que desde os anos 1960 protagoniza a luta institucional no país; e o Partido dos Trabalhadores, originário de movimentos sociais que se organizaram como partido político em 1980 no Brasil. Mesmo com origens distintas, essas quatro forças têm vários elementos em comum, herdeiras das lutas da esquerda institucional no continente, seja no seu programa de lutas democráticas de reforma, seja nas formas organizativas. Todos fazem parte, junto às outras forças da esquerda no continente, do Fórum de São Paulo, espaço de reunião, troca de experiências e debates que se reúne periodicamente, desde meados dos anos 1980, em vários países do continente – leva esse nome porque sua primeira reunião se deu em São Paulo.

A América Latina na hora de Lula

O Brasil havia se transformado no elo mais frágil da América Latina, por combinar fatores econômico-sociais explosivos, com uma acumulação de forças do movimento popular – nos planos social e político – superior à dos outros países do continente a partir dos anos 1980. Era o país comparativamente mais atrasado da região em desenvolvimento socioeconômico e em construção de forças políticas.

O Brasil foi favorecido pelo "privilégio do atraso" – categoria utilizada por Trotski –, ao reverter as condições que o desfavoreciam. Do golpe militar de 1964 ao final da ditadura, estruturou-se uma nova esquerda e um novo movimento social, enquanto outros países com esquerdas e movimentos populares mais fortes – como o Chile, a Argentina e o Uruguai – tiveram golpes relativamente mais tarde, por essa mesma força, mas por isso mesmo foram vítimas de repressões mais duras.

O resultado é que o Brasil desenvolveu-se mais em termos industriais durante a ditadura militar, sem resolver a questão agrária e sem superar sua significativa pior distribuição de renda. A esquerda se fortaleceu, diante de um marco social que mantinha suas fragilidades. O Partido dos Trabalhadores, a CUT e o MST são produtos diretos dessa combinação, que terminou fazendo com que as contradições se agudizassem mais no Brasil do que nos outros países da região.

A eleição de Lula – como ele mesmo constatou no seu discurso de posse – é resultado de um longo processo histórico, que desemboca no primeiro presidente de esquerda eleito no país. Sua vitória abre um novo período na América Latina, qualquer que seja o destino do seu governo, porque representa a eleição de um candidato e de um partido que propõem, pela primeira vez no continente, o rompimento com o modelo neoliberal posto em prática na década anterior no Brasil.

A América Latina entrou no século XXI vivendo sua pior crise em setenta anos, como resultado das políticas neoliberais, que fragilizaram suas economias, debilitaram seus Estados, diminuíram seu peso econômico e político no mundo. O projeto norte-americano da Alca e os acordos bilaterais de livre comércio entre os Estados Unidos e vários países do continente – Chile, Guatemala, El Salvador – significaram a expansão ainda maior da capacidade hegemônica norte-americana sobre o continente, enfraquecendo suas margens de soberania.

A crise do continente, a passagem da economia norte-americana à recessão e a mudança de discurso dos Estados Unidos, privilegiando a militarização dos conflitos mundiais, produziu um espaço de liderança regional, que se havia estreitado grandemente no período anterior, pela adesão de praticamente todos os governos do continente às políticas de "livre comércio" e de desregulação econômica. A crise da Argentina foi o caso limite em termos de retrocesso econômico e social e, ao mesmo tempo, de ausência de discurso dos Estados Unidos. Foi a primeira aplicação da nova política que o governo Bush adotou e conseguiu que o FMI fizesse sua, de que os países deveriam falir assim como as empresas, sem que esse organismo internacional se fizesse cargo da crise. Essa atitude deixou que a Argentina, depois de ter aplicado da forma mais rigorosa as políticas do FMI, entrasse na pior crise econômica e social que um país tenha vivido no período histórico recente do capitalismo, sem qualquer socorro dos organismos internacionais.

A combinação entre essas condições internacionais e o esgotamento do modelo neoliberal, mais clara na América Latina, pela aplicação mais profunda e generalizada dessas políticas no continente, gerou uma crise hegemônica, de que as vitórias eleitorais de Hugo Chávez na Venezuela, de Lula no Brasil e de Lucio Gutiérrez – além do favoritismo da Frente Ampla nas eleições gerais do Uruguai em 2004 – são expressão.

Os dados são claros: o aumento em nove pontos percentuais na taxa de pobreza da região, de 35% em 1982 para 44% em 2002, e em cinco pontos na taxa de indigência, de 15% para 20%, nesse mesmo período, justamente aquele marcado pela generalização na aplicação das políticas de ajuste fiscal e de desregulação econômica. O continente passou a viver a pior crise de desemprego, iniciada em 1995, ano da crise mexicana, chegando a cerca de 10%, para um total de 18 milhões de pessoas. Na Argentina o desemprego passou de 7,5% em 1990 para 21,5% no começo de 2002. Quarenta e cinco por cento da população – 45 milhões de pessoas – não tinham emprego decente em 1990, porcentagem que subiu para 50,5%, isto é, para 53 milhões de habitantes. De cada dez empregos criados nesse período, sete estão no setor informal, no qual apenas dois de cada dez empregados têm acesso a benefícios sociais.

No seu primeiro governo, o ex-presidente norte-americano Bill Clinton sequer cruzou o rio Grande para ir conferir como andava a Nafta no México. O continente parecia adequar-se placidamente às propostas neoliberais, enquanto o governo Clinton gozava da lua-de-mel da combinação entre o desaparecimento da União Soviética, a vitória liberal nos países do Leste europeu e a retomada do crescimento na economia norte-americana.

Em seu segundo mandato, na segunda metade dos anos 1990, Clinton já teve de conviver com uma transição para crises gerais no continente, ainda manifestadas em nível nacional – a crise brasileira de 1999, a degradação geral da Argentina, as crises institucionais no Equador, na Bolívia e no Paraguai, a eleição de Hugo Chávez na Venezuela. A herança que ele deixa para seu sucessor é de um mapa do continente como um mar de crises, por onde quer que ele seja olhado – do Haiti ao Uruguai, da Guatemala ao Peru.

A crise latino-americana, com suas especificidades nacionais, só pode ser entendida no marco da aplicação generalizada das políticas neoliberais nas duas décadas anteriores, senão nada explicaria a concomitância das crises. A explosividade social dos distintos países e a própria debilidade das formações políticas para enfrentar a crise são produtos típicos da aplicação daquelas políticas. Suas modalidades particulares de aplicação permitem entender suas formas e temporalidade particulares.

Os principais epicentros atuais da crise são a Colômbia, a Venezuela, a Argentina e os países andinos Equador/Bolívia/Peru. A Colômbia arrasta uma crise profunda desde várias décadas. A conclusão da guerra civil deflagrada no final dos anos 1950 por um acordo político entre os dois principais partidos – o liberal e o conservador – significou a pacificação entre eles, mas nunca chegou a incorporar o conjunto do país, especialmente o campo – cenário privilegiado dos conflitos armados. O país passou a viver esquizofrenicamente entre um sistema político institucionalizado que convivia com índices de 70% de abstenção e com guerrilhas rurais – originárias daquela guerra, como as Farc, ou surgidas posteriormente, como a ELN. Mais adiante se introduziu um outro elemento – o narcotráfico –, que desde o começo organizou forças paramilitares para combater as forças guerrilheiras, com a conivência das forças armadas.

Quando o narcotráfico ganhou projeção nacional e revelou como havia penetrado profundamente no aparato de Estado, por pressão dos sucessivos governos dos Estados Unidos, os presidentes colombianos passaram a atuar contra ele e a guerrilha ao mesmo tempo. A política norte-americana de exportar seus problemas busca na erradicação das plantações de folha de coca e no combate aos narcotraficantes a solução para uma dificuldade interna – o consumo de drogas pelo mercado mais rico do mundo. Ao fazer isso, os Estados Unidos desviam a atenção de seu cenário interno e, ao mesmo tempo, encontram pretextos para situar suas forças militares numa zona estratégica para seus planos expansionistas – a zona andino-amazônica.

A nova doutrina dos Estados Unidos privilegia a Colômbia como um dos epicentros da "guerra contra o terrorismo", junto com a Palestina. São países em que o governo Bush acredita encontrar "em estado puro" o "terrorismo", ao qual não deveria ceder para aceitar negociações, o que representaria um triunfo e um incentivo ao "terrorismo". Dessa forma, a modalidade de guerra que os Estados Unidos, junto ao governo colombiano, coloca em prática é a "guerra de extermínio", de destruição das forças insurgentes, da mesma forma que se faz com os palestinos. Trata-se, portanto, de um foco de guerra deflagrado, aberto, cujo desenrolar depende do triunfo da estratégia norte-americana em escala internacional, do sucesso de políticas alternativas de integração continental e da capacidade local das forças opositoras de ganhar amplos setores populares que se oponham à solução violenta da crise.

A crise venezuelana tem outra origem e outro caráter. A Venezuela, por várias razões, nunca teve um programa neoliberal posto em prática efetivamente. Quando foi eleito pela segunda vez, em 1989, Carlos Andrés Pérez, do então partido socialdemocrata Ação Democrática, fez algo similar a Carlos Menem na Argentina, anunciando no dia seguinte à sua posse um programa neoliberal, opondo-se à tradição do seu partido e à sua própria campanha eleitoral. O resultado foi uma enorme manifestação popular conhecida como "Caracazo", que foi reprimida violentamente, com o balanço oficial de quatrocentos mortos. O governo estava condenado ao fracasso desde o início, o que foi capitalizado pelo levantamento militar liderado por Hugo Chávez. Condenado pouco depois por corrupção, Carlos Andrés teve interrompido seu programa, de forma similar a Fernando Collor no Brasil.

Foi sucedido por um outro ex-presidente, este do outro partido tradicional, o Coppei, de origem democrata-cristã, Rafael Caldera, que tentou fórmulas heterodoxas de ajuste fiscal, apoiado num ex-guerrilheiro, Teodoro Petkoff, que pretendia, de alguma forma, ser o Fernando Henrique Cardoso de um governo que poderia ser comparado com o de Itamar Franco no Brasil. A nova tentativa também fracassou, e Hugo Chávez capitalizou o descontentamento com o desempenho das elites venezuelanas nas décadas anteriores, que protagonizaram a "farra do petróleo", desperdiçando os altos preços do combustível em detrimento do que teria permitido dar um impulso industrializador e de bem-estar no país. Ao contrário, em grande parte a corrupção explica o fato de que Venezuela tenha continuado a ser um país petroleiro, com as oscilações que essa circunstância produz para a economia do país.

Hugo Chávez triunfou com o voto dos marginalizados socialmente e dos críticos aos partidos tradicionais, conseguiu aprovar por plebiscito uma nova Constituição, reformou os órgãos da Justiça e obteve maioria parlamentar. Sua política baseou-se na reorganização da Opep, favorecida pelo aumento dos preços do petróleo, com o que promoveu políticas sociais dirigidas às classes populares, sem no entanto mudar a estrutura de poder interna ao país – tanto o poder autonomizado da empresa estatal do petróleo quanto os grandes monopólios privados, a começar pelo da mídia. Sua política econômica se baseou no ajuste fiscal, mas, enquanto os preços do petróleo o favoreceram, suas políticas sociais tiveram um papel redistributivo relativamente eficaz.

Não demorou para que as políticas de sabotagem externa e interna tivessem efeito, entre elas a tentativa de golpe de abril de 2002, a fuga sistemática de capitais, o desabastecimento, o locaute de dezembro de 2002 até fevereiro de 2003, incluindo a interrupção da produção de petróleo. O golpe foi evitado não pelo apoio da alta oficialidade que tinha acompanhado Chávez na sua chegada ao governo, mas pela baixa oficialidade e sobretudo pela mobilização de um emergente movimento popular, que se dava conta de que seria a principal vítima do golpe.

A corrida passou a ser contra o tempo. A oposição buscando derrubar Chávez antes que a situação latino-americana se alterasse favoravelmente a este, antes que a nova lei do petróleo recuperasse para o governo boa parte dos 80% dos *royalties* que ficavam com a tecnocracia da empresa e antes de que a nova lei de terras entrasse em vigor, contra a especulação urbana e o latifúndio rural. E, além disso, agora, antes que o novo movimento de massas possa se constituir numa força orgânica suficiente para contrabalançar o poder da mídia e da opinião pública formada por ele. Essa corrida é que deixa aberto o processo venezuelano, na dependência da evolução política do processo de integração sul-americana do Mercosul, liderado pelo Brasil e

A VINGANÇA DA HISTÓRIA   125

pela Argentina, do destino da política guerreira do governo Bush e da situação de disputa política e social interna.

A Argentina foi um país que viveu situações extremas – de alguma forma sucedeu ao Chile como laboratório de experiências políticas latino-americanas – desde o fracasso da ditadura militar surgida com o golpe de 1966 e a transição de retorno à democracia liberal, com a esperada vitória eleitoral do peronismo. Esta, no entanto, se mesclou com outro fenômeno em ascensão naquele momento no continente e, em particular, no Cone Sul – as guerrilhas urbanas, também presentes no Uruguai e no Brasil.

O peronismo triunfou, agregando desde setores de extrema direita, que sempre haviam estado presentes no seio do peronismo, desta vez articulados com setores das forças armadas –, representados por Lopez Rega e pela Tripla A –, até grupos guerrilheiros – de que os Montoneros foram a expressão mais forte –, passando por grande parte do empresariado nacional e, principalmente, pelo então forte movimento sindical organizado.

O golpe militar que terminou com o fracassado retorno do peronismo, em 1976, foi o modelo mais acabado de regime de terror contra o movimento popular e contra qualquer resquício democrático sobrevivente, que golpeou profundamente a capacidade de organização e de expressão social e política. A também frustrada transição democrática, dirigida pelos radicais – incluindo duas crises de hiperinflação –, desembocou no retorno dos peronistas, dessa vez como agentes das políticas neoliberais, com Carlos Menem. Depois de prometer um "choque produtivo", entregou, imediatamente após assumir o poder, as pastas econômicas aos mais tradicionais economistas liberais – adversários históricos do peronismo –, até chegar ao esquema da "paridade" posto em prática por Domingo Cavallo – a forma extrema que a prioridade da estabilidade monetária ganhou num país traumatizado pelo regime de terror político e pelas hiperinflações. Foi então pelas mãos da tradicional força partidária representativa do movimento operário que foi implantado o neoliberalismo na Argentina, numa modalidade também pioneira.

A crise atual que enfrenta o país é a ressaca correspondente ao tamanho da crise que foi sendo gestada pela artificialidade da solução que a paridade cambial representou para a Argentina. Nunca um país regrediu tanto fora de tempos de guerra. O que era um paradigma para o FMI e o Banco Mundial se transformou no seu oposto, como uma conseqüência inevitável por ter assumido de forma tão ortodoxa as políticas dos organismos internacionais.

Os países andinos, em particular o Equador, a Bolívia e o Peru, representaram, ao longo dos últimos anos, os melhores exemplos da crise estrutural de países para os quais o mercado internacional, reorganizado nos moldes das políticas neoliberais, não deixa lugar, relegando-os à situação dos países centro-americanos, com economias primário-exportadoras totalmente dependentes do mercado dos Estados Unidos. A particularidade desses países é a presença de um movimento de massas de origem rural, cujo eixo é o movimento indígena, presente na Bolívia, no Equador e no Peru.

A incapacidade das políticas neoliberais postas em prática ao longo das duas últimas décadas aprofundou a crise social existente, sem conseguir nem retomar o desenvolvimento nem conquistar estabilidade política, gerando uma série de crises institucionais, que marcam mais recentemente a história política desses países, como reflexo de uma profunda crise hegemônica. O Equador, que não pôde contar com uma experiência relativamente prolongada como a de Fujimori – que se consolidou pela estabilidade monetária, mas também pelo sucesso no combate às guerrilhas – nem com uma certa estrutura partidária sobrevivente na Bolívia – MNR, MIR – e a direção política de Hugo Banzer, refletiu mais diretamente essa instabilidade econômica, social e política, com a sucessão de presidentes eleitos e depostos, somada à dolarização e à eleição de Lucio Gutiérrez como presidente, com o apoio do movimento indígena e com sua participação direta no governo, pela primeira vez na história do país.

O século XXI encontra a América Latina diante de alternativas contraditórias, num quadro internacional complexo. Por um lado, um marco mundial de forte hegemonia norte-americana, sem que isso se fundamente em capacidade de expansão econômica. Ao contrário, no esgotamento do ciclo expansivo da economia dos Estados Unidos, este foi substituído por um ciclo recessivo, com a conseqüente restrição do comércio internacional e das demandas provenientes dos mercados centrais do capitalismo. Os Estados Unidos buscam se proteger, estendendo sua hegemonia no continente através da proposta da Alca, que lhe possibilitaria expandir o poderio econômico de suas corporações sem contrapesos – como já acontece na América do Norte, com a Nafta.

Os dilemas internos a cada país da América Latina, entre prolongar o modelo de ajuste fiscal ou romper com o neoliberalismo e buscar um modelo alternativo, expressam-se no plano regional pelo dilema entre a Alca e o

A VINGANÇA DA HISTÓRIA   127

Mercosul. A primeira é a seqüência lógica da aplicação das políticas de abertura das economias nacionais nesta região do mundo, num momento em que se articulam grandes zonas de integração das maiores economias do mundo e em que poucas moedas poderão resistir em escala internacional. A proposta de integração continental sob a égide da maior economia do mundo, no marco da sua moeda, parece a complementação natural das políticas praticadas nas duas últimas décadas no continente, de que a Nafta é uma expressão regional. A América Latina na hora de Lula significa o acerto de contas da esquerda latino-americana com sua própria trajetória ao longo dos últimos anos. Por isso o ano de 2003 é tão importante para a esquerda e para ao continente como foi, há três décadas, o ano de 1973. Nessa época, fechou-se um ciclo histórico de avanços e tentativas políticas de construir alternativas ao capitalismo dependente em crise, concluído com os golpes militares no Chile e no Uruguai, fechando o cerco sobre o que ainda seria o novo governo peronista na Argentina, até que o golpe de 1976 deu definitivamente por consolidado o novo período contra-revolucionário na região.

Desta vez o ano pode ser o de início de um novo período histórico para o continente ou de esgotamento de um modelo e, com ele, das forças que, opondo-se a ele, não souberam e/ou não foram capazes de superá-lo. Os primeiros indícios não são alvissareiros: a face inicial dos governos de Lula e de Lucio Gutiérrez dão mais a impressão de continuidade do que de ruptura. Os violentos acontecimentos que marcam o início do governo de Sanches de Losada na Bolívia revelam como sociedades extremamente extenuadas pela elevação brutal dos níveis de exploração e de expropriação de direitos não suportam mais um novo ciclo de ajustes recessivos.

E, no entanto, parece que é o que os novos governos, agora com apoio dos movimentos sociais e em nome da esquerda, apontam como transição para saída do modelo ou para sua renovação. Quando Lula foi eleito, o semanário britânico *The Economist* intitulou seu editorial: "Ele terminará o trabalho?" ("Will he finish the job?"), referindo-se à complementação das "reformas" levadas a cabo por Fernando Henrique Cardoso, de forma similar à que Tony Blair, igualmente eleito contra o modelo neoliberal, fez com Margaret Thatcher. Em pouco tempo, essa esperança – da direita – e os temores – da esquerda – parecem encontrar respaldo, quando membros do novo governo brasileiro apresentam reformas previdenciária e tributária como seus primeiros passos, como formas de conquistar índices de mercado favoráveis e assim, baixando o chamado "risco Brasil", conseguir diminuir as taxas de juros e passar do atual círculo vicioso herdado do neoliberalismo para um círculo virtuoso. E membros desse governo se reivindicam a "coragem" de realizar as "reformas" que Fernando Henrique Cardoso não teria conseguido realizar, como que a confirmar que o pacote de reformas se constitui na realidade na chamada "segunda geração" de "reformas" propostas pelo Banco Mundial.

Tudo confirma que 2003 tornou-se um ano decisivo para a América Latina e sua esquerda. A direção que assumirá a história latino-americana no novo século começa a ser decidida a partir deste momento.

TERCEIRA PARTE

QUE BRASIL É ESSE?

Convivem duas imagens contraditórias do Brasil no mundo atual: uma imagem complacente, composta por seu futebol, pelo carnaval, por sua música, por uma imagem jovial e alegre de seu povo, por suas telenovelas; junto a outra, dos massacres e da injustiça, da discriminação e da violência. Se nos perguntarmos qual das duas é real, teremos de dizer que ambas o são; e somente da compreensão de sua convivência e das contradições que encerram pode surgir uma visão real do Brasil, como país e como sociedade.

Da economia agrária à financeira, passando pela industrial

O Brasil tornou-se, ao longo do século XX, a maior economia da América Latina, depois de ter virado o século anterior ainda sob o impacto da recém-terminada escravidão e de ter sido um país agrário e primário-exportador até a entrada da segunda metade do século XX. País com uma esquerda atrasada – correspondente à sua estrutura social –, o Brasil se recuperou politicamente, porém virou para o novo século como um país que perdeu seu dinamismo econômico e, com ele, o potencial de liderança internacional que havia começado a conquistar.

Foram-se os tempos da frase de Nixon, segundo a qual "para onde for o Brasil, irá o continente", salvo se a tomarmos no sentido negativo – com o abandono das metas de desenvolvimento econômico, estas foram substituídas pela de estabilidade monetária, com sacrifício não apenas da expansão econômica, mas da recuperação dos seus graves problemas sociais e da renúncia à construção de uma grande democracia continental –, como indicativos dos mesmos rumos tomados pelo resto do continente. Mas, mesmo nesse sentido, o Brasil perdeu primazia, porque adotou-as tardiamente.

Porém, precisamente a combinação dos elementos que o constituem como sociedade e como nação é que faz do Brasil o que se poderia caracterizar hoje como "o elo mais fraco da cadeia" do sistema capitalista no continente. Isso se dá pela presença de elementos de força e de debilidade:

a) uma economia que, ainda que debilitada pelos processos de privatização, de abertura acelerada da economia e de desnacionalização, mantém capacidade competitiva superior às outras economias de mesmo porte no continente;

b) apesar da abertura de sua economia nos anos 1990, o país é ainda menos penetrado pelo capital externo em comparação, por exemplo, com a Argentina e o Chile, no plano do sistema financeiro, das grandes corporações comerciais ou da propriedade da terra;

c) a derrota imposta pelos regimes de terror ficou mais distante no tempo do que em outros países com trajetória similar ao Brasil, permitindo uma renovação social, política e ideológica;

d) como conseqüência, as forças sociais e as políticas de esquerda, construídas no processo de resistência à ditadura e de reconstrução de um Estado de direito, têm muito maior força que nos outros países do continente, chegando a configurar uma das esquerdas mais fortes do mundo na atualidade;

e) os compromissos econômicos e sociais entre as elites fizeram do Brasil o país mais injusto do mundo, com o maior grau de desigualdades sociais, que se revela um fator de debilidade acentuada para o sistema de dominação política no país.

O conjunto desses fatores, dependendo de sua articulação, pode levar o país a uma formidável estagnação e regressão de dimensões civilizatórias – prenunciada pelos governos dos anos 1990, cuja continuidade essencial representaria esse caminho – ou a encarar a possibilidade histórica de uma ruptura e um salto de qualidade no seu processo de construção como nação e como sociedade.

O Brasil se caracterizou, como o conjunto do continente, por ser antes um Estado do que uma nação. Foi colonizado, definiu suas estruturas

A VINGANÇA DA HISTÓRIA 133

econômicas, sociais e políticas em função do mercado mundial, teve sua história periodizada conforme os ciclos determinados pelo produto de exportação que interessava ao mercado mundial, controlado pelos países colonizadores.

No caso brasileiro, os ciclos do açúcar e do café foram articulados em função da exportação e mantidos pelo trabalho escravo. Ao massacre das populações indígenas sucedeu-se, assim, o tráfico de milhões de escravos africanos, que constituíram o primeiro contingente de formação do proletariado brasileiro. A seu lado, a agricultura de subsistência produziu um campesinato espalhado pelo imenso território, traçado inicialmente formalizado pelo Tratado de Tordesilhas e consolidado no final do século XIX.

Se a colonização portuguesa não havia produzido distinções fundamentais em relação à forma de inserção internacional do Brasil em comparação com os países colonizados pela Espanha – salvo estilos de colonização, com efeitos importantes no plano cultural –, a invasão napoleônica da península Ibérica imprimiu destinos diferenciados a um e a outros. Enquanto os espanhóis resistiram e, derrotados, fragilizaram sua dominação colonial sobre as Américas e aceleraram os desfechos das guerras de independência, do México ao Chile, a corte portuguesa fugiu para o Brasil, produzindo resultados opostos.

Enquanto nos países de colonização hispânica forjou-se um Estado nacional como produto das guerras de expulsão dos invasores, libertaram-se os escravos e instaurou-se um regime republicano, no Brasil estabeleceu-se um pacto entre as elites – pacto que marcaria a história brasileira. A Coroa, chegando ao Brasil, promoveu um processo transformista que iniciou a transição de colônia a país independente, momento no qual o filho do imperador herdou o trono e com ele o poder do novo Estado, imperial em vez de republicano. Paralelamente, o fim da escravidão adiou-se por várias décadas – terminou em 1888 –, fazendo do Brasil o último país do continente a terminar com a exploração do trabalho escravo.

Ainda antes dessa data, prevenindo-se diante do afluxo dos novos trabalhadores "livres", as elites brasileiras promulgaram uma Lei de Terras, em meados do século XIX, que legitimava o controle dos vastos territórios nacionais em mãos dos latifundiários, bloqueando a possibilidade dos exescravos terem acesso a terras. Assim, a questão colonial se desdobrou na questão agrária, consolidando o poder dos latifundiários e seu espaço privilegiado no bloco no poder, que responderia pela não realização, até o presente, de reforma agrária no Brasil.

Foi a partir de 1930 que o Brasil – valendo-se do "privilégio do atraso" de que falava Trotski, quando abordava a lei do desenvolvimento desigual e combinado que comanda o capitalismo – começou a recuperar esse atraso relativo a outras formações sociais latino-americanas, em particular a Argentina. Enquanto a Argentina já havia dado passos significativos na direção da industrialização, por seu caráter de país exportador de carne e couro, se urbanizou, não tinha escravidão e desempenhava papel importante na divisão internacional do trabalho, o Brasil havia ficado relegado à situação de país agrário, exportador de café, com mão-de-obra escrava até o final do século XIX e com governos oligárquicos até 1930 – quando seu vizinho já havia realizado, por exemplo, a revolução universitária de Córdoba e possuía uma sólida cultura nacional.

Porém, mesmo o movimento militar de 1930, sob efeito direto da crise de 1929 e do esgotamento do modelo primário-exportador, representou uma ruptura com o bloco no poder existente até ali. Se, valendo-se da crise, redefiniu as relações de força dentro desse bloco, dando-lhe nova configuração, em que a hegemonia da oligarquia agrária era gradualmente substituída pela da burguesia industrial nascente, intermediada pela forte presença do Estado, essa transição não se fez com a ruptura das relações sociais no campo. A legalização do movimento sindical – em sua versão corporativista, da mesma forma que mais tarde no peronismo – levada a cabo por Getúlio Vargas (1930-1945 e 1950-1954) ficou restrita aos trabalhadores privados do setor urbano, quando a grande maioria da força de trabalho se concentrava no campo. Com isso, distanciavam-se os interesses dos trabalhadores do campo e da cidade, que passariam a ter destinos diferenciados, com aqueles relegados ao domínio sem limites do latifúndio, com sua seqüela de violências e arbitrariedades, enquanto os outros podiam se abrigar numa legislação do trabalho colada ao Estado amplamente reformado para um projeto nacional e industrializador.

Geraram-se assim, sob o getulismo, as condições tanto de um forte impulso ao desenvolvimento econômico voltado para o mercado interno – cujo modelo seria teorizado e codificado pela Cepal no segundo pós-guerra –, como de um novo modelo hegemônico, cujos traços dominantes seriam seu caráter nacional e popular. Nacional, porque pela primeira vez o Estado se apresentava como personificando o Brasil, tanto nas suas relações com o mercado mundial – na defesa do preço do café, na proteção das nascentes indústrias brasileiras, na ideologia nacionalista –, como na promoção do desenvolvimento econômico, que teria na distribuição de renda e no mercado interno de consumo referenciais fundamentais. E popular porque, pela primeira vez também, o Estado brasileiro deixava de representar um pacto entre as elites, em que uma delas governava em nome de todas, para se apresentar como um Estado que incluía a classe média urbana – contemplada, por exemplo, nos concursos públicos para postos estatais em forte ampliação, assim como nas carreiras de funcionalismo público e na grande extensão do sistema educacional – e o movimento sindical, a partir da legislação do trabalho, mesmo com molde corporativista.

Assim, depois de ter vivido, durante grande parte de sua história desde a colonização, sob a hegemonia de um modelo primário-exportador, justificado com argumentos tirados da teoria do comércio internacional e da suposta vocação cafeeira da sua economia, o Brasil rompia com supostos básicos dessa argumentação e colocava em prática um modelo hegemônico que responderia pelo maior ritmo de crescimento econômico mundial durante cerca de cinco décadas. Nesse espaço de tempo, mudou radicalmente a fisionomia da sociedade brasileira: de agrária passou a urbana; de agrícola a industrial; de voltada para o exterior para uma reversão sobre si mesma.

O crescimento, inserido numa economia dependente, reproduziu os mecanismos desse fenômeno na periferia do capitalismo, centrando-se na superexploração do trabalho, conforme as análises da obra de Ruy Mauro Marini[1]. Isto é, uma burguesia que chegava atrasada num mercado mundial ocupado pelas grandes potências capitalistas não apenas buscou proteger seu mercado interno como, impotente para competir em igualdade de condições com as burguesias metropolitanas, tratou de, através da combinação de múltiplas formas de exploração da força de trabalho, mantendo-a permanentemente abaixo do seu valor, baratear os custos de produção de suas mercadorias. No caso brasileiro, essa hipótese tornou-se possível e reiterada ao longo do tempo pela inexistência de reforma agrária, o que, bloqueando o acesso à terra de dezenas de milhões de trabalhadores rurais, acelerou sua imigração para as grandes cidades do centro-sul,

---

[1] Ruy Mauro Marini, op. cit.

constituindo um mercado de trabalho abundante, que favoreceu altas taxas de lucro, derivadas em grande medida da superexploração da força de trabalho.

Isso não impediu que, em dois períodos diferenciados – de 1930 a 1964 e desde o golpe militar neste último ano até 1980 –, a economia crescesse, estendendo a industrialização do país, com tecnologia mais moderna que a argentina e – especialmente no segundo período mencionado – com um grau superior de incorporação de capitais estrangeiros e de capacidade exportadora. Nesse espaço de tempo, o Brasil chegou a construir a principal estrutura industrial da periferia capitalista, estando presente, no final dos anos 1970, em todos os ramos de ponta da economia mundial, mesmo que em graus diferentes de desenvolvimento tecnológico.

Politicamente, a ruptura com o sistema democrático liberal em 1964 foi funcional ao processo de acumulação de capital. O arrocho salarial, a intervenção militar em todos os sindicatos, a repressão a todas as formas de organização popular serviu, além de reprimir a oposição política, para tornar possível o redirecionamento do grosso da produção – por parte de grandes empresas internacionais e nacionais – para a alta esfera do consumo e para a exportação. A reconcentração de capitais nas mãos do grande empresariado e essa política de bloqueio à capacidade de consumo e de reivindicação dos setores populares foram as alavancas que permitiram à economia brasileira entrar num novo ciclo expansivo.

Esse novo ciclo foi possível também porque se deu quando o capitalismo internacional se encontrava ainda no seu ciclo longo expansivo, o que responde também pela capacidade de impulsionar o desenvolvimento econômico pela ditadura militar. O golpe militar brasileiro foi relativamente precoce em relação aos outros, e se viu aquinhoado com um inimigo mais frágil – a esquerda brasileira era de menor peso que nos outros países da região e tinha um entorno externo favorável, que desapareceria a partir de 1973.

O Brasil contemporâneo – este, da virada do século e do milênio – é resultado de toda essa evolução e da mudança de ciclo do capitalismo internacional, com reflexos específicos sobre os países da periferia, cujos efeitos diretos se traduziram na crise do endividamento externo. No caso do Brasil, a virada dos anos 1970 para as duas décadas de final do século XX representaram uma ruptura ainda mais marcada do que nos outros países da região, ao fazer a economia abandonar suas décadas de crescimento econômico contínuo e passar a um período recessivo.

O esgotamento da ditadura militar – que tinha buscado legitimidade na combinação entre crescimento econômico, consumismo e segurança nacional – representou a hegemonia de um novo consenso, construído na oposição à ditadura: o consenso da democratização política e o do combate ao déficit social deixado por um crescimento econômico que havia feito expandir-se a economia, mas não havia distribuído renda. A nova Constituição brasileira foi definida pelo presidente da Assembléia Constituinte, Ulysses Guimarães, como a "Constituição cidadã", tal a forma pela qual privilegiava a afirmação de direitos, o que fazia com que se chocasse com a tendência neoliberal, já dominante naquele momento (1988). Por outro lado, mesmo um governo moderado como o de José Sarney (1985-1990) – primeiro presidente civil desde 1964 – teve como lema o que até recentemente seria considerado um grave pecado pelo receituário vigente do Fundo Monetário Internacional – "Tudo pelo social" –, mesmo que o concebesse de forma assistencialista.

Essas tendências brasileiras atrasaram a aplicação no Brasil das políticas de ajuste fiscal, atraso que foi acentuado pela ruptura do governo de Fernando Collor (1990-1992), por denúncias de corrupção. Essas políticas foram retomadas por Fernando Henrique Cardoso, primeiro como ministro da Fazenda do sucessor de Collor, seu vice-presidente Itamar Franco (1992-1994), e depois como presidente, eleito para dois mandatos (1994-1998/1998-2002). Este, porém, não pôde apresentar-se como um prócer da "terceira via", porque o fundamental, o trabalho "sujo" do neoliberalismo, que em outros países correspondeu a Reagan, a Thatcher, a Pinochet, a Menem, a Fujimori, a Salinas de Gortari, foi interrompido, fazendo com que Cardoso tivesse de vestir o *tailleur* de Margaret Thatcher em vez do blazer de Tony Blair.

Seu governo conseguiu a estabilidade monetária, de forma similar ao que foi conseguido em países como Chile, Argentina e Peru, com a particularidade de que foi aplicada a taxa de juros real mais alta do mundo para atrair capitais financeiros que dessem fundamento a essa estabilidade. Política e ideologicamente a operação foi um sucesso, com a reeleição de Cardoso, derrotando a esquerda, por duas vezes, no primeiro turno. Econômica e socialmente, no entanto, foi um desastre: depois de elevar o poder aquisitivo dos setores mais pobres, concentrando renda na cúpula em detrimento das camadas médias, os mais pobres também começaram a perder poder aquisitivo, de forma direta e pela transferência da maior parte da população para a economia informal, perdendo renda e direitos. Economicamente, o país não conseguiu retomar ritmos minimamente estáveis de desenvolvimento, completando duas décadas perdidas, com o primeiro governo que deixou de colocar o desenvolvimento como prioridade, em setenta anos, para privilegiar o objetivo conservador da estabilidade.

O Estado, por sua vez, pressionado pelas taxas estratosféricas de juros e pelo ingresso de capitais especulativos, multiplicou seu endividamento por cinco, ao contrário do saneamento fiscal prometido pelos planos de ajuste, apesar da privatização de grande parte de um patrimônio público que havia sido um dos protagonistas fundamentais do acelerado crescimento das décadas anteriores. A dívida interna pública, que era de 54 bilhões em 1994 – ano de entrada em vigor do Plano de estabilidade monetária de Cardoso –, passou para 550 bilhões seis anos depois, aumentando 20% ao ano, embora 75% do orçamento fosse destinado à rolagem da dívida. Em outras palavras, substituiu-se a inflação pelo endividamento, que não financiou nenhum tipo de obra pública, ou elevação da qualidade dos serviços públicos ou sua extensão. Serviu para financiar o consumo de luxo das altas esferas do consumo e para estabilizar artificialmente a moeda, com a passagem de saldos da balança comercial brasileira, que haviam chegado a 14 bilhões de dólares antes do Plano, a seis anos seguidos de déficits, inclusive com os Estados Unidos.

Promoveu-se a hegemonia do capital financeiro no conjunto da economia e uma financeirização do Estado brasileiro, que vive em função do pagamento dos juros de suas dívidas. Gerou-se uma ciranda, pela qual o sistema financeiro é o grande patrocinador das campanhas eleitorais do governo e recebe de volta o único grande plano de apoio deste e outras vantagens excepcionais, incluída a venda de títulos públicos que pagam os maiores juros reais do mundo.

O Brasil passou assim, no espaço de poucas décadas, de uma economia agrária a outra industrial – ainda que periférica e dependente, mas com um potencial econômico inegável –, para virar o século nos braços do capital especulativo, que alimenta e aprisiona a estabilidade monetária, como um grilhão que impede o seu crescimento. O governo de Cardoso passa à história como aquele que, dirigido por alguém que surgiu nas

A vingança da história   139

fileiras da oposição democrática, com uma trajetória intelectual reconhecida – ainda que politicamente ambígua –, deu um novo álibi à direita tradicional, reorganizando-a em torno de um discurso modernizador, que acoberta suas milenares práticas de privatização do Estado. Ao contrário de seus congêneres da socialdemocracia de outros países, que combateram a direita, mesmo aderindo ao neoliberalismo – como Mitterrand, Felipe González, os socialistas chilenos –, Cardoso surgiu como salvador da direita para derrotar sucessivamente a esquerda, à qual se opôs frontalmente durante seus dois mandatos, tanto aos partidos da esquerda – particularmente seu principal adversário, o Partido dos Trabalhadores – como aos sindicatos e aos movimentos sociais – em especial ao Movimento dos Sem-Terra, seu mais aguerrido opositor.

Como nos outros países, o neoliberalismo no Brasil foi um sucesso na estabilização monetária, na propaganda ideológica e na fragmentação social que produziu. Foi, porém, um fracasso no desenvolvimento econômico, assim como nas suas conseqüências políticas e sociais. A natureza das transformações sociais e econômicas promovidas pelas políticas do governo Cardoso só teria sido possível, em outros períodos políticos, mediante regimes de força, mediante ditaduras militares, tal a brutal transferência de recursos, especialmente dos setores médios, para o setor financeiro, mas também a dimensão da expropriação de direitos dos trabalhadores, a começar pelo direito ao trabalho formal, hoje reservado a 40% da população, enquanto outros 60% se vêem submetidos à precariedade do trabalho informal.

Do ponto de vista político, a década de aplicação de políticas de ajuste fiscal debilitou o sistema democrático, conquistado a duras penas, depois de mais de duas décadas de ditadura militar. Os parlamentos perderam prestígio e representatividade, a grande maioria dos partidos políticos perdeu identidade própria (a começar pela versão brasileira da socialdemocracia, o partido de Cardoso, que, se não tinha algumas das características básicas dos partidos dessa corrente, como, por exemplo, ampla base sindical e popular, aderiu à moda neoliberal, tornado-se um partido de direita no Brasil), a participação e a mobilização políticas baixaram a níveis nunca conhecidos em períodos de regimes institucionais, as dimensões públicas do Estado e dos governos foram duramente enfraquecidas pela mercantilização de suas políticas e das relações sociais como efeito daquelas.

O economicismo passou a dominar o discurso das elites – do presidente da República ao "*mainstream*" acadêmico, passando pela grande imprensa e pelas elites políticas – em detrimento dos direitos, da luta pela justiça social, pelo "bom governo", pelas necessidades da grande maioria da população, destituída de direitos elementares no país mais injusto do mundo. A apatia política foi o resultado conseguido, pela desmoralização de que as soluções coletivas, produzidas pela organização consciente da massa da população, pudessem melhorar sua condição.

Do ponto de vista social, não só não se melhorou a vida da massa da população, como se acentuou a polarização entre ricos e pobres, entre integrados e excluídos, entre globalizados e marginalizados. O movimento sindical passou à defensiva, diante do aumento do desemprego e da necessidade de priorizar a defesa do emprego, em detrimento da luta por minimizar os desgastes sobre o poder aquisitivo dos salários, enquanto os movimentos sociais ligados às reivindicações de gênero, etnia e outros afins regrediram em seus direitos diante de um governo truculento e insensível mesmo aos direitos da mulher – o governo Cardoso teve apenas episodicamente uma ou outra mulher como ministro, e inclusive sua mulher, uma antropóloga e acadêmica conhecida, em seu governo atuou apenas como primeira-dama, em políticas sociais compensatórias, no estilo do Banco Mundial.

De "potência intermediária regional" a "mercado emergente", o Brasil transitou de um país com potencial extraordinário de crescimento, apesar das desigualdades, da miséria, do atraso político e cultural, a um país inerte internacionalmente, resignado internamente a conviver com suas mazelas, olhando de novo mais para fora – como no período primário-exportador, até 1930, só que agora olhando para cima, para os Estados Unidos. As contradições que gerou, junto ao potencial de crescimento que persiste, incluída sua esquerda e seu movimento de massas, fazem do Brasil o elo mais fraco da cadeia do sistema de dominação mundial no continente latino-americano.

Do desenvolvimento desigual ao elo mais fraco da cadeia

O Brasil, país economicamente mais desenvolvido da América Latina, é, ao mesmo tempo, o mais injusto socialmente, porque o de pior distribuição de renda. Isso por si só já fala do caráter do desenvolvimento econômico que o capitalismo torna possível em sua periferia. Quando os modelos cepalinos para o continente se esgotaram, desatou-se o debate sobre a natureza do desenvolvimento econômico possível na América Latina, representado sobre o caráter da dependência, que se revelava fortemente com os golpes militares e a internacionalização de suas economias.

Duas grandes concepções surgiram, representando dois horizontes radicalmente distintos: a teoria de Fernando Henrique Cardoso e a de Ruy Mauro Marini. A primeira apontava em continuidade à obra anterior do autor, que já ressaltava os entraves corporativos do empresariado brasileiro e que propunha a internacionalização da economia como forma de retomada do desenvolvimento. Suas teses prenunciavam o programa econômico que Cardoso levaria a cabo nos anos 1990, no governo federal.

A crítica ao corporativismo do empresariado brasileiro levou à abertura da economia ao exterior e à desregulamentação estatal, num programa identificado com os objetivos liberais dos grandes organismos internacionais – do Fundo Monetário Internacional ao Banco Mundial e à Organização Mundial do Comércio. Sua tese de que o desenvolvimento econômico era viável dependia dessa "libertação" das travas corporativas, que bloqueariam o surgimento de um empresariado dinâmico. Esse dinamismo não se encontrou com um capitalismo internacional propenso a ser sócio de novos projetos de desenvolvimento, mas buscou campos de investimento financeiro, com baixo risco e grandes retornos a curto prazo.

Como resultado, a dependência não foi afrouxada ou superada quando Cardoso pôde ter as rédeas da economia brasileira nas mãos, com mais poderes do que qualquer outro presidente em regimes civis, durante mais de seis anos; ao contrário, se estendeu e aprofundou, ganhando novas dimensões. A dependência de capitais aumentou, a dependência tecnológica se aprofundou, a soberania política se enfraqueceu, os objetivos nacionais passaram a ser definidos por organismos internacionais e o caráter brasileiro sofreu duros golpes por parte de uma ideologia de consumo e padrões de comportamento importados, enquanto uma ideologia economicista, repetidora dos discursos dos organismos econômicos internacionais, tornou-se o discurso dominante.

A outra grande concepção sobre a condição, as contradições e os dilemas dos capitalismos periféricos – em particular os latino-americanos – foi a elaborada por Ruy Mauro Marini – particularmente em *Dialética da de-*

pendência[2]. Ali, este autor, também brasileiro, apontava como a natureza de capitalismos que chegavam atrasados à industrialização e ao mercado mundial se valiam de múltiplos mecanismos de elevação da exploração dos trabalhadores para buscar recuperar a inferioridade competitiva que tinham com os países do centro do capitalismo. Como conseqüência, faziam o processo de acumulação da periferia depender da exportação e da alta esfera do consumo, já que o mercado de consumo popular estava estruturalmente bloqueado pelos mecanismos que Marini chamou de "superexploração" do trabalho, que introduziu uma profunda ruptura entre as duas esferas do mercado de consumo.

O tipo de desenvolvimento econômico possível para os nossos países seria então o de aprofundamento da dependência e das distorções nas estruturas sociais, que não tenderiam para modalidades mais democráticas; ao contrário, penderiam para formas abertas ou veladas de ditadura de classe, que garantissem a sobrevivência de modelos econômicos cada vez mais excludentes. O caso brasileiro – tomado por ambos como referência central, dado o maior desenvolvimento relativo da economia do Brasil no momento da formulação das duas teses, final dos anos 1960 e primeira metade dos anos 1970 – serve de exemplo cristalino de como as análises de Marini se revelaram corretas. Não apenas pelo evidente aprofundamento e extensão da dependência, mas também pela ampliação até limites desconhecidos na história do capitalismo de mecanismos de superexploração do trabalho – da terceirização ao trabalho precário, do trabalho doméstico ao trabalho infantil e semi-escravo –, caracterizando muito evidentemente a combinação da mais-valia relativa com a absoluta e a extensão direta da jornada de trabalho, e fazendo do barateamento permanente da força de trabalho, remunerada abaixo do seu valor, um mecanismo explicativo essencial da virada nas relações entre capital e trabalho que marcam as duas últimas décadas do século XX.

As análises inovadoras de Marini – válidas para a periferia capitalista no momento da sua formulação – se transpuseram para os países do centro do sistema, quando o pleno emprego do Estado do bem-estar social foi substituído pelos 30 milhões de desempregados, ao que se somam o trabalho infor-

---

[2] Op. cit.

mal, que afeta a um terço da força de trabalho – principalmente a imigrante –, dentro da qual se localiza o "trabalho sujo" – perigoso e contaminante. Nos próprios Estados Unidos, que protagonizaram o ciclo expansivo mais longo na década de 1990 e consagraram o "modelo anglo-saxão" – porque reproduzido pela Inglaterra – como o dominante, apoiaram abertamente essa expansão na flexibilização laboral – expressão que denota a presença ostensiva de diferentes formas de superexploração do trabalho –, criando 90% dos seus empregos na economia informal.

O Brasil e o México – os maiores laboratórios do capitalismo dependente na América Latina – passaram a ter a companhia da Argentina como modelos de superexploração do trabalho. Este último país, depois de caracterizar-se pelo pleno emprego – num mercado de trabalho que incorporava trabalhadores do Chile, do Uruguai, da Bolívia, do Paraguai, do Brasil, do Peru –, foi reciclado, pelas políticas uniformizadoras do Fundo Monetário Internacional e do Banco Mundial, a país com alto índice de desemprego, com miséria, com crianças de rua e com concentração de renda acelerada. O México somente acentuou os mecanismos de dependência externa, de concentração de renda e de superexploração do trabalho, ao acoplar completamente sua economia ao ciclo expansivo norte-americano, que reproduziu de maneira selvagem, na zona norte do país, os mecanismos de precarização, de informalização, de extração ilimitada da mais-valia sobre trabalhadores desvalidos e bloqueados para organizar-se e resistir, pelos efeitos da miséria, do excedente brutal de mão-de-obra, da corrupção do movimento sindical e da ação criminosa de governos que vendem barato a força de trabalho do país.

O Brasil havia passado por três modelos básicos de desenvolvimento desde os anos 1930, com elementos de ruptura e de continuidade entre eles. Inicialmente, a partir de 1930, instalou-se um modelo nacional industrializador, com legitimidade popular. O caráter nacional veio da existência, pela primeira vez, de um projeto que afirmava a soberania do país, voltava-se para seu processo de desenvolvimento interno, dando impulso decisivo à industrialização. A legitimidade popular veio da ruptura com o discurso do velho regime oligárquico, em que – como afirmou seu último presidente – a questão social era "questão de polícia" e a passagem a um Estado que legitimava o mundo do trabalho – ainda que só o do trabalhador urbano de empresas privadas – garantia institucional e juridicamente seus direitos e o incorporava ao discurso oficial. (Para um país que quatro décadas antes ainda saía da escravidão, ter um presidente como Getúlio Vargas, que começou a interpelar o povo com "Trabalhadores do Brasil", no início dos seus discursos, representava um reconhecimento expresso no imaginário nacional.)

Esse modelo hegemônico privilegiou a questão nacional e a questão social – embora ainda relegando a grande maioria da massa trabalhadora, vivendo no campo, às condições brutais de exploração dos latifundiários – em detrimento da questão democrática. Propiciou um impulso industrializador que mudou a fisionomia do país em poucas décadas, não somente do ponto de vista econômico, mas também social, ideológico e cultural.

Os limites desse modelo foram dados pela incapacidade de dispor de capitais para levar adiante a industrialização, passando para a produção de bens tecnologicamente mais avançados – em particular a indústria automobilística, cuja chegada a países como Argentina e Brasil, em meados da década de 1950, representou o ingresso maciço do capital estrangeiro nessas economias e a assunção, a partir daí, de um papel economicamente dominante. Esse processo de internacionalização da economia desses países – que não casualmente se dá ao mesmo tempo que a queda de Perón e de Vargas – terminou levando a uma transformação do modelo hegemônico, que manteve seu caráter industrializador – sinônimo de "desenvolvimento econômico" –, mas perdeu sua dimensão nacional e deixou relegado o tema social, que passou a ser uma conseqüência da expansão econômica – com a contínua expansão do mercado formal de trabalho e todos os seus desdobramentos.

O golpe militar de 1964 se deu, no Brasil, ainda durante o ciclo expansivo do capitalismo internacional, possibilitando que o país desfrutasse de recursos externos para reciclar sua economia. Esta passou a privilegiar abertamente a exportação e o consumo de luxo – conforme captaram as análises de Marini –, em detrimento do consumo interno de massas. Mediante um brutal processo de reconcentração de renda nas mãos do grande capital nacional e internacional – ancorado na repressão da ditadura – e da atração de mais capitais externos, dessa vez diversificando a dependência em direção a países da Europa ocidental e do Japão, o Brasil ingressou num ciclo de forte crescimento econômico, que durou de 1967 a 1979. O fato do desenvolvimento econômico continuou a funcionar como elemento de propulsão ideológica, com a extensão, mas principalmente o aprofundamento da capacidade de consumo da alta classe média e da burguesia, com benefícios secundários para outros setores menos favorecidos da estrutura social.

Esse modelo, que se havia apoiado na atração de capitais externos e num violento processo de aumento da extração da mais-valia, passou a depender de empréstimos em vez de investimentos, conforme o capitalismo ingressou em seu ciclo longo recessivo, em 1973. Ao contrário dos outros países, o Brasil manteve seu crescimento, embora em ritmo menor, porém captando – especialmente as empresas privadas brasileiras – empréstimos a juros flutuantes – uma bomba de tempo que iria explodir na virada dos anos 1970 para os 1980 e deixaria o país hipotecado com o pagamento dos juros da dívida e seus até hoje penosos processos de renegociação da dívida pendente. Para evitar que à moratória mexicana se somasse a brasileira, o último governo da ditadura militar estatizou a dívida brasileira, dando o patrimônio das empresas estatais como garantia. O que não impediu que o Brasil estancasse ali seu longo ciclo de desenvolvimento econômico, iniciado cinco décadas antes.

No plano político, o modelo identificado com Getúlio Vargas promoveu o surgimento de uma esquerda apoiada no sindicalismo vinculado ao aparelho de Estado, de caráter nacionalista, à qual se aliou o Partido Comunista. Esse bloco assumiu uma linha política nacionalista, antiimperialista e antilatifundiária, apostando numa aliança com setores da burguesia nacional, considerados por eles como "progressistas" e interessados num projeto de reformas econômicas e sociais de caráter nacional e antilatifundiário.

Quando esse projeto fracassou, com o golpe militar e com a revelação de que a burguesia industrial brasileira, em bloco, preferia uma aliança com o imperialismo e o latifúndio a correr os riscos de favorecer a ascensão do movimento popular – opção evidentemente acirrada pelo clima da Guerra Fria –, desmoronaram as bases de sustentação dessa esquerda. O Estado deixou de ser aliado para ser inimigo frontal, o movimento sindical estatal se viu totalmente bloqueado em sua capacidade de ação, o resto do movimento sindical sofreu igualmente intervenção, o empresariado nacional se abriu totalmente para uma aliança claramente subordinada aos capitais externos e o Estado passou a funcionar como alavanca para a acumulação privada de um modelo exportador e seletivo em termos de consumo interno.

O marco internacional, com o triunfo da revolução cubana e a ascensão de uma nova esquerda nos anos 1960, favoreceu a desintegração da hegemonia que o Partido Comunista Brasileiro e seus aliados detinham na esquerda. Esse vazio foi disputado por duas forças radicalmente antitéticas: a oposição insurrecional – apoiada na experiência cubana e na vietnamita – e a oposição liberal – apoiada nas forças tradicionais, deslocadas pelos militares. Depois de uma breve ascensão, as forças guerrilheiras foram derrotadas pela virulência da ação da ditadura e também por uma concepção que privilegiava a luta militar em detrimento da força social, deixando o campo livre para a hegemonia liberal na luta contra a ditadura.

No entanto, um processo subterrâneo se desenvolvia e iria emergir com força mais tarde. O desenvolvimento econômico brasileiro, que vinha ocorrendo com a entrada de capitais estrangeiros a partir de meados dos anos 1950, e o novo ciclo expansivo levado a cabo pela ditadura militar renovaram e fortaleceram socialmente a classe trabalhadora brasileira, especialmente a partir da indústria automobilística, localizada na periferia de São Paulo, contando basicamente com a extensa imigração do nordeste para o centro-sul do Brasil, o que significava, para essa imensa massa trabalhadora, sair da informalidade do campo e ter acesso à cidadania, mediante um emprego com carteira de trabalho.

Essa nova geração de trabalhadores – da qual Lula é o representante mais significativo – não teve a experiência do getulismo nem da velha esquerda, educando-se na resistência de um sindicalismo de base e classista à ditadura militar. Foi ela que quebrou a espinha dorsal da política econômica de arrocho salarial da ditadura, com greves que obtiveram amplo apoio popular no final dos anos 1970. Foi ela também que protagonizou a organização da primeira central sindical legal – a Central Única dos Trabalhadores, nos anos 1980 – e o Partido dos Trabalhadores, fundado em 1980.

Essa nova esquerda não nascia com uma ideologia definida; optava por um socialismo mal definido como modelo, mas rejeitando o soviético. Congregava ex-militantes dos anos 1960, sindicalistas de base, intelectuais de esquerda, militantes dos direitos humanos, ecologistas, setores religiosos, feministas – em suma, uma ampla gama de setores com um potencial anticapitalista, mas apostando fortemente na democratização do país, à qual pretendiam aportar uma dimensão fortemente social e popular.

Aos poucos, essa esquerda foi assumindo responsabilidades institucionais – com combativas bancadas de parlamentares, com bons governos municipais, com ativa participação nas eleições presidenciais, com Lula como forte candidato em três eleições sucessivas. Porém, seu ímpeto singular não deixou de sofrer os efeitos da virada mundial na correlação de forças, mesmo se mediada pelas condições locais mais favoráveis.

A queda da União Soviética não golpeou o Partido dos Trabalhadores e as forças que nasceram paralelamente a ele, como aos partidos comunistas, mas seus efeitos não deixaram de se fazer sentir, multiplicados pelas duas derrotas de Lula, nas eleições de 1989 e 1994, somadas à crise de Cuba e ao fim do regime sandinista na Nicarágua, com os quais o PT, em graus diversos, se identificava. A crise de militância também atingiu o partido e os novos movimentos sociais, elevando a idade média de seus membros, enquanto a Central Única dos Trabalhadores passava à defensiva, à medida que a ascensão do neoliberalismo no Brasil impunha suas políticas, que fomentavam o desemprego e a informalização do mercado de trabalho.

A grande exceção foi o Movimento dos Trabalhadores Sem-Terra – que, num país que nunca havia realizado a reforma agrária, se constituiu no principal protagonista da oposição de massas a essas políticas – tanto no efêmero governo de Fernando Collor como, especialmente, no de Cardoso. Mas atua de alguma forma sozinho, sem outras forças sociais de projeção que consigam definir suas formas específicas minimamente eficientes de resistir ao neoliberalismo, como eles conseguiram.

O BRASIL REALMENTE EXISTENTE

Inicialmente um país atrasado econômica e socialmente, com os correspondentes efeitos no plano político e cultural, o Brasil saiu do século XX radicalmente transformado. Ninguém diria, em meados do século passado, que o país teria uma das esquerdas mais fortes do mundo – até porque ninguém poderia prever o enfraquecimento geral das esquerdas no mundo, tampouco que o Brasil seria o cenário de uma esquerda social e politicamente forte.

Para que isso ocorresse, atuou diretamente a lei do desenvolvimento desigual e combinado, que, com o privilégio do atraso, fez com que o Brasil desse saltos qualitativos em seu desenvolvimento, tanto do ponto de vista do desenvolvimento econômico quanto no da constituição de suas forças anti-sistêmicas. Chegando mais tarde que a sua vizinha Argentina ao processo de industrialização, o Brasil já o fez adequado às condições de competitividade internacional, com uma estrutura produtiva voltada para a exportação, com tecnologia mais moderna que a argentina e com distribuição de renda mais seletiva, contemplando menos o mercado interno de consumo popular. Assim, sua estrutura social foi mais elitista, discriminatória, menos democrática que a da Argentina, porém o país pôde usufruir melhor da captação de investimentos externos e construir maior competitividade externa, jogando em relação à Argentina um papel similar – embora em miniatura – ao que os Estados Unidos tiveram em relação à Inglaterra. Mais moderno, em termos capitalistas, porém ao mesmo tempo mais cruel em termos sociais.

O atraso relativo da esquerda, construída num país agrário até entrada a segunda metade do século XX, permitiu que o golpe militar de 1964 atingisse um inimigo relativamente débil – em comparação com a força que já dispunham os vizinhos – muito mais urbanizados – Argentina, Chile e Uruguai. Ao impor-se anos antes que em outros países – o golpe de 1966 na Argentina fracassou –, onde os golpes se deram já na década seguinte: 1973 no Chile e no Uruguai e 1976 na Argentina –, como já foi dito, a temporalidade jogou a favor de um novo ciclo no processo de acumulação brasileiro, pelas condições internacionais favoráveis que encontrou.

Essa temporalidade também contribuiu para que não se desse a convergência existente nos outros países entre o movimento golpista e as ideologias neoliberais. No Brasil, ao contrário, os militares fortaleceram o Estado – inclusive o setor de capitalismo de Estado –, embora colocando-o a serviço do processo de acumulação privada nacional e internacional, fator que contou de maneira importante para que a economia brasileira tivesse crescido de forma continuada durante a primeira metade do regime militar.

Quando a ditadura militar se esgotou, golpeada pela ação da crise da dívida externa, pelos movimentos sociais e pela oposição institucional, o Brasil não ingressou numa fase de hegemonia neoliberal, mas passou por um período em que o consenso dominante era o da democratização institucional e o do resgate da dívida social deixada pela ditadura. Ao longo dos anos 1980 fortaleceram-se os movimentos sociais, as forças democráticas, a prioridade democrática e social, enquanto o neoliberalismo já se implantava na Bolívia, no Chile, no México, sob o pano de fundo da hegemonia dessa ideologia propagandeada pela dupla Reagan/Thatcher.

A VINGANÇA DA HISTÓRIA   149

O caráter tardio do neoliberalismo brasileiro – a partir desses fatores, ao que se somou o fracasso do governo Collor, que teve seu programa retomado por Cardoso, em 1994 – fez com que, naquele ano, o plano de estabilidade brasileiro já se enfrentasse com a crise mexicana, deixando para trás a fase eufórica das políticas de ajuste fiscal. Assim, o Brasil nunca pôde figurar na vitrine do Fundo Monetário Internacional e do Banco Mundial, que levantaram alternadamente o México, o Chile, a Argentina e de novo o México, como seus modelos bem-sucedidos, ficando o Brasil sempre como "o aluno atrasado".

Isso se deu também pela força que a esquerda brasileira passou a ter. O golpe militar ficou longe no tempo, construiu-se social, política e ideologicamente uma nova esquerda que não havia vivido o trauma da repressão, trauma esse que, de qualquer forma, foi menor, comparativamente, do que os do Chile, do Uruguai e da Argentina, justamente pela maior força com que teve de se defrontar o movimento golpista nesses países.

A nova esquerda brasileira se construiu num período de fortalecimento das lutas sociais e políticas, sem ter sofrido – até aqui – as derrotas estratégicas que ainda marcam as esquerdas da Argentina, do Chile e do Peru, para tomar comparações no próprio Cone Sul. Houve reveses, produto da mudança da correlação de forças internacional, com seus reflexos no Brasil, mas nada que representasse um debilitamento radical da força da esquerda. Esta se mantém e, com isso, contribui para que o Brasil se constitua no elo mais frágil da cadeia de dominação do capitalismo no continente, justamente pela conjunção das condições objetivas e subjetivas.

Embora as políticas neoliberais levadas a cabo nos anos 1990 tenham debilitado o Estado brasileiro e a capacidade produtiva e competitiva do parque produtivo instalado no país nas décadas anteriores, essa desarticulação não avançou tanto como em outros países, além de atuar sobre um sistema produtivo mais forte que os correlatos no continente. O grau de internacionalização e de abertura da economia brasileira, apesar de ter avançado muito, ainda é menor que os logrados em economias como a argentina e a mexicana, por exemplo.

Por outro lado, os problemas estruturais do Brasil permanecem como entraves significativos, a partir da própria questão agrária não resolvida, o que permite entender a força do Movimento dos Sem-Terra, assim como a integração econômica nacional de um país de vastos territórios – e que por isso mesmo é o principal alvo da proposta da Alca, mediante a qual os Estados Unidos pretendem consolidar sua hegemonia sobre o continente.

A força social e política da esquerda é o outro fator que permite prever que, entrado o novo século, o Brasil seja cenário de grandes lutas, precisamente no momento em que perdeu eficiência – sem se esgotar – a política de ajuste fiscal como fator determinante para a vigência do modelo hegemônico das elites brasileiras. Os primeiros anos da década definirão o futuro do Brasil ao longo do próximo meio século e, assim, determinarão o cenário em que se moverá a América Latina – à medida que o Brasil triunfe, senão decifrando o seu enigma, pelo menos esclarecendo sua crise de identidade.

O BRASIL PÓS-CARDOSO
a herança

O ciclo de governos neoliberais no Brasil – iniciado com Fernando Collor em 1990 e continuado com os dois mandatos de Fernando Henrique Cardoso – terminou derrotado e deixou um duro legado. Seu sucessor recebeu, com essa pesada herança, expressa na fragilidade da economia, um país mudado, em aspectos fundamentais. O voto popular expressou uma ruptura com o modelo econômico que deu vida ao governo de Cardoso – ele se esgotou e impõe a necessidade de mudanças significativas.

A promessa que galvanizou a maioria dos eleitores brasileiros, permitindo a eleição e a reeleição de Fernando Henrique Cardoso nos primeiros turnos das eleições presidenciais de 1994 e 1998, respectivamente, era de que a estabilidade monetária – como resultado do combate à inflação, definido como objetivo prioritário do país – abriria as portas do Brasil para a retomada do desenvolvimento econômico interrompido uma década antes, para a chegada de investimentos estrangeiros portadores da modernidade tecnológica, para a geração de empregos, para uma política de redistribuição de renda – terminando com a inflação, definida como "um imposto contra os pobres" – e, finalmente, para o acesso do país ao primeiro mundo. A crise financeira com que terminou o governo de Cardoso, levando-o a dois sucessivos empréstimos do Fundo Monetário Internacional, apenas no seu último ano de governo – um de 10 bilhões e outro de 30 bilhões de dólares –, simplesmente para garantir que o país não recaísse numa crise similar à argentina, revela como aquelas promessas se demonstraram falsas e as transformações operadas no Brasil foram de outra ordem.

O Brasil – assim como os outros países latino-americanos – havia sido vitimado pela crise da dívida, no início dos anos 1980, encerrando as décadas de maior crescimento da história do país, iniciadas com a reação à crise de 1929. O período de ditadura militar (1964-1985) havia sido de expansão econômica, porque o golpe se havia dado ainda durante o ciclo internacional de maior expansão do capitalismo, favorecendo ritmos de crescimento muito altos, entre 1967 e 1979, com importação de capitais e com mercados externos disponíveis para uma expansão das exportações brasileiras.

Essas transformações renovaram a classe trabalhadora brasileira, que protagonizou parte significativa da resistência à ditadura militar. Junto a novos movimentos sociais e movimentos cívicos, os trabalhadores construíram um bloco opositor que, valendo-se da crise da dívida de 1980, acelerou o fim da ditadura militar. Esse processo de transição, no entanto, foi hegemonizado por forças liberais de oposição, ancoradas na oposição ao "autoritarismo", prometendo que a reconstrução do processo democrático traria, por si só, a resolução dos graves problemas acumulados nas duas décadas anteriores. Essa visão limitada mais a capacidade das forças ditatoriais recicladas de participar da coalizão que, a partir de 1985, governaria o país com um presidente civil – José Sarney – terminariam fazendo do Brasil, na região, o país em que os elementos de continuidade com o regime ditatorial fossem os mais fortes, contaminando a transição democrática.

Depois de várias tentativas consideradas "heterodoxas" de combate à inflação, no final dos anos 1980 começava a se desenhar para o país um cenário similar ao dos outros países latino-americanos – a adesão ao neoliberalismo. Em relação a esses países, o Brasil, como já vimos, chegou mais tarde às políticas de ajuste fiscal. Comparada com o Chile, a Bolívia, o México ou a Argentina, a temporalidade específica do Brasil fez com que a saída da ditadura militar desembocasse num clima pouco propício, num primeiro momento, ao neoliberalismo. O retorno à democracia foi consolidado institucionalmente com uma nova Constituição, que afirmou direitos, expropriados da cidadania pela ditadura. A força dos movimentos sociais emergentes e essa Constituição colocavam o Brasil na contramão do já avançado processo de hegemonia neoliberal no continente.

O primeiro projeto neoliberal coerente foi posto em prática por Fernando Collor de Mello, eleito presidente em 1989, mas deposto pelo Congresso, por corrupção, em 1992, deixando interrompido o processo de abertura da economia, de privatização, de diminuição do tamanho do Estado e de desregulação econômica – pilares do Consenso de Washington. Fernando Henrique Cardoso, primeiro como ministro da Economia do vice-presidente empossado após o *impeachment* de Fernando Collor de Mello – Itamar Franco – e depois como presidente eleito em 1994, retomaria esse projeto, dando-lhe novo formato – o de combate à inflação, como modalidade latino-americana do projeto neoliberal de ataque aos gastos estatais como suposta raiz da estagnação e do atraso econômico.

Fernando Henrique Cardoso governou com maioria absoluta no Congresso, à frente de uma coalizão que englobava seu partido – o Partido da Social-Democracia Brasileira, originalmente de centro-esquerda – e forças da direita tradicional. Obteve o apoio unânime do grande empresariado nacional e internacional e governou com o beneplácito de praticamente toda a grande imprensa. Teve, assim, as condições que nenhum outro presidente brasileiro havia conseguido, entre força política, apoio social e sustentação midiática para seu governo. Reformou a Constituição "cidadã" tantas vezes quantas desejou, tirando-lhe aspectos reguladores essenciais e direitos sociais.

Apesar da maioria governamental, Cardoso governou, mais do que qualquer outro presidente, mesmo os ditadores, por meio de "medidas provisórias", decretos governamentais que, com a complacência do Congresso, perpetuaram-se, tornando-se na prática novas leis. Foi o Executivo o responsável pela grande maioria de iniciativas de legislação, completando assim um quadro de governabilidade plena para Fernando Henrique, durante seus dois mandatos como presidente. O julgamento do que se transformou o Brasil nesse período foi, assim, ao mesmo tempo o julgamento do governo Fernando Henrique Cardoso e de seu Plano Real de estabilidade monetária.

Como conseqüência da abertura da economia e de uma política cambial voltada para a atração de capitais, visando a estabilidade monetária – objetivo estratégico central do governo de Cardoso –, o fluxo de capitais externos não se fez esperar, subindo de 42,5 bilhões de dólares em 1995 (6% do PIB) para 197,7 bilhões em 1999 (21,6% do PIB). Oferecendo aquela que foi a taxa de juros real mais alta do mundo durante a maior parte do seu governo, Fernando Henrique conseguiu obter os recursos, entre empréstimos privados e de organismos internacionais, para conter a inflação, que se transferiu para a elevação brutal do déficit público – como se verá mais adiante.

Como resultado desse mecanismo monetarista, a inflação caiu da casa dos 50% em junho de 1994 para 6%, um mês depois da implantação do Plano, mantendo-se em níveis baixos ao longo de todos os anos do governo de Fernando Henrique Cardoso, chegando ao mínimo de 1,79% em 1998, para depois da crise de 1999 voltar a subir, mas sempre abaixo dos dois dígitos.

A abertura da economia levou a uma rápida elevação das importações e à perda do que era uma das conquistas da economia brasileira – sua competitividade externa –, produzindo déficits na balança comercial como nunca o país havia conhecido, com reflexos diretos na balança de pagamentos, aumentados pelo ingresso de capitais especulativos. Enquanto as exportações subiram de 35 para 52 bilhões de dólares de 1992 a 1997, as importações mais do que triplicaram, subindo de 20,5 para 61,3 bilhões, com a balança passando do superavit de 15,2 bilhões de dólares para o déficit de 8,3 bilhões, numa diferença significativa de menos 23,5 bilhões de dólares.

O nível de endividamento do setor público subiu vertiginosamente, de 30% do PIB em 1994 a 61,9% em julho de 2002, resultado catastrófico para um governo que dizia que o Estado gastava muito e gastava mal e que seu objetivo central, para combater a inflação, seria o saneamento das contas públicas. Com o agravamento da crise ao longo de 2002, subiu não somente o nível de endividamento, mas também a qualidade da dívida, elevando-se a proporção de dívidas em dólares, diminuindo os prazos e aumentando os juros dos empréstimos – como no caso do último, em agosto de 2002, de 30 bilhões de dólares, do Fundo Monetário Internacional, dos quais 6 bilhões liberados para que o governo de Fernando Henrique pudesse concluir seu mandato sem decretar moratória e o restante dependendo da aceitação dos condicionamentos do FMI pelo próximo presidente.

Isso se deu porque a estabilidade monetária foi obtida essencialmente através da atração de capitais especulativos, mediante estratosféricas taxas de juros e não do crescimento e da consolidação da economia ou do saneamento das finanças públicas. Estas, ao contrário, se elevaram aos níveis mencionados, como resultado das mesmas taxas de juros que atraem capitais especulativos, mas multiplicam na mesma medida as dívidas.

O crescimento econômico tampouco foi retomado. Depois de viver a década de 1980 como uma "década perdida", o Brasil teve que constatar que não se tratava apenas disso, mas de que o país, depois de ter crescido como nunca na sua história, entre as décadas de 1930 e de 1970, entrava num período de décadas de baixo crescimento ou até mesmo de estagnação. Assim, se nos anos 1980 o crescimento havia ficado reduzido a 3,02% e a renda *per capita* havia aumentado somente 0,72%, como resultado da crise da dívida, na década passada a taxa de expansão da economia foi ainda menor, de 2,25% e uma expansão da renda *per capita* de 0,88%, outra vez menos da metade do crescimento demográfico, no país de distribuição de renda mais injusta do mundo.

Um balanço sintético das transformações vividas pelo Brasil na década de 1990 e especialmente durante o governo de Cardoso pode ser resumido em dois aspectos centrais: a financeirização da economia e a precarização das relações de trabalho. A modalidade adotada de estabilização monetária, como foi dito, centrada na atração de capitais financeiros para os papéis da dívida pública, promoveu esse capital a um papel hegemônico na economia. As campanhas de Fernando Henrique foram prioritariamente financiadas pelos maiores bancos brasileiros, o sistema bancário foi o beneficiário do único plano – milionário – de salvamento econômico e, principalmente, os serviços da dívida pública consomem mais do que 100 bilhões de reais por ano. Em 2003 e 2004 o Brasil precisará de um bilhão de dólares por semana para financiar as amortizações da dívida externa de 30 bilhões e o déficit em conta corrente, de 20 bilhões de dólares. Pode-se calcular as dificuldades se considerarmos que nos últimos anos o Brasil contou com o ingresso de 20 bilhões de dólares por ano.

O Estado brasileiro está financeirizado, e seu funcionamento ficará completamente inviabilizado caso não se renegociem pelo menos os prazos da dívida; caso contrário seguirá o caminho fracassado do governo De la Rúa. A economia se acha financeirizada, pelo grau de endividamento das pessoas, pela proporção altíssima de investimentos dos bancos em papéis da dívida do governo em comparação com a pequena fatia dedicada a empréstimos para investimentos, pela proporção crescente de investimentos especulativos das empresas industriais, comerciais e agrícolas. Como se não bastasse, os postos econômicos chave do governo são ocupados por pessoal do setor financeiro, nacional e internacional, que retorna sistematicamente ao setor privado.

Essa hegemonia, por sua vez, representou uma transformação significativa – em termos quantitativos e em termos sociais – do orçamento público, em que os gastos com educação diminuíram de 20,3% sobre as receitas correntes em 1995, para 8,9% em 2000, enquanto os gastos com juros da dívida subiram de 24,9% das receitas para 55,1% em 2000. No seu conjunto, os gastos com educação e saúde são superados pelos gastos com pagamento dos juros da dívida.

O outro resultado característico das transformações operadas na sociedade brasileira na década de 1990 foi a precarização do mundo do trabalho. É preciso lembrar que o Brasil tinha um processo relativamente atrasado de incorporação de sua mão-de-obra ao mercado formal de trabalho. Uma economia originalmente exploradora extensiva da força de trabalho no campo, na produção do café para exportação, somada ao fato de ter sido o país que mais se atrasou para pôr fim à escravidão – o país teve o recorde de três séculos e meio de trabalho escravo, formalmente extinto em 1888 –, foi responsável pela inexistência de reforma agrária e pela relativamente recente incorporação maciça da mão-de-obra imigrante ao mercado formal de trabalho.

De qualquer forma, em períodos de democracia e de ditadura, de crescimento e de estagnação, houve uma permanente incorporação ao mercado formal da mão-de-obra proveniente de relações pré-capitalistas no campo ao longo de cinco décadas. Esse processo foi se estagnando na década de 1980, pela incapacidade da economia em recessão de continuar absorvendo esse contigente de força de trabalho. Nos anos 1990, com a afirmação de Cardoso de que "viraria a página do getulismo" na história brasileira – referindo-se ao tipo de Estado construído por Getúlio Vargas (1930/1945 e 1950/1954) –, terminou, ao debilitar a capacidade regulatória do Estado, enfraquecendo o outro lado desse Estado – o da extensão dos direitos de cidadania mediante a extensão da carteira de trabalho e do contrato formal, com seus direitos e deveres. Como resultado da política de "flexibilização laboral", a maioria dos trabalhadores brasileiros não dispõe de carteira de trabalho, isto é, de contratos formais, que lhes possibilitem ser "sujeitos de direitos" e, portanto, cidadãos.

A abertura da economia, unida a essa política que promove a precarização do trabalho, produziu uma nova migração interna, já não mais do setor primário ao secundário ou ao comércio formal, dentro do terciário, mas do secundário à informalidade dentro do setor terciário. Essa migração deixou de representar uma ascensão social – pela melhor qualificação da força de trabalho e pela passagem da informalidade ao contrato formal de trabalho – para representar exatamente o seu oposto – o rebaixamento da qualificação e a perda de direitos, a rigor, a perda de cidadania, deixando a maioria dos trabalhadores de ser sujeitos de direitos laborais, via pela qual tradicionalmente os trabalhadores tiveram acesso a seus direitos básicos. Se em 1991 mais da metade dos trabalhadores brasileiros tinha conseguido chegar à economia formal e aos direitos da carteira de trabalho – mais precisamente 53,7% da força de trabalho –, esse índice passou a cair até chegar a 45% em 2000, com o restante, 55%, na informalidade.

Diante desse quadro, as camadas médias viram aprofundar-se sua cisão interna, iniciada no período da ditadura militar. Desde aquele momento, iniciou-se um processo de ruptura interna, com os setores assalariados – especialmente os do setor público – sofrendo uma tendência à proletarização, enquanto uma parcela mais restrita conseguia se reciclar, enganchando-se na dinâmica de modernização protagonizada pelas grandes corporações.

Os processos de financeirização e de precarização das relações de trabalho afetaram essa tendência das camadas médias. O desemprego, a informalização, a decadência dos serviços públicos, a restrição do emprego no setor bancário jogaram ainda mais para baixo os estratos inferiores das classes médias, enquanto a sofisticação do setor de serviços e a expansão do setor financeiro permitiram que algumas novas parcelas pegassem carona nessas modalidades globalizadas de investimento de capital. Aprofundou-se, assim, a diferenciação interna dos setores intermediários, permitindo cada vez menos que fossem englobados numa única categoria, seja pelas diferenças de renda, de patrimônio ou especialmente de ideologia.

Os setores populares, particularmente aqueles que mais crescem, os das populações pobres da periferia das grandes cidades – em sete regiões metropolitanas se situa 40% da população brasileira –, protagonizam os episódios mais cruéis da crise social brasileira – desemprego, miséria, exclusão social, violência, narcotráfico, ausência do Estado de direito e do Estado de bem-estar social. Aí se situa o grupo majoritário da população brasileira – crianças e jovens pobres da periferia das grandes cidades. Excedente do capitalismo, são vítimas dos esquadrões da morte, da discriminação e particularmente da falta de lugar social para eles. Não se socializam nem na família, nem na escola e menos ainda no trabalho. Não estão nos partidos, nem de esquerda, nem de direita, nem nos movimentos sociais. Não dispõem de espaços de lazer e de cultura, lutam com a polícia, protagonizam o narcotráfico, fazem músicas *rap* de protesto, dançam e brigam em violentos bailes de periferia, não recebem nada da "sociedade organizada" e não sentem que devam nada a ela. Seu contato é o do contágio dos estilos de consumo, o da violência policial e o das formas variadas de ação, legal e ilegal, para sobreviver, material e espiritualmente. São o grande enigma da sociedade brasileira. Para onde caminhem – a violência, o banditismo, a cultura de protesto, a luta social e política – pode-se dizer que tende a caminhar a sociedade brasileira.

As igrejas são reflexo de todas essas perturbadoras transformações sociais. A Igreja Católica se enfraqueceu, seja pela ação conservadora do Vaticano, que debilitou a teologia da libertação e seus principais representantes na hierarquia eclesiástica, seja pela virada conservadora no comportamento popular que, diante da irracionalidade dos tempos e da ausência de alternativas políticas de redenção e das promessas impossíveis do mundo do consumo, se voltaram maciçamente para as religiões evangélicas ou para as variantes conservadoras do catolicismo, de que o fenômeno dos "padres cantores" é a versão midiática. As religiões evangélicas funcionam, nos espaços populares pobres, diante da ausência dos poderes públicos, como alternativa ao narcotráfico para uma parte dos jovens, embora os dois mundos possam conviver sem maiores conflitos. Mas essas religiões funcionam também como formas comunitárias de apoio, seja na busca de emprego, seja na construção coletiva de casas, seja no apoio em situações de crise financeira – de forma mais ou menos similar ao trabalho assistencial dos narcotraficantes.

Os movimentos populares sofrem simultaneamente do desemprego, da fragmentação e da informalização do mundo do trabalho, da virada conservadora da consciência popular e da institucionalização da vida política, inclusive dos partidos de esquerda. Com a cúpula da Igreja Católica – especialmente a Conferência Nacional dos Bispos do Brasil (CNBB), a CUT, o MST, continuaram a ser os motores de mobilização do movimento social, como o plebiscito da Alca – convocado por essas entidades, junto a outras – o demonstra. Mas as pressões do governo Cardoso para asfixiar os sindicatos, os assentamentos dos sem-terra, os programas sociais de prefeituras e governos de estado populares, a promoção governamental de sindicatos amarelos, dificultam a capacidade de ação dessas organizações, que são por isso as mais combativas aderentes à luta de resistência ao neoliberalismo.

O Partido dos Trabalhadores continuou sendo a expressão política que canalizou a grande força social acumulada pela esquerda brasileira nas duas últimas décadas, embora sua opção institucional tenha enfraquecido seu enraizamento no movimento popular e tenha transformado de forma significativa sua composição interna, seja no sentido da elevação da média de idade de seus membros, seja no distanciamento de uma composição social popular, assim como no peso significativo de quadros vinculados a estruturas administrativas, partidárias, parlamentares e de governos – 75% dos representantes no último Encontro Nacional do PT, realizado em Recife, em novembro de 2001, tinham essas origens.

Essa opção também resultou numa moderação nas posições políticas do partido, tanto em temas como a dívida externa, a reforma agrária, a Alca, a presença de capitais estrangeiros na imprensa, como nas modalidades de atuação. Pressionado pela forte presença de Lula como candidato à presidência, contando, no entanto, contra si, com graus importantes de rejeição nas classes médias e nas elites, as campanhas presidenciais foram sempre momentos de ajuste na imagem pública do candidato e do próprio partido, na perspectiva de viabilizar sua vitória eleitoral.

Esses dois grandes fenômenos – a financeirização e a precarização do mundo do trabalho, com todos os seus desdobramentos – sintetizam a pesada herança deixada por Fernando Henrique Cardoso para seu sucessor. Uma herança que, além de econômica e social, também se reflete no campo político, na crise da ainda recentemente instaurada democracia política, já com fortes índices de abstenção, de desinteresse, de desprestígio de políticos, governos e partidos.

O modelo econômico está esgotado, só se prolongou devido a cada vez mais sucessivos empréstimos do Fundo Monetário Internacional, que aumentaram mais ainda a fragilidade da economia brasileira, e será necessariamente modificado. Assim como o Brasil, transformado pelos oito anos de governo de Fernando Henrique, mudou substancialmente a sua face, essa fisionomia certamente sofrerá outras tantas mudanças, dada a crise de hegemonia com que terminou seu governo e seu projeto. As eleições presidenciais brasileiras colocaram em questão o bloco hegemônico que havia presidido os destinos do país durante a década anterior, inserindo institucionalmente a crise hegemônica que foi se gestando na última década do século XX no Brasil.

A ESQUERDA BRASILEIRA E SEUS ENIGMAS
que estratégia para qual esquerda?

A ESQUERDA DIANTE DO ENIGMA NACIONAL

Desde que se constituiu como força própria, a partir dos anos 1920, a esquerda brasileira enfrentou situações muito diferenciadas: da clandestinidade daquela década, diante de um regime oligárquico-liberal, à disputa de hegemonia com o getulismo até a aliança com ele e seu modelo de desenvolvimento, voltando à clandestinidade durante a ditadura militar, da breve tentativa de resistência militar à aliança com a oposição liberal e, finalmente – até aqui – a situação de luta dentro da legalidade por uma democracia com inclusão e justiça social.

Nessa trajetória, a esquerda se enfrentou com modelos hegemônicos distintos, disputando hegemonia dentro deles ou contra eles, mas em geral sem um projeto próprio. A linha original de "classe contra classe", herdada da revolução russa, então recém-vitoriosa – e reforçada pelo "terceiro período" da Internacional Comunista –, não se baseava num enraizamento na realidade latino-americana e brasileira; nem aquela primeira geração de intelectuais marxistas produziu interpretações que permitissem esse enraizamento. As tensões sociais e mobilizações dos anos 1920 foram encaradas com certo desconcerto por parte dos partidos de esquerda, que não tinham clareza de onde se situar – diante das mobilizações dos tenentes, da Coluna Prestes e, finalmente, da ascensão do getulismo e da "revolução de 1930". A repressão, a infiltração policial, a crise de 1929 contribuíram para que a esquerda fosse pilhada num momento de particular fraqueza, quando os tenentes chegavam ao Rio para iniciar uma etapa crucial na história brasileira.

Enquanto esse período se abria aqui, na Europa consolidava-se a onda contra-revolucionária – com raízes fortes na Itália, na Alemanha, na Espanha e em Portugal –, o que levaria a Internacional Comunista a definir a passagem para um período de defensiva, em seu VII Congresso, propondo linhas de "frente popular contra o fascismo". Para o Brasil isso teve dois efeitos imediatos: consolidar o distanciamento em relação a Getúlio – com as tentações, consolidadas na Argentina com Perón, de defini-lo como expressão do fascismo ascendente entre nós – e a concretização do projeto da Aliança Nacional Libertadora. A ANL esteve a cavalo entre o período anterior – de "classe contra classe" – e a linha de frentes populares. Suas formas de luta insurrecionais – adequadas para a liderança que Prestes trazia do tenentismo e portanto com um pé dentro dos quartéis – eram levantadas com bandeiras nacionais e democráticas, típicas do novo período. Sua derrota gerou as condições para o novo período, de aliança com um modelo hegemônico nacional desenvolvimentista, que se manteria até o golpe de 1964.

A passagem a essa linha se faria no marco do pacto político – "gatto-pardista", conforme a antológica expressão cunhada pelo mineiro Antonio Carlos: "Façamos a revolução antes que o povo a faça" – da "revolução de 1930", que teve duas conseqüências essenciais para a esquerda: uma boa, com limitações, e a outra francamente ruim. A primeira foi a legalização da luta sindical, embora no marco de uma legislação sindical que enfeudava organicamente os sindicatos ao Estado. Para uma luta que até ali era considerada "caso de polícia", era um avanço, abria um espaço de acumulação de forças, embora atentasse frontalmente contra a capacidade de o movimento operário, através dessa estrutura sindical, conquistar autonomia e servir de alavanca para que a esquerda disputasse a hegemonia nacional. Esse foi um fator limitante que sobreviveria até o golpe de 1964, quando o Estado – que havia aberto espaços para esse movimento sindical – se tornou seu inimigo frontal, e aquela esquerda, que havia consolidado sua legitimidade pelo arraigo no movimento sindical, teve sua morte decretada. Mas esse foi o primeiro espaço de acumulação social de forças em termos de massas e de caráter nacional na história brasileira. Foi uma aliança eminentemente subordinada – pelas características apontadas, mas também pelo projeto político da esquerda, como veremos em seguida –, mas que rendeu seus frutos, embora nesse marco predeterminadamente subalterno.

A outra conseqüência foi desastrosa. A decisão do pacto das elites de não tocar nas estruturas do campo condenaram o campesinato a um isolamento em relação ao proletariado urbano, à solidão anônima da repressão e da inviabilidade de qualquer espaço de luta com presença nacional. Se as conseqüências econômicas foram determinantes para impor o caráter de sociedade mais injusta do mundo – na transformação da questão escrava na questão agrária, pela consolidação do latifúndio, primeiro com a Lei de Terras e, em seguida, com essa intangibilidade da propriedade agrícola, em troca da aceitação de um projeto que garantia os preços rurais numa situação de crise em troca da abertura de espaços para a transição na direção da hegemonia de um projeto de industrialização –, as sociais foram catastróficas para a esquerda.

A aliança operário-camponesa, que teria um peso social determinante num país que continuaria a ter a maioria da sua população no campo por pelo menos mais três décadas, sofreu um golpe mortal. Se os camponeses ficaram relegados à fragmentação e à passividade, os trabalhadores urbanos foram presas mais fáceis da legislação do trabalho e da hegemonia getulista. Se considerarmos que se tratava de uma classe operária ainda em processo inicial de constituição como classe – ao contrário da Argentina, quando Perón ascende quinze anos mais tarde, diante de uma classe operária com várias décadas de luta e com dois partidos, o socialista e o comunista, com bases operárias constituídas, num sindicalismo de fábrica –, essa orfandade a torna ainda mais frágil diante de uma poderosa legislação e de um aparato estatal com forte capacidade de enquadramento.

A aliança do Partido Comunista – a força hegemônica na esquerda – com o getulismo se fez não em torno da resistência antifascista, mas do "nacionalismo" embutido no projeto de desenvolvimento industrial ancorado na "substituição de importações" e "voltado para dentro". É nesse marco que o Partido Comunista Brasileiro localizará, na luta contra o latifúndio e contra o imperialismo, os objetivos centrais da esquerda, o que possibilitaria também – segundo essa linha – uma aliança com a "burguesia industrial", "objetivamente interessada" em se livrar dos obstáculos à plena instauração do capitalismo industrial no Brasil.

Em comum, entre outros aspectos, as duas forças – Partido Comunista e getulismo – têm o privilégio da questão nacional, em detrimento da questão democrática. De forma similar ao modelo soviético do socialismo, o acento era posto nos planos econômico e social. O abandono do plano democrático deixaria para a direita – com a versão liberal – esse tema, que viria a ser o eixo principal da oposição ao bloco nacionalista.

Além disso, a hegemonia na aliança estava predeterminada: era exercida por uma burguesia nacional – cujos interesses, na realidade, não a constituíam como uma força autônoma em relação ao latifúndio e ao imperialismo, aos que ela supostamente deveria combater, numa aliança com o proletariado e com as camadas médias. O erro de análise e de prática foi pago caro pela esquerda e pelo movimento popular, com o golpe militar e, mais do que ele, praticamente a inexistência de resistência por parte de um movimento despreparado para um golpe que uniu o conjunto da burguesia ao imperialismo.

O período se fechava e, com ele, o protagonismo do Partido Comunista dentro da esquerda. Sua linha enfrentava obstáculos intransponíveis, enquanto sua base social – que lhe conferia legitimidade política –, o movimento sindical, via o Estado passar de aliado a inimigo frontal, e, com isso, foi violentamente reprimido e desarticulado.

A ESQUERDA DIANTE DO ENIGMA DEMOCRÁTICO

No conjunto do período, a esquerda teve de encarar, primeiro, com o caráter do capitalismo no Brasil, discussão que teve na obra de Caio Prado Jr. sua referência mais esclarecedora, apontando para o papel central do colonialismo e da escravidão – com seus desdobramentos posteriores – na história do país. A vertente mais importante da esquerda – o Partido Comunista Brasileiro – não incorporou essa visão, transpondo de forma esquemática a seqüência de modos de produção europeus para a periferia do capitalismo, o que desembocava na prioridade da luta pela passagem de uma sociedade feudal à capitalista, de onde o protagonismo da burguesia industrial nessa etapa histórica.

A contraposição a essa visão se consolidou politicamente a partir do surgimento da revolução cubana, que colocaria o socialismo na ordem do dia do continente, e assim abriria não apenas um panorama histórico distinto, mas também formas de luta insurrecional como vias de sua instauração. A contraposição entre reforma e revolução se congelou, de forma a dificultar a unidade da esquerda em suas distintas vertentes e também a colocação em prática de plataformas que articulassem a luta por uma e por outra num marco estratégico comum. O mesmo ocorreria com as formas de luta – institucional e insurrecional –, fortemente contrapostas.

Essas contraposições rígidas dificultariam um enfoque dialético da questão democrática, provocando cristalizações entre posições de culto e limitação aos marcos da institucionalidade existente e aquelas de rejeição em bloco dos marcos legais no seu conjunto.

A esse problema se agregaria outro enigma para a esquerda – a questão nacional –, encarnada pelo getulismo e por sua ideologia nacionalista. A vertente principal da esquerda se identificou globalmente com essa visão, no marco da luta antiimperialista, subordinando-se à hegemonia de um projeto de desenvolvimento industrial capitalista, em que o campesinato ficava isolado e grande parte do proletariado urbano ficava excluído do movimento sindical e, com ele, da luta social e política.

Quando o golpe de 1964 reverteu os termos das duas questões – a burguesia brasileira no seu conjunto se integrou a um projeto de desenvolvimento internacionalizado –, a esquerda estava muito debilitada pela derrota política e pela repressão para poder tirar as conseqüências das novas condições históricas de luta.

Além disso, a vitória da revolução cubana – como acontece com todas as revoluções vitoriosas, a exemplo da russa e da chinesa – projetou uma alternativa que parecia responder às carências da esquerda diante do golpe militar e da ditadura. Ao fechamento dos espaços legais, a luta insurrecional da guerrilha urbana e rural; ao esgotamento do projeto de desenvolvimento nacional, o socialismo. Fechou-se precocemente o processo de debate sobre as causas da derrota em 1964 e as novas perspectivas de luta e abriuse rapidamente um contexto de luta guerrilheira, exatamente no momento em que a esquerda se encontrava mais debilitada em termos de enraizamento social.

A derrota relativamente rápida das tentativas insurrecionais abriu o campo para que a oposição à ditadura fosse hegemonizada por forças democrático-liberais, no começo de uma luta institucional. O liberalismo passou a ditar os termos do debate, e a esquerda – sem projeto próprio, uma vez mais – se definiu em função deles.

A existência da ditadura colocava a questão democrática inequivocamente como central. A oposição ditadura–democracia ganhava evidência, e com isso se deslocavam ou praticamente se cancelavam as outras dimensões dos debates sobre os destinos do Brasil: o processo de acumulação, a questão nacional, os enfrentamentos de classe, a crise do Estado.

Tudo parecia se subordinar à luta pela democracia, o que justificava qualquer tipo de aliança – com qualquer setor da burguesia ou com governos norte-americanos –, sem que a questão da hegemonia, da autonomia das forças de classe e um projeto de natureza social diferenciado fossem abordados como centrais. As teses da "democracia como valor universal" – de Carlos Nelson Coutinho – tiveram um papel importante e representaram um desafio quase nunca aceito nos seus termos reais pela esquerda. As interpretações tenderam a variar, desde a dissolução da democracia nos marcos do liberalismo[1] à rejeição dos termos propostos como fetichizantes da democracia. Foi assim desperdiçado o momento para um acerto de contas com a questão democrática, por tanto tempo escamoteada desde a aliança com o getulismo e dos projetos insurrecionais. A dicotomia reforma/revolução poderia encontrar a partir desse debate frustrado uma formulação rica, precisamente quando começava a se abrir um novo período de luta, em que o desafio da luta institucional se reatualizaria.

Ao mesmo tempo – como chamou a atenção José Luis Fiori[2] –, a esquerda entrava nos anos 1980 sem qualquer consciência da profundidade da crise de Estado brasileira. Julgava-se que se trataria apenas do esgotamento de uma forma de dominação política – a ditadura militar –, o que colocaria nas mãos da democracia a possibilidade de resolução de todos os problemas pendentes no Brasil. Não havia consciência de que se havia esgotado um modelo de acumulação que transformara radicalmente a sociedade brasileira nas cinco décadas anteriores, mas que, pela própria passagem do capitalismo a um ciclo longo recessivo, se havia esgotado. A crise, portanto, era muito mais profunda do que simplesmente uma questão de regime político, como ficaria claro nas duas décadas seguintes.

Assim, a chamada democratização, hegemonizada pela ideologia liberal – expressada na teoria do autoritarismo, de autoria de Fernando Henrique Cardoso, predominante –, instaurou no Brasil uma espécie de Estado de

---

[1] Um claro exemplo dessa interpretação, com sua rejeição explícita da luta anticapitalista, é o livro de Francisco Weffort, *Por que democracia?*, São Paulo, Brasiliense, 1986.

[2] José Luís Fiori, *Em busca do dissenso perdido*, Rio de Janeiro, In Sight, 1995.

direito, com afirmação, pela primeira vez, de alguns direitos elementares – como o da existência de centrais sindicais –, mas sem alterar em nada as estruturas econômico-sociais de poder, como haviam sido consolidadas durante a ditadura militar. Uma bomba de tempo estava instalada: um modelo de acumulação esgotado dava lugar a políticas econômicas de curto prazo que corriam atrás dos déficits externos e da inflação, enquanto uma intensa luta social se desenvolvia para ver quem pagaria os custos mais caros da crise econômica.

A ESQUERDA DIANTE DO ENIGMA DO NEOLIBERALISMO

As duas décadas desde o esgotamento do modelo de desenvolvimento econômico e das formas ditatoriais de organização do poder político foram as de melhor desempenho da esquerda no Brasil. O surgimento de uma nova geração na classe trabalhadora brasileira, ao lado da multiplicação de forças que lutaram pelos direitos sociais e civis e de uma intelectualidade crítica, junto a um novo ciclo de mobilização dos trabalhadores rurais e da geração de uma camada de políticos renovadores – especialmente no Partido dos Trabalhadores – possibilitou avanços significativos. Entre eles é preciso destacar a fundação da Central Única dos Trabalhadores, o surgimento do Movimento dos Sem-Terra, a novidade de administrações públicas – especialmente municipais e, em particular, no Rio Grande do Sul – comprometidas com a democratização radical do Estado, a eleição de bancadas combativas e competentes nos diversos planos do legislativo, entre outros avanços. As candidaturas de Lula à presidência da República sintetizam os avanços e as limitações da esquerda brasileira até aqui.

Se inicialmente o PT – que expressa de forma mais significativa a nova esquerda dos anos 1980 e 1990 no Brasil – pregava um "socialismo" que se contrapunha ao "capitalismo", sem que esses termos fossem precisados – salvo a rejeição do modelo soviético e a reivindicação de um "socialismo com democracia", que igualmente pronunciava sua diferenciação em relação à socialdemocracia européia –, aos poucos, na prática, foi assumindo outra identidade. Se, na primeira eleição de que participou, o PT praticamente pedia desculpas por se candidatar, gradualmente passou a conviver naturalmente com o processo democrático, sem definir objetivos e assumindo seu potencial e suas limitações. Abria-se um espaço de definição, pela via dos fatos, de uma estratégia institucional, que se complementava com dois itens que se tornariam centrais nas campanhas de Lula: a "justiça social" e a "ética na política". A campanha presidencial de 1994 – a mais articulada delas – teve nesses dois eixos sua sustentação – as "caravanas" de Lula abordavam o item "justiça social" e seu vice, José Carlos Bisol, encabeçava as campanhas contra Collor, dando-se mais ênfase a esse segundo elemento.

A complementaridade entre os dois aspectos significava ampliar o espaço democrático e estender os direitos sociais da massa da população. Nem era necessário dizer que tudo se dava dentro do marco do capitalismo – embora isso não fosse assumido. O próprio fato de faltar análises do capitalismo – como se o Partido dos Trabalhadores tivesse cedido à idéia de que as "grandes narrativas" fossem impossíveis, toda a temática econômica era induzida dos debates postos pelo *establishment*, ao qual o PT se contrapôs, sem definir alternativas, salvo as de caráter conjuntural, como a "centralização do câmbio" na campanha de 1998 ou as propostas cautelosas de "renegociação da dívida externa" ou de "alongamento da dívida interna". Mesmo quando os debates sobre o socialismo foram retomados – como iniciativa da intelectualidade da velha guarda: Antonio Candido, Francisco de Oliveira e Paul Singer –, não resultaram numa discussão sistemática sobre o capitalismo, o anticapitalismo e o socialismo no Brasil.

É como se a esquerda brasileira tivesse aceito – sem dizê-lo – os termos propostos por Fukuyama: o marco histórico contemporâneo se limitaria à democracia liberal e à economia capitalista de mercado. A campanha eleitoral de 1994 – centrada, como foi dito, na luta contra a exclusão social e pela ética na política – pôs de lado a crise de acumulação e a crise do Estado brasileiro, deixando um vazio no qual penetrou a alternativa neoliberal de centralização da política econômica no ajuste fiscal e na reforma privatizante do Estado.

O capitalismo não foi tematizado e, com ele, o Brasil, o anticapitalismo e o socialismo. O Partido dos Trabalhadores viu-se prisioneiro da dicotomia entre uma temática econômica conjuntural – tendente ao economicismo, com respostas pontuais a problemas emergenciais – e uma visão de resgate social do país, desvinculada das condições materiais de produção. As respostas econômicas, minimalistas e conjunturais, não deram conta da formidável reestruturação da economia – interna e de reinserção internacional – necessárias à construção de uma sociedade socialmente justa e politicamente democrática e soberana – como o partido afirma desejar.

A expressão mais clara disso vem da proposta assumida por Cristovam Buarque, que teve a coragem de levar essa lógica a suas extremas conseqüências: manutenção da atual política de estabilidade monetária – e até dos responsáveis por ela, Pedro Malan e Armínio Fraga – e ênfase nas políticas sociais. Desconhece-se que essa forma de estabilidade monetária é essencialmente recessiva e que o tipo de distribuição de renda que ela poderia ter propiciado foi feito no início e se esgotou há tempos.

É o mesmo tipo de posição da chamada "terceira via", que, encarnada na América Latina por Vicente Fox, Ricargo Lagos, Fernando de la Rúa, Ciro Gomes e os outros assinantes do documento do Consenso de Buenos Aires, desejava compatibilizar a prioridade da estabilidade monetária com retomada do desenvolvimento econômico, criação de empregos, extensão das políticas sociais etc., mas deu rapidamente "com os burros n'água" – a dilapidação do capital eleitoral em poucos meses por parte do então presidente argentino Fernando de la Rúa demonstra isso com clareza. Tudo porque o atual modelo econômico é essencialmente recessivo e, se a estabilidade monetária não for reformulada, reinserida num plano macroestrutural, mais além de um manejo monetarista, sempre reproduzirá e intensificará as fragilidades externas.

Essa perspectiva, aliás, foi a defendida nas eleições presidenciais de 2002 por Ciro Gomes – o herdeiro mais direto dessa tendência no Brasil –, assim como pelo candidato governista, até porque a simples estabilidade monetária já não era suficiente para eleger um presidente, como a própria reeleição de Fernando Henrique Cardoso o demonstrou, quando este acabou prometendo sem poder cumprir. Essa visão correspondia, segundo as pesquisas, à opinião média dos brasileiros naquele momento: valorização da estabilidade monetária e requerimento de políticas sociais, empregos, segurança pública.

Mas o principal argumento contra essas políticas não é que elas já têm quem as defenda, mas sua limitação ao marco atual do modelo econômico neoliberal e, portanto, sua incompatibilidade com desenvolvimento econômico, justiça social, democracia política, soberania nacional. Para romper com esse dilema é preciso deixar o enfoque fragmentado, que pensa a questão econômica separada da social e da política, tanto nacional quanto internacional. Em suma, a esquerda precisa de uma nova interpretação do Brasil – de sua evolução histórica, da natureza da sua formação social, do caráter da hegemonia dominante e dos blocos no poder – para estar em condições de ter uma estratégia própria.

Vencendo sem contar com essas armas, ela se condena ao risco do dilema entre fracasso ou capitulação. Fracasso, que significa o combate à crise econômica com planos conjunturais – com caráter economicista, financeiro – fragmentados, complementados por programas sociais desvinculados de uma forma de organização da economia e de inserção internacional, o que terminará frustrando as possibilidades de construção de uma política pós-neoliberal. Ou capitulação, enredando-se na malha da " terceira via" e oxigenando o neoliberalismo com um pulmão suplementar.

A ESQUERDA E A CRISE HEGEMÔNICA

Qual o enigma do neoliberalismo?

Não se trata de uma política econômica nem de um programa de um governo nacional. Trata-se de um projeto hegemônico internacional, que tem na supremacia norte-americana seu agente fundamental e no "livre comércio" sua ideologia. Sua implementação nas duas últimas décadas não apenas mudou a correlação das forças econômica e política mundiais como impôs novos valores ideológicos e reorganizou profundamente as relações sociais, ao mesmo tempo que redefiniu as relações de poder no plano internacional.

No caso do Brasil – mesmo num resumo demasiadamente sintético – podemos dizer que se alterou profundamente sua inserção internacional, consolidando-se um perfil primário exportador, de diminuição significativa do peso no comércio internacional, com perda de importância política, com relações de subordinação em relação ao governo dos Estados Unidos, ao Fundo Monetário Internacional, ao Banco Mundial, à Organização Mundial do Comércio. No plano interno, o Estado brasileiro perdeu capacidade produtiva e de regulação, piorou substancialmente sua capacidade de prestação de serviços sociais – ele se viu profundamente financeirizado.

No plano social, se estenderam amplamente a informalização, expropriando do direito essencial da carteira de trabalho a maioria dos trabalhadores, enquanto na cúpula se consolidou a hegemonia do capital financeiro. No plano intermédio, as capas médias se cindiram profundamente e seus setores majoritários foram empurrados para baixo. Nos planos ideológico e cultural, a sociedade foi intensamente penetrada pelos valores do individualismo e do consumismo. Qual a natureza da crise produzida pelo neoliberalismo? É uma crise de crescimento econômico, certamente, já que os índices de expansão da economia não somente contrastam com aqueles das décadas de 1930 a 1970, mas são ainda menores do que os da chamada "década perdida", a década de 1980. Mas trata-se simplesmente de uma crise de desenvolvimento, num ciclo expansivo, interrompido por um reacomodamento dos fatores produtivos?

Seria incorrer no erro apontado anteriormente considerar o neoliberalismo meramente uma política econômica, da qual se poderiam recolher alguns elementos – a forma de estabilidade monetária, metas inflacionárias, eventualmente até a independência do Banco Central – e reorientar outros de seus elementos – baixar a taxa de juros, incentivar a exportação, não privatizar mais, impor certos graus de regulação no setor de prestação de serviços públicos privatizados.

Seria desconhecer a natureza mesma do neoliberalismo, a dimensão e a profundidade das transformações que ele operou – em suma, não compreender que se trata de um modelo hegemônico, que cruza a economia, a política, as relações sociais e a ideologia, redefinindo radicalmente as relações de força internacionais e o lugar de cada país, em especial aqueles que, como o Brasil, haviam conseguido abrir espaços relativamente definidos de expansão.

O Brasil vive, na entrada do século XXI, o esgotamento das políticas neoliberais e a possibilidade da substituição do consenso atual por outro. A crise não é uma crise econômica, embora, sendo de natureza hegemônica, isto é, de direção geral da sociedade, seja *também* econômica. Encará-la basicamente como crise econômica – e os documentos partidários costumam, por isso, ser entregues a economistas e depois discutidos e "complementados" por outros especialistas, que lhe agregam aspectos sociais, culturais etc. – é aceitar os termos em que atualmente é encarada por setores do *establishment*: como uma crise de financiamento do desenvolvimento e/ou como uma crise fiscal. Aceitariam-se assim os termos do economicismo reinante, apenas dando-lhe um enfoque distinto – "desenvolvimentista".

É certo que a luta central é contra a hegemonia do capital financeiro na economia, mas ela envolve o *Estado* – pela sua própria financeirização –, o *sistema político* – deslegitimado pelo caráter das políticas econômicas e pela ideologia economicista que o acompanham –, a *ideologia* cotidiana que o neoliberalismo introduziu e acentuou na sociedade como um todo. Trata-se de um esgotamento do modelo de sociedade, de economia, de Estado e de cultura que foi proposto na última década e meia.

Uma ruptura com esse modelo requer, em primeiro lugar, a reinserção soberana do Brasil no plano internacional, que significa renegociação da dívida externa, elaboração e colocação em prática de uma política estratégica de unificação da América Latina e de alianças com as grandes potências do Sul do mundo – a começar pela China e pela Índia – e, portanto, ruptura com a política atual de alianças privilegiadas e subordinadas com os Estados Unidos, o Fundo Monetário Internacional e o Banco Mundial. Sem fortes alianças internacionais, não será possível uma reinserção do Brasil no plano internacional, pelas rupturas e conflitos que ela implicará.

Significa, ao mesmo tempo, uma reforma radical do Estado brasileiro, com sua refundação democrática. Desfinanceirizá-lo, com a renegociação da dívida interna; porém, muito mais do que isso, com a implementação de formas do orçamento participativo, com a reconstrução dos sistemas político e eleitoral – com a modificação das formas de representação eleitoral no Congresso, para garantir o critério de um cidadão, um voto –, desprivatização das campanhas eleitorais. Pelo tipo de transformações que o neoliberalismo introduziu no Estado e na sociedade brasileira, pelo tipo de crise econômica, política, social e ideológica que gerou, o que o Brasil precisa é de um *plano de emergência*, que gere as condições para que a economia volte a crescer, para que o Estado volte a ter capacidade de regulação, para que as forças populares voltem a ter poder de ação e de articulação de alianças sociais.

Porém, a estabilidade monetária, embora não seja suficiente para construir um novo consenso, continua sendo altamente valorizada pela maioria da população. Ao mesmo tempo a política econômica atual, centrada no ajuste fiscal, se esgotou e, ao mesmo tempo, não gerou um modelo hegemônico alternativo.

A inexistência de um modelo hegemônico alternativo, assim como de uma política econômica alternativa, introduz o país numa época de *crise hegemônica*. A capacidade de direção do bloco no poder se esgotou. Sua proposta de fazer da estabilidade monetária a chave do progresso econômico e da promoção social esgotou sua capacidade de mobilização e de articulação de alianças sociais e políticas.

E não há projetos para preencher esse vazio. A acumulação de descontentamentos não encontra nem uma análise que dê conta dela nem um projeto alternativo que os catalise. A esquerda se inclui nisso.

A VINGANÇA DA HISTÓRIA   173

Sua solução não consiste num esquema monetário distinto, mas num conjunto de propostas políticas, que tem dois eixos básicos: a redefinição da inserção internacional do Brasil – incluindo a renegociação da dívida, um deslocamento das alianças internacionais buscando forças nos grandes países do sul excluídos dos três megamercados como a China e a Índia, uma nova política econômica interna que faça com que o Estado volte a assumir um papel de incentivador do processo de desenvolvimento industrial e agrícola, com o apoio ao desenvolvimento tecnológico etc. – e uma radical reforma tributária, com um corte social definido, que permita atacar a outra metade do Produto Interno Bruto, que – segundo o então secretário da Receita Federal, Everardo Maciel – não paga imposto, a começar pelo sistema financeiro.

Isso tem de ser acompanhado de uma reforma radical do Estado, com sua democratização – de que as políticas de orçamento participativo são um embrião e deverão constituir-se no seu eixo, na direção da socialização da política e do poder.

Em segundo lugar, um voto de descontentamento como aquele expresso nas eleições municipais de 2000 – que não pode ter seus resultados transpostos mecanicamente para o plano nacional, porque as eleições municipais não plebiscitam a estabilidade monetária, a principal armadilha montada pelos governos neoliberais para a oposição – reflete um *consenso passivo*, isto é, consultada, a população preferiu votar em candidatos da esquerda para administrar as prefeituras, pela prioridade que dão às políticas sociais e pela forma honesta de administrar as finanças públicas. As prioridades enunciadas por Lula ao longo da campanha eleitoral procedem daí – seriedade e justiça social –, mas não dão conta dos desafios nacionais e internacionais de governar o Brasil.

Tanto assim que, salvo em alguns poucos casos, a mobilização popular foi pequena ou quase inexistente, os comícios de rua não recuperaram o seu papel nas campanhas eleitorais, que continuaram a ter na televisão quase que seu único instrumento de expressão. O apoio obtido pelos candidatos vencedores não se baseou assim no *consenso ativo*, aquele que se expressa na mobilização popular, na organização da vontade do povo, na construção de formas específicas de ação por parte da população. Esse apoio é frágil, pode ser abalado rapidamente pelas dificuldades que uma gestão democrática e popular tem necessariamente de enfrentar se quiser mudar as relações de poder na cidade e, muito mais ainda, na sociedade como um todo.

No plano nacional, a ausência de um grande movimento mobilizador da massa da população será muito mais grave, pelo tipo de rupturas – com os capitais financeiros internacionais e suas instituições, com as grandes corporações privadas nacionais e internacionais no plano interno, com o inevitável choque frontal com o monopólio dos grandes meios de comunicação – necessárias e pelas represálias desestabilizadoras que propiciará na direção de uma nova relação de forças entre as classes. Se não mexer nas relações de poder, não fará nada, de nada terá adiantado ter vencido as eleições. Mas para mexer nelas, necessita de um forte apoio popular.

Nesse sentido, o tipo de campanhas eleitorais de Hugo Chávez na Venezuela – independentemente do tipo de governo que faça – são um indicativo importante para a esquerda brasileira. Em vez de buscar alianças com setores conjunturalmente dissidentes das elites no poder – de que a aliança com Paes de Andrade em 1998 foi todo um símbolo –, Chávez buscou o voto popular, mediante a condenação das elites como um todo. Conquistou assim 70% do voto popular e a condenação das elites, mas se impôs a esta pelo apoio popular conquistado – embora o grau de inorganicidade popular na Venezuela seja muito maior que o brasileiro.

Isso significa que a profundidade das transformações que um governo de esquerda teria que encarar suporia uma vitória eleitoral maciça em termos quantitativos, mas sobretudo produto de uma campanha nacional de mobilização popular capaz de gerar um movimento apto a dar sustentação a esse governo. E ao mesmo tempo, um discurso radical – isto é, democrático e popular – de inovação, priorizando a mobilização das camadas mais pobres da população.

Por outro lado, os grandes setores disponíveis, sem liderança, são basicamente os setores populares – os pobres da cidade e do campo –, "orfãos" do Plano Real, disponíveis para uma nova liderança popular, o que explica em parte a grande ascendência conquistada por Lula. O que, por sua vez, supõe uma candidatura que se dirija basicamente a esses setores, com uma plataforma popular e de democratização radical; enquanto candidaturas como a de Itamar Franco podem buscar uma aliança que inclua amplos setores das camadas médias e do empresariado, especialmente o industrial e comercial.

A resistência da esquerda se apoiou na denúncia das conseqüências sociais negativas e na fragilidade imposta à economia pela política econômica. Porém, ela não elaborou uma interpretação própria, qualitativamente diferente daquela que o Plano Real contém. Esta é indispensável para situar-nos em que momento histórico nos encontramos e aprender os dilemas atuais e as vias de superação da crise atual. Contanto que saibamos de que se trata essa crise.

A crise de hegemonia aponta, inicialmente, para a incapacidade do capital financeiro, como classe privilegiada dentro do bloco no poder, de manter a aliança social que o levou a essa situação de liderança, promovida pelo Plano Real. Este, ao elevar o combate à inflação e ao déficit fiscal e promover a estabilidade monetária como objetivo central do país, havia conseguido constituir uma ampla aliança, que unificou o grande empresariado, incorporou a maioria das camadas médias e parte significativa dos estratos populares. Aquela plataforma conseguiu, por um certo tempo, de forma real ou imaginária, conquistar esses amplos setores sociais.

A esquerda tem como objetivo central no Brasil, hoje, lutar contra o neoliberalismo, mas, se quer ser vitoriosa, deve fazê-lo com um projeto alternativo. Com um projeto de país, de sociedade, de nação, de Brasil. Partir da trajetória histórica do país, do desenvolvimento capitalista no Brasil, das lutas de classe, da trajetória dos grandes sujeitos sociais, para definir onde nos encontramos, quais os problemas contemporâneos do país, suas contradições e potencialidades. Definir a partir disso com que recursos – naturais, econômicos, sociais, políticos, culturais – contamos para enfrentar a luta atual e para construir uma nova sociedade.

A construção de um outro tipo de país, de sociedade, de Estado, de nação é o grande objetivo que qualquer governo democrático e popular tem de se colocar. Para transitar nessa direção, será necessário um programa de emergência, que restabeleça as condições mínimas de recomposição da força social que faça da construção da nova sociedade um processo articulado e coerente.

Esse programa tem três eixos fundamentais:

a) uma reinserção internacional, que inclui a renegociação da dívida externa do país, com um alongamento dos perfis da dívida ou sua suspensão até que o Brasil esteja em condições de encarar seu pagamento sem sacrifícios excessivos pela massa da população. O que supõe que uma política externa ampla e ativa é a condição indispensável de um programa de ruptura e superação do neoliberalismo, incluindo alianças prioritárias com os grandes países do sul do mundo excluídos dos três megamercados mundiais;

b) a resolução da crise fiscal do Estado mediante a renegociação da dívida pública e uma reforma tributária com um profundo recorte social, que modifique substancialmente, no plano social, as fontes de financiamento público. Uma reforma radical do Estado, na direção do que apontam as experiências do orçamento participativo, isto é, da socialização da política e do poder, com o envolvimento de setores cada vez mais amplos nas decisões fundamentais da gestão do Estado, avançando no processo de transformação dos indivíduos em cidadãos;

c) políticas econômicas que privilegiem a redistribuição de renda e os direitos sociais da grande massa da população pobre da cidade e do campo.

LULA

o pós-neoliberalismo chegou?

Cuba, Chile, Nicarágua – Brasil?

Cuba, 1959; Chile, 1970; Nicarágua, 1979. As datas logo vêm à mente – principalmente do exterior –, quando se procura dar conta da vitória de Lula e de sua ascensão, como líder de origem operária, à cabeça de um Partido dos Trabalhadores; mas nenhuma delas dá conta do significado da eleição de Lula à presidência do Brasil, em 2002. Nem tanto pelas particularidades de Brasil – enormes distâncias separavam Cuba do Chile. Nem pelas vias de triunfo da esquerda – entre Cuba e Nicarágua por um lado, com a via insurrecional, e o Chile, pela via eleitoral, as distâncias não eram menores.

As diferenças principais vêm dos períodos históricos diferenciados em que elas se dão e das situações muito diferentes que vive a América Latina. A revolução cubana se dava em plena Guerra Fria, em seu período áureo ainda, como uma ruptura brusca com as zonas de influências rigorosamente delimitadas, num marco ainda estritamente respeitado, que tinha permitido que os Estados Unidos tivessem intervindo na Guatemala, cinco anos antes, em 1954, sem qualquer esboço de reação internacional. O triunfo cubano se dava igualmente, apesar disso, num marco de expansão do chamado "campo socialista": havia menos de uma década e meia a União Soviética saía fortalecida politicamente da Segunda Guerra, alçava-se a potência atômica, os países do Leste europeu se incorporavam a esse campo e, a apenas dez anos da entrada de Fidel Castro e seus companheiros em Havana, triunfava a revolução na China. O clima de "desestalinização" aparecia como uma "renovação democrática" da União Soviética, como contraponto – e eventual antídoto – às intervenções militares na Hungria, na Polônia e na Alemanha Oriental.

Na própria América Latina, apesar da "surpresa" da irrupção revolucionária no Caribe, o clima de efervescência era crescente, desde a revolução boliviana de 1952, os governos progressistas da Guatemala, iniciados em 1944 e interrompidos pelo golpe pró-Estados Unidos de 1954, as agitações contra as ditaduras de Trujillo, na República Dominicana, e na Nicarágua, de Somoza. Na América do Sul, a queda de Vargas e de Perón tinha fechado um ciclo nacionalista; porém, as mobilizações sociais se ampliavam, especialmente no caso brasileiro, que desembocariam no golpe de 1964. A própria luta armada se desenvolvia antes do triunfo cubano na Colômbia e na Nicarágua.

O período histórico da bipolaridade Estados Unidos–União Soviética era, ao mesmo tempo, o da polarização capitalismo-imperialismo–socialismo, para os partidos, movimentos e frentes que lutavam em torno da questão nacional ou diretamente anticapitalista. A revolução soviética havia aberto o horizonte do socialismo e da revolução como atualidades históricas. A própria revolução cubana, nascida de um movimento antiditatorial, que rapidamente assumiu uma postura antiimperialista, se desdobrou em pouco tempo num regime anticapitalista, como resultado das opções históricas da época.

O mesmo se pode dizer do período em que se deu a vitória de Allende no Chile (1973), porém num marco diferenciado para a América Latina, envolta em regimes de terror, depois da derrota da esquerda. Derrota da esquerda tradicional, particularmente no caso do governo Goulart no Brasil, apoiado pelo Partido Comunista, e derrota da via insurrecional, com a morte de Che Guevara na Bolívia, em 1967, e os reveses na Venezuela, no Peru, na Guatemala. O governo de Allende se viu cercado pela agressiva atuação da ditadura militar brasileira em pleno apogeu, assim como pelas articulações golpistas que inspirava e alimentava nos outros países da região – Argentina, Uruguai, o próprio Chile –, como se revelaria um pouco mais tarde de forma clara.

Ainda assim, o governo de Allende poderia – teoricamente – contar com a União Soviética e com os países do Leste europeu, apoio que acabou nunca se materializando. A China, como subproduto da "diplomacia do pingue-pongue" a que havia aderido a partir de 1971, não apenas não apoiou, como até mesmo se opôs ao governo de Allende, como mais uma experiência "pró-soviética". Cuba apoiou abertamente o governo chileno, que pôde contar também com as simpatias do governo nacionalista militar de Velasco Alvarado e do governo mexicano de Luis Echeverria.

Como produto da época e da coalizão que o apoiava – partidos comunista e socialista –, o governo de Allende se propunha uma ruptura com o capitalismo, a partir da expropriação dos 150 principais monopólios existentes na economia, o que configuraria uma forma de socialização ou de estatização dos grandes meios de produção.

A vitória sandinista se dá ainda nesse período histórico, porém inserida na dinâmica de vitórias internacionais dos anos 1970, que se haviam deslocado da América Latina para a Ásia e a África, com o triunfo vietnamita e no conjunto da Indochina, com a independência das ex-colônias portuguesas na África, com a vitória da revolução iraniana e até mesmo no Caribe, com o surgimento de um regime esquerdista em Granada. As guerrilhas haviam ressurgido na Guatemala e se desenvolvido em El Salvador, revelando um quadro diferenciado da América Central em relação à América do Sul. A entrada vitoriosa dos sandinistas em Manágua se tornou possível também porque as derrotas norte-americanas no plano externo – Indochina – e interno – movimentos pelos direitos civis, de recusa à participação na guerra, a crise de Watergate – produziram um hiato, pelo refluxo momentâneo das políticas intervencionistas norte-americanas, de ressaca, durante a presidência de Jimmy Carter.

Desde então mudanças radicais se deram no mundo, de forma a alterar não apenas a correlação de forças dentro do período histórico, mas o próprio período que passamos a viver, com reflexos diretos na América Latina. Sem entrar na extensão e na profundidade das mudanças nas duas últimas décadas, basta citar que, com a desaparição do então chamado "campo socialista", desapareceu do horizonte histórico o socialismo e a revolução anticapitalista como atualidades históricas – no sentido em que Lukács havia pensado a "atualidade histórica" do socialismo a partir de 1917, em seu livro sobre Lenin[1].

Bastaria isso para inserir os triunfos da esquerda em um marco diferenciado daquele em que, por exemplo, se inseria a vitória chilena – que se propunha fazer parte do movimento histórico em desenvolvimento de construção

---

[1] Georg Lukács, *O pensamento de Lenin*, cit.

mundial do socialismo – ou o triunfo sandinista – que pretendia ser parte componente do movimento dos paises não-alinhados e do então chamado "Terceiro Mundo". Porque o fim do "campo socialista" fez parte do novo período histórico, dominado pela hegemonia unipolar dos Estados Unidos e pelas políticas neoliberais, com todas as transformações que ela introduziu na economia, nas relações sociais, na política e na ideologia contemporâneos.

Entre as mudanças mais significativas do novo período histórico estiveram a quase desaparição dos partidos comunistas, a reconversão neoliberal da socialdemocracia e de muitos nacionalismos da periferia capitalista, entre eles notadamente o peronismo na Argentina e o Partido Revolucionário Internacional no México, e o debilitamento dos movimentos sindicais. À medida que o capitalismo assumia o neoliberalismo como seu projeto hegemônico, a esquerda passou a definir seu campo pela luta antineoliberal. Os movimentos sociais surgidos nesse período – como o movimento zapatista, o MST, o próprio Fórum Social Mundial, assim como as novas mobilizações de massa, iniciadas em Seattle – definiram como seu objetivo a luta contra o neoliberalismo.

DO ANTIIMPERIALISMO E DO ANTICAPITALISMO AO ANTINEOLIBERALISMO

É nesse horizonte que se dá a vitória de Lula no Brasil, em 2002. Num país como o Brasil, com todas suas particularidades. Como já vimos, um país caracterizado, ao longo do século XX, pelo atraso relativo de sua estrutura social e da sua esquerda, em relação a países comparáveis no continente, como a Argentina e o México. Sua economia permaneceu predominantemente agrícola e sua estrutura social majoritariamente rural até a segunda metade do século XX. Não dispõe de nada comparável à urbanização e aos níveis de escolaridade da Argentina, nem de um movimento popular como aquele que havia protagonizado a revolução mexicana e realizado a reforma agrária naquele país.

A modernização brasileira se dá na América Latina de maneira mais ou menos similar àquela vivida pela Prússia sob o regime bismarckiano. Desatada por Getúlio Vargas como reação à crise de 1929 e suas conseqüências no Brasil, ela teve outros dois ciclos, de forma significativa e coerente com seu caráter conservador – tal qual a bismarckiana: em dois regimes ditatoriais – o de Vargas (1930-1945) e no seu retorno como presidente eleito, mas com forte continuidade com o período anterior – e o das ditaduras militares, com a ideologia da "segurança nacional" – entre 1964 e 1985. O outro foi o período presidencial posterior ao suicídio de Vargas (1954), dirigido pelo "desenvolvimentismo" de Juscelino Kubitschek.

Se o primeiro período introduziu o sindicalismo legal no país, o fez de forma totalmente vinculada ao Estado, no modelo da Carta del Lavoro de Mussolini, restringindo sua vigência aos trabalhadores urbanos de empresas privadas, gerando um fosso entre o destino dos trabalhadores urbanos e o dos trabalhadores rurais, deixando estes relegados ao domínio do latifúndio, que politicamente fazia parte do bloco de forças de apoio a Vargas. A industrialização assumiu assim um caráter ambíguo: ao mesmo tempo em que promoveu a maior imigração e ascensão social da história brasileira, levando milhões de trabalhadores do campo para as cidades, da informalidade do trabalho rural para o contrato formal do trabalho na indústria, na construção civil ou no setor de serviços, transformou a estrutura produtiva do país em poucas décadas, unindo o Brasil a um dos grandes fenômenos históricos do século XX: a industrialização em países da periferia do capitalismo.

Ao mesmo tempo, no entanto, ao não ser acompanhada da reforma agrária, ao dirigir a produção – especialmente no ciclo das ditaduras militares – para a esfera de consumo de luxo dentro do país e para a exportação, ao restringir os direitos das massas dos trabalhadores, a expansão econômica reproduziu a pior distribuição de renda do mundo. O Brasil se transformou em cinco décadas de um país rural em um país urbano, de uma economia agrícola em uma economia industrial e de serviços. O Brasil passou a ser a maior economia da América Latina, mas ao mesmo tempo formou a sociedade mais injusta do continente.

O atraso econômico e social se refletiu no atraso da formação das organizações sociais e políticas da esquerda brasileira. A fundação dos partidos comunista e socialista no Brasil datam – como já visto – mais ou menos dos mesmos anos que em outros países do continente, sob o forte influxo da vitória bolchevique. Porém, o quadro social em que surgem é muito mais rudimentar do ponto de vista da constituição das classes e até mesmo do sentimento nacional no Brasil. O país ainda é uma economia primário-exportadora do tipo clássico nos anos 1920, o pensamento social crítico ainda dá seus primeiros passos, a vida acadêmica é muito incipiente em comparação com a do México e com a da Argentina.

Isso se expressa também na debilidade dos sindicatos e na ausência de formas de organização dos trabalhadores no campo, onde se concentra a grande maioria da força de trabalho do país. Para se medir o atraso relativo do processo de constituição das classes sociais, é preciso recordar que apenas em 1888 – duas décadas antes da revolução mexicana e três décadas antes da reforma universitária de Córdoba e da revolução bolchevique – a escravidão terminou formalmente no país. Quando se deu a reforma universitária na Argentina, o Brasil estava fundando sua primeira universidade. O Brasil teria sua primeira central sindical apenas na década de 1980, depois das ditaduras militares dos anos 1960-1970. A primeira eleição presidencial minimamente representativa se daria quase na metade do século XX – em 1945 –, porém a continuidade institucional demoraria pouco – até 1964. Quando foi retomada, em 1985, o Brasil teve um presidente civil – José Sarney, eleito de forma indireta por um Congresso "biônico" (1985-1990), com representantes nomeados pela ditadura militar na sua composição, um presidente civil que seria objeto de *impeachment* por corrupção – Fernando Collor de Mello (1990-1992), seu vice-presidente para cumprir o mandato – Itamar Franco (1992-1994) e um presidente – Fernando Henrique Cardoso – que, eleito, impôs sua própria reeleição, alterando a Constituição, com métodos comprovadamente ilícitos. Como resultado, o Brasil teve apenas um presidente civil – Juscelino Kubitschek (1955-1960), eleito pelo voto direto da população, que entregou regularmente a presidência para seu sucessor – nesse caso, um oposicionista, o populista de direita Jânio Quadros, que renunciaria sete meses depois da sua posse (1961).

Uma vida democrática pouco contínua se combina – não por acaso – com um capitalismo que reproduz como nenhum outro no mundo a concentração de renda e de patrimônio, com uma burguesia acostumada a não correr riscos eleitorais. Quando o processo político saiu de seu controle – em 1961, com a renúncia do candidato que haviam apoiado, e seu sucessor, de centro-esquerda (João Goulart), assumiu – apelaram, três anos depois, para a ditadura militar, que durou mais de duas décadas. Quando, na primeira eleição direta para presidente da República no Brasil em três décadas, pressentiram a possibilidade de vitória de um candidato de esquerda – Lula –, essa mesma burguesia se entregou nos braços de um aventureiro – Fernando Collor –, que acabou sendo deposto três anos depois.

A esquerda brasileira, por sua vez, é filha direta do desenvolvimento desigual e combinado do capitalismo brasileiro. Apóia-se no forte ciclo de desenvolvimento industrial levado a cabo pela ditadura militar, que aproveitou-se da tomada de poder ainda durante a vigência do ciclo longo expansivo do capitalismo internacional, que ao mesmo tempo estendeu e renovou a classe trabalhadora brasileira. Foi do sindicalismo de base da indústria automobilística da periferia de sua maior metrópole – São Paulo – que nasceu o eixo original do Partido dos Trabalhadores e o próprio Lula, como principal líder sindical que desafiou a ditadura militar.

Apóia-se também na não realização da reforma agrária no segundo país maior produtor de grãos do mundo, com uma brutal concentração da propriedade rural e níveis alarmantes de fome e de miséria. Foi apoiada na explosividade da questão agrária no Brasil – em que a questão da escravidão se desdobrou na questão agrária –, que a esquerda passou a contar com o principal movimento camponês da sua história – o Movimento dos Sem-Terra (MST).

Apóia-se numa intelectualidade crítica com grande capacidade criativa, que gerou um pensamento social em condições de colocar as bases para uma interpretação alternativa da história e da cultura brasileira – na qual se destacam, entre outros, Caio Prado Jr., Celso Furtado, Florestan Fernandes, Darci Ribeiro, Antonio Candido, Sergio Buarque de Holanda. Conta ainda com técnicos e cientistas forjados na pesquisa pública, paralelamente ao desenvolvimento industrial e universitário do país.

A derrubada da ditadura foi seguida por um período político decisivo na configuração atual da história brasileira – a contraditória década de 1980. Se ela foi caracterizada como uma "década perdida" em termos econômicos – quando na realidade se trata do início de décadas de baixo crescimento e de perda do impulso econômico das décadas anteriores, e não apenas de uma década excepcionalmente negativa –, teve um forte movimento de construção, pela primeira vez na história brasileira, de uma esquerda independente, com grande força de massas. Fundaram-se o Partido dos Trabalhadores, a Central Única dos Trabalhadores (CUT), o Movimento dos Sem-Terra, entre outros. O forte impulso antineoliberal dessa década – que, lembramos, incluiu uma "Constituição cidadã", como a batizou o presidente da Assembléia Constituinte, Ulysses Guimarães, para destacar seu caráter de afirmação de direitos – desembocou na quase eleição de Lula para a presidência do

Brasil em 1989, num renhido segundo turno contra Collor de Mello, menos de dez anos depois da fundação do Partido dos Trabalhadores e apenas quatro anos após o final da ditadura militar.

A força acumulada nessa década foi suficiente para inviabilizar o governo de Collor de Mello, golpeando-o no seu lado mais frágil – o do patrimonialismo tradicional das elites políticas brasileiras, nesse caso representada num jovem político de origem de partidos da ditadura, do nordeste do país, região mais fortemente marcada por esses traços de atraso político. As denúncias de corrupção acabaram derrubando Collor de Mello, que foi sucedido pela versão brasileira da conversão neoliberal da socialdemocracia, com Fernando Henrique Cardoso.

Foi o fracasso do neoliberalismo tardio de Cardoso que propiciou o favoritismo de Lula nas eleições presidenciais de 2002. A esquerda brasileira, expressa em seu partido mais forte e representativo, o Partido dos Trabalhadores, havia nascido com uma proposta programática geral de "socialismo democrático", sem com isso se identificar com a socialdemocracia e seu projeto de "democratização do capitalismo", mas buscando se diferenciar do modelo soviético. Esse modelo nunca foi especificado em termos políticos ou programáticos, reflete apenas uma vontade geral de ruptura com o capitalismo.

Aos poucos o partido, nascido dos movimentos sociais de resistência à ditadura e da denúncia do caráter conservador da transição à democracia, foi se institucionalizando, ao participar sistematicamente das eleições, eleger bancadas de parlamentares e aos poucos prefeitos e até mesmo governadores de estado. O fracasso prematuro do processo de democratização conservadora projetou o PT precocemente para o centro da luta hegemônica. Seu projeto de radicalização da nova democracia com o aprofundamento do seu conteúdo social, através do qual pretendia fortalecer os direitos dos trabalhadores e de outros contingentes sociais postergados, incorporou modalidades de governo baseadas no orçamento participativo – a partir da pioneira experiência de Porto Alegre – e de moralidade na administração pública.

Essa plataforma não foi suficiente para resistir à avalanche representada pela versão brasileira do Consenso de Washington – o Plano Real, plano de estabilização monetária do governo Cardoso – com suas promessas de ingresso na modernidade via ajuste fiscal. Assim Cardoso foi eleito no primeiro turno das eleições presidenciais de 1994 e reeleito em 1998 – da mesma forma que o foram Menem e Fujimori –, conseguindo esconder que seu modelo econômico se esgotava e o Brasil se encontrava à beira da quebra econômica, o que se revelou um mês depois das eleições, desembocando na crise brasileira de janeiro de 1999 e em novo empréstimo do Fundo Monetário Internacional, paralelamente à desvalorização da moeda brasileira.

A rejeição por mais de três quartos do eleitorado, já na primeira volta das eleições presidenciais em 2002, revelou o fracasso do projeto de governo de Cardoso. Seu candidato, o ex-ministro de planejamento e de saúde de seu governo e velho correligionário de Cardoso por mais de três décadas, José Serra, obteve apenas 23% dos votos. A coalizão governamental se dividiu, mais como resultado do fracasso e da impopularidade do governo do que dos métodos virulentos de imposição da candidatura de Serra – ainda que esses métodos tenham contado. Serra representaria a retomada de um projeto de desenvolvimento, tentando – no estilo da fracassada "terceira via" de Fernando de la Rúa – compatibilizar o modelo do Fundo Monetário de ajuste fiscal com o desenvolvimento econômico, ancorado na grande burguesia industrial paulista. Com isso, acabou se incompatibilizando com o partido, que representa basicamente a oligarquia agrária do Nordeste – o Partido da Frente Liberal (PFL) –, que se dividiu e se distanciou do candidato do governo.

Essas condições facilitaram o sucesso de Lula. Ele optou por um programa de saída do neoliberalismo baseado na aliança do capital produtivo contra o especulativo. Para isso escolheu um grande empresário industrial, senador pelo segundo maior estado do país em termos econômicos – Minas Gerais – como candidato a vice-presidente e um programa de reativação econômica centrado na queda da taxa de juros, para incentivar o crédito ao investimento e ao consumo, gerando assim uma espiral virtuosa na economia, no estilo keynesiano clássico. Com a retomada do crescimento, seria possível contemplar a reativação do mercado interno de consumo de massas, com distribuição de renda, fortalecimento do nível de emprego, elevação da renda dos trabalhadores, favorecimento das pequenas e médias empresas, extensão da reforma agrária e, com ela, da produção de alimentos para o mercado interno, reforma tributária para incentivar a produção e as exportações. Buscando evitar uma fuga ainda mais acentuada de capitais, Lula se comprometeu a cumprir os compromissos vigentes e pronunciou-se a favor do novo empréstimo do Fundo Monetário Internacional, para aumentar as reservas do país, apesar de criticar os condicionamentos em relação aos limites do déficit orçamentário.

Um pós-neoliberalismo à brasileira?

Nesses termos, o que significa ou pode significar a eleição de Lula para a presidência do Brasil?

Trata-se da primeira tentativa concreta de ruptura com o neoliberalismo, mesmo se o programa de Lula é de uma saída gradual da lógica neoliberal prevalecente no país durante mais de uma década. Que condições Lula, o PT e o Brasil têm para protagonizar o pós-neoliberalismo?

Contam, em primeiro lugar, com uma esquerda – nos planos social, político, institucional e cultural – com força acumulada nas décadas anteriores, como nenhum outro país do mundo pode contar. Contam além disso com uma economia menos debilitada que a dos outros países similares do continente – Argentina e México –, menos desnacionalizada, com maior capacidade de resistência, seja na produção para o mercado interno, seja na competitividade externa.

Contam também com uma crise de legitimidade do neoliberalismo no plano internacional e um esgotamento de suas políticas, de que a crise argentina é a expressão mais aguda. Seguindo o próprio exemplo do governo norte-americano, o modelo de desregulação é adaptado ou modificado, os organismos internacionais se declaram condescendentes, com a reestruturação das dívidas.

Contam com um desejo de modificação amplamente expresso na população brasileira e a expectativa de mudança na opinião pública internacional.

No entanto, têm de se enfrentar a uma herança dramática nos planos econômico, financeiro e social. O grau de financeirização da economia brasileira representa graus muito graves de compromisso econômico imediato e de restrição das margens de ação do novo governo. Nas condições atuais, nenhum tipo de ruptura com o FMI é possível de imediato, obrigando a duras renegociações das dívidas, especialmente com os bancos Morgan e Citibank, principais detentores dos papéis das dívidas latino-americanas.

O governo Lula enfrenta um primeiro ano muito difícil, pela herança que recebe. Não poderá presumivelmente contar, portanto, por muito tempo, com a lua-de-mel que se instalou no país depois da sua vitória. Terá de se opor às tendências recessivas mediante o incentivo à pequena e média empresa, ao mercado interno de consumo popular, à expansão da produção alimentícia, pelo apoio à reforma agrária, para poder avançar no plano social ainda em 2003.

A baixa da taxa de juros, com que acena Lula, poderia se enfrentar inicialmente com a fuga de capitais e com os déficits da balança de pagamentos, que requerem a continuidade do ingresso de capitais, atraídos pelas mais altas taxas de juros reais do mundo mantidas pelo governo de Cardoso. É um jogo difícil e instável na política cambial, entre a manutenção da estabilidade – eminentemente recessiva, nos moldes atuais –, a retomada do desenvolvimento e a expansão das políticas sociais preconizadas por Lula.

De qualquer maneira, o efeito simbólico da sua eleição, por si só, constitui um marco inigualável na política brasileira e acena para a possibilidade do ingresso do país e, talvez, da América Latina numa era pós-neoliberal. Pela sua origem social, pela sua trajetória, pelas características do seu partido e dos movimentos que o apóiam, a eleição de Lula pode ser um marco tão importante quanto aqueles enunciados no começo deste capítulo, mesmo se com ambições de transformação menos ambiciosas que eles.

Esta importância se dá, em primeiro lugar, porque ainda vivemos um período histórico muito desfavorável para a esquerda no continente e no plano internacional em geral. Há sinais de recuperação de movimentos sociais e cívicos de resistência, há articulações importantes como o Fórum Social Mundial, mas o de Lula é, então, o primeiro governo que encarna um programa de saída do neoliberalismo de forma articulada nos planos interno e externo. (A política econômica de Hugo Chávez, na Venezuela, não pode ser caracterizada como antineoliberal, embora seus pronunciamentos e posições políticas internacionais inequivocamente o sejam.) Seria um passo adiante, novo, num quadro ainda muito negativo, e por isso a novidade tem um destaque maior, pelo contraste com o pano de fundo da hegemonia quase absoluta do neoliberalismo nas duas décadas passadas.

Em segundo lugar, porque se dá num país de mais peso internacional do que Cuba, Chile ou Nicarágua e num marco em que a posição internacional do Brasil – por exemplo, em relação à Alca e mesmo à crise argentina – tem um peso considerável.

Em terceiro, porque a retomada de mobilizações internacionais contra o neoliberalismo e sua crise de legitimidade geraram um espaço de liderança que pode ser ocupado por Lula, caso consiga desenvolver uma política internacional ativa, criativa e diversificada, tendo suas ações potencializadas pelas ausências de lideranças de países de certo peso que se oponham ao consenso neoliberal.

Discute-se a possibilidade do pós-neoliberalismo há algum tempo, vive-se a contradição entre a força das transformações regressivas produzidas por ele e suas conseqüências sociais negativas, com claros reflexos numa crise ideológica de legitimidade. Lula tem a possibilidade de inaugurar o pós-neoliberalismo e uma nova etapa histórica da esquerda na América Latina e no plano internacional, superando a crise de identidade de um país ao mesmo tempo idolatrado na música e nos esportes e demonizado pela sua crueldade social. O Brasil nunca mais será o mesmo depois do governo Lula, tal a dimensão da sua vitória para o país. A cara com que o Brasil sairá da presidência de um migrante nordestino, operário da construção, líder sindical e dirigente esquerdista é o maior teste para a esquerda nas últimas décadas, o primeiro grande desafio do novo século.

OS DESAFIOS DO BRASIL DE LULA

Lula foi eleito numa campanha atípica em relação a outras experiências de vitória eleitoral de candidatos de esquerda. Elemento comum entre elas é o esgotamento de alternativas do bloco dominante, que, por sua vez, deixa situações de crise como sua herança para a esquerda. A novidade é que essas situações de crise provocavam, em geral, processos ascendentes de mobilização popular, como cenário de fundo para a vitória eleitoral da esquerda. Exemplos foram os governos de Frente Popular nos anos 1930, na França, na Espanha e no próprio Chile.

A novidade é resultado das transformações promovidas pelas políticas neoliberais, tanto na economia como nas relações sociais, na vida política e na cultura. Essas transformações aprofundaram a fragmentação social, através do aumento da precarização das relações de trabalho, da elevação do desemprego, do enfraquecimento dos sindicatos e de outros movimentos sociais. Depois de uma ascensão das mobilizações populares nos anos 1980, na década de 1990 foi o Movimento dos Sem-Terra que manteve o ritmo das mobilizações, além de lutas reivindicativas de setores sindicais, especialmente do funcionalismo público. Nos anos prévios às eleições presidenciais de 2002, até mesmo as mobilizações dos trabalhadores sem terra haviam decrescido.

Assim, o clima social no momento da vitória de Lula é de uma profunda crise social, a mais grave no Brasil em sete décadas, pelo nível de desemprego, pela perda de poder aquisitivo dos salários, pela precarização de mais da metade da força de trabalho, pela deterioração das políticas sociais. Porém, pelas razões apontadas, essa crise não se traduziu em mobilizações sociais correspondentes.

Por outro lado, houve uma corrosão, ao longo dos anos 1990, não apenas das relações sociais, mas também da legitimidade política dos partidos, dos parlamentos, dos governos, em geral das representações políticas, assim como das ideologias. O próprio Partido dos Trabalhadores não ficou insensível a esse processo. Depois da fase ascendente das mobilizações sociais e da militância social e política até a campanha eleitoral presidencial de 1994, a combinação entre os fatores assinalados anteriormente, com o balanço político da derrota eleitoral feito pelo Partido dos Trabalhadores, que o levou a uma linha muito mais institucional e ao começo da reciclagem de seu programa, processo que levaria ao formato da campanha presidencial de 2002. O partido passou a viver uma retração do espírito militante com que havia sido fundado, como reflexo desses fenômenos.

A vitória de Lula nas eleições presidenciais de 2002 e o bom desempenho parlamentar do Partido dos Trabalhadores foram antes de tudo resultado do fracasso das políticas do governo de Fernando Henrique Cardoso. O PT e, mais do que o partido, a figura de Lula apareceram aos olhos da maioria dos eleitores brasileiros como personificadores da resistência e da crítica ao governo neoliberal, e assim foram depositários da vontade majoritária da população.

A novidade foi que Lula conseguir superar o patamar próximo dos 30% de votos cativos das eleições presidenciais anteriores. Esse salto, que tornou possível sua eleição em 2002, foi possível basicamente pela combinação dos seguintes fatores: em primeiro lugar, as "garantias" dadas por Lula durante a campanha eleitoral – formalizada na "Carta aos brasileiros", de junho de 2002 – de que não haveria ruptura de contratos – o que significa essencialmente não renegociação das dívidas públicas –, o que foi complementado com a aprovação, em agosto, dos novos acordos feitos pelo governo de Fernando Henrique Cardoso com o FMI.

Essa carta foi publicada em meio a uma forte ofensiva do capital financeiro, com fugas de capital, elevação acentuada do "risco Brasil", elevação forte do dólar, com noticiário generalizado na imprensa internacional de que a moratória do Brasil seria infalível – a discussão centrava-se apenas no prazo em que ela se daria. O capital financeiro aparentemente resolveu mostrar sua força, chantageando o país e conseguindo reflexos na atitude da candidatura de Lula, expressos na "Carta aos brasileiros".

Em segundo lugar, a crise da candidatura de "terceira via" de Ciro Gomes, sob fortes ataques da candidatura governista, de José Serra, que se sentia em risco de sequer chegar ao segundo turno das eleições presidenciais. No entanto, a derrocada da candidatura de Ciro Gomes não foi capitalizada por Serra, vítima da identificação com o desgastado governo de Fernando Henrique, apesar das tentativas de se apresentar como uma candidatura "desenvolvimentista", relativamente distanciada do governo de que havia feito parte como ministro. O caudal de votos liberado pelo desgaste de Ciro Gomes, concomitantemente à nova feição, moderada, da candidatura de Lula, foi canalizada por este, que subiu do seu patamar histórico para próximo da metade dos votos válidos, pela primeira vez em suas quatro candidaturas presidenciais.

Assim Lula triunfou, com uma promessa mista entre mudança e continuidade. Mudança do governo Fernando Henrique, continuidade dos compromissos assumidos, sem que nunca tivessem ficado claras as proporções e que elementos haveria de cada um dos dois. Mas o horizonte não era tão indefinido; afinal os compromissos que Lula assumia cumprir eram basicamente econômico-financeiros, o que remetia a elementos de continuidade na política econômica do governo de Fernando Henrique Cardoso.

No entanto, os elementos de continuidade eram considerados transitórios, até porque Lula afirmou reiteradamente na campanha eleitoral que ganharia para mudar a política econômica de Pedro Malan. E, de fato, o programa econômico da campanha se baseava numa oposição genérica entre o capital produtivo – inclusive as grandes corporações – e o capital especulativo. A variável determinante seria a baixa da taxa de juros, que faria com que o círculo vicioso da financeirização e da recessão se transformasse num círculo virtuoso, com retomada do desenvolvimento, distribuição de renda, criação de empregos, aumento da arrecadação, expansão do mercado, elevação das exportações, etc. Os elementos de continuidade existiriam para evitar uma ruptura na transição de um governo a outro, para gerar as condições de baixa da taxa de juros – sempre mantido como objetivo estratégico.

A herança deixada pelo governo FHC – analisada em capítulo específico deste livro – é pesada. Em termos estruturais, o Brasil abandonou uma série de décadas de crescimento acelerado, esgotada na virada dos anos 1970 para os 1980, para ingressar em décadas de crescimento baixo, que podem ser até mesmo caracterizadas como de estagnação, se consideramos a renda *per capita* e a péssima distribuição de renda do país. Ao longo dos anos 1990 o Estado brasileiro foi tolhido da capacidade de comandar políticas de desenvolvimento, de distribuição de renda e de afirmação dos direitos universais. A economia – a começar pelo Estado – foi financeirizada, as relações de trabalho precarizadas, as lutas e as soluções coletivas sofreram forte campanha de desmoralização.

A essa herança estrutural se soma uma conjuntura econômica comprometida, da qual fazem parte dois empréstimos do FMI no último ano do governo de Fernando Henrique Cardoso, acentuados aumentos dos preços, os piores índices sociais em muito tempo – desemprego, perda de poder aquisitivo dos salários, informalidade generalizada, manutenção das taxas de juros reais mais altas do mundo, elevado índice do "risco Brasil", enorme lista de empresas endividadas, tarifas dos serviços públicos sem controle, entre outros.

O governo Lula assume assim com uma atitude conservadora, privilegiando a defesa contra o risco de perda de controle da situação, seja pela fuga de capitais e nova desvalorização acelerada da moeda nacional, seja pelo aumento descontrolado da inflação. A política posta em prática nos primeiros meses se preocupou centralmente em bloquear os riscos inflacionários e em baixar o "risco Brasil", para em seguida diminuir as taxas de juros. O instrumento para isso foi o oposto da variável essencial do governo – se aumentou logo nas duas primeiras reuniões a taxa de juros e se gerou a expectativa de que a guerra do Iraque levaria a novos aumentos, até que se conseguisse frear as "expectativas inflacionárias" e que as condições para diminuir o "risco Brasil" estivessem dadas.

Essas condições foram buscadas na tentativa de colocar em prática em poucos meses as reformas previdenciária e tributária, na perspectiva de criar condições de mercado favoráveis à diminuição do "risco Brasil". Essas reformas não fariam portanto parte da reforma democrática do Estado, nem tampouco seriam feitas do ponto de vista da justiça social, mas para obter resultados que agradassem o mercado, portanto exatamente o contrário, em reformas que afetam a milhões de trabalhadores e à massa da população.

Independentemente da factibilidade da aprovação dessas reformas – maiores dificuldades com a reforma previdenciária, por afetar, nas propostas originais do governo, a muitos setores de trabalhadores –, sua aprovação por si só não deve ter o condão de diminuir o "risco Brasil". A própria guerra Estados Unidos *versus* Iraque deve estender por bom tempo a instabilidade internacional, e com ela a falta de propensão dos investidores para dirigir-se a mercados periféricos como o brasileiro. Além disso, todas as previsões da inflação apontam sua alta, pelo menos para o primeiro ano do governo, e principalmente uma tendência geral de alta, o que, conforme os critérios iniciais do governo, não conduziria à baixa, mas à alta da taxa de juros.

Dessa forma, a linha econômico-financeira adotada inicialmente pelo governo Lula não parece conduzir à diminuição da taxa de juros, com os efeitos benéficos previstos, transformando o círculo vicioso atual num círculo virtuoso. Em outras palavras, não há indicações de que o primeiro tempo do governo conduziria ao segundo.

Há pelo menos outra lógica possível, aquela de aproveitar a lua-de-mel de uma presidência forte para combinar medidas que conduziriam à saída do modelo econômico atual. Entre elas, a baixa da taxa de juros, induzindo a uma recuperação econômica, mas que suporia concomitantemente medidas de controle do câmbio. Ao mesmo tempo, as políticas sociais teriam de ser centralizadas no Ministério do Planejamento, para imprimir com sua dinâmica o conjunto do governo, inclusive os ministérios econômicos. Trataria-se de colocar em prática o programa econômico da candidatura Lula, que privilegia a produção em detrimento da especulação e a partir daí imprime uma forte dinâmica de reativação da economia.

Nesse caso, o Conselho Econômico e Social teria de se transformar num espaço de definição de um projeto nacional de desenvolvimento econômico e social, de que o BNDES seria o órgão fundamental de realização. Políticas de incentivo, de regulação, de distribuição de renda seriam complementos indispensáveis, na reinvenção de uma política nacional e democrática, com alma social.

Essa política seria a mais coerente com a reconstrução política do Mercosul, bandeira fundamental da política externa brasileira, mas que se choca com aquela aplicada nos primeiros meses do governo no plano econômico, cujo tom liberal não favorece o processo de integração que requer o Mercosul. A outra facilitaria o triunfo da Alca.

Lula olha para o lado e vê o fantasma da Argentina, que pressionou sempre para atitudes mais moderadas, com medo de uma perda de controle que levaria ao caos financeiro, com todos os retrocessos sociais que implica. Mas, se olhar para outros lados, também vai encontrar lições. O Equador pode se transformar num pesadelo, já que desde o seu começo, apesar de contar com a participação importante no governo do Movimento Pachakutik, que tem na Confederação de Nacionalidades Indígenas do Equador (Conaie) sua coluna vertebral, o governo de Lucio Gutiérrez assumiu uma cara abertamente conservadora. Nomeou um ministro de economia liberal, avançou nos acordos com o FMI, conforme os quais aumentou os preços da gasolina, do diesel e da energia elétrica. O orçamento proposto contempla o aumento substancial dos recursos para o pagamento da dívida externa e dos referentes a gastos com a defesa nacional (40,5%), assim como com a polícia (30,2%), ao mesmo tempo em que corta recursos do setor social, especialmente da educação e da saúde.

O documento assinado com o FMI prioriza a austeridade fiscal, com congelamento dos salários do setor público, reformas laboral, tributária e de tarifas de importação e exportação, revisão dos subsídios a serviços públicos, administração externa para as empresas elétricas e telefônicas, entre outros – isto é, um forte ajuste recessivo, típico dos acordos com o FMI. Além disso, se pretende colocar na reserva monetária os recursos do Instituto de Seguridade Social, quando a Constituição equatoriana define que este organismo tem autonomia econômica.

Comentaristas falam até mesmo de um "efeito Menem", ou poderiam falar de um "efeito Carlos Andrés Perez" – dois presidentes que, recém-eleitos, com promessas de reativação econômica, redistribuição de renda, regulação estatal, impuseram pacotes que giraram seus governos radicalmente para a direita, adotando pacotes neoliberais de ajuste fiscal. No Equador, o Movimento Pachakutik definiu, como resposta, exigir a imediata suspensão das medidas econômicas adotadas e a mudança radical da política econômica do governo de que fazem parte, assim como a convocação de um plebiscito sobre a Alca – colocando em questão seu apoio e a participação no governo de Lucio Gutiérrez. O Equador aponta assim o quadro avançado de um presidente eleito com apoio popular, prometendo ruptura com o neoliberalismo, mas que evidencia expressamente políticas de continuidade e aprofundamento dos programas existentes, colocando em risco a aliança social que havia estabelecido, como uma das possibilidades futuras do governo Lula no Brasil.

Se olhar para outro lado, Lula verá a Bolívia, em que um líder social do movimento indígena, Evo Morales, quase chegou a triunfar nas eleições presidenciais de 2002, em que foi derrotado no segundo turno, dentro do Congresso, mas que revelou a ascensão mais espetacular de um movimento social para o plano político nos últimos tempos na América Latina. Em abril de 2000 a privatização da água foi impedida por uma grande mobilização popular, em especial em Cochabamba, na chamada "guerra da água", que terminou com a suspensão da privatização e a expulsão de uma das maiores multinacionais do mundo, a Bechel Corporation. Em setembro desse mesmo ano veio o bloqueio de estradas e de produtos agrícolas na sede do governo por parte dos camponeses liderados pelo dirigente aymará Felipe Quispe Huanca, conhecido como "El Mallku". O movimento, que durou três semanas, permitiu que os indígenas do altiplano boliviano recuperassem sua voz e sua capacidade de influenciar no seu destino. Seguiram-se vários bloqueios dos "cocaleros", marchas indígenas por uma assembléia constituinte, mobilizações de professores urbanos e rurais, de pequenos empresários, de aposentados, de setores do movimento sindical.

No começo de 2002 Evo Morales, o principal líder do movimento, foi expulso do Parlamento, o que desatou a "guerra da coca", com o fortalecimento do movimento político que havia fundado – o Movimento ao Socialismo (MAS), que se transformou rapidamente na força política mais importante do país. Nas eleições gerais de agosto de 2002 houve uma mudança profunda na política do país, quando Evo Morales quase triunfou e vários parlamentares indígenas – quechuas, aymaras, guaranis e guarayos – ingressaram no Parlamento e na vida política institucional da Bolívia.

Em janeiro de 2003 se constituiu o Estado-Maior do Povo para congregar a todas as forças opositoras. Em fevereiro desse ano se desatou um grande movimento social contra o pacote de impostos decretado pelo governo a partir de acordos com o FMI. Como resultado, morreram 33 pessoas, com mais de 100 feridos, o que levou o governo recém-empossado a ter de se reestruturar totalmente, mudando inclusive o ministro da economia, enquanto o Estado-Maior do Povo se fortaleceu ainda mais e aparece como uma força social e política real de oposição ao governo e ao neoliberalismo.

O governo Lula está no meio das duas situações analisadas. Seu governo tem duas dinâmicas – uma financeira, predominante, e outra social, subordinada –, refletidas diretamente na sua composição e nas medidas contraditórias que toma. O conservadorismo da política econômica não chega aos limites do governo equatoriano, tampouco conta com um movimento social organizado e forte que o pressione e no qual possa se apoiar para efetivamente romper com o modelo econômico herdado. Seu futuro se jogará entre as duas dinâmicas internas do seu governo. Do triunfo de uma delas dependerá o caráter que seu governo assumirá.

O PRIMEIRO GOVERNO LULA:
AVENTURAS E DESVENTURAS

Na última década do século XX, o principal ponto de resistência ao neoliberalismo foi a América Latina. Em 1994, soou o apelo dos zapatistas às armas quando o North American Free Trade Agreement (Nafta) entrou em vigor. De lá para cá, o continente assistiu a uma série de vitórias de esquerda ou centro-esquerda – Hugo Chávez na Venezuela, Néstor Kirchner na Argentina, Lula no Brasil, Tabaré Vásquez no Uruguai, Evo Morales na Bolívia (após a queda de Sánchez de Losada e de Carlos Mesa), e a derrubada de Lucio Gutiérrez no Equador – e o ressurgimento de movimentos sociais, muitas vezes liderados por camponeses e povos indígenas, de Chiapas e El Alto aos *piqueteros* da Argentina e aos trabalhadores sem-terra do Brasil. Onze presidentes latino-americanos foram derrubados antes do fim do mandato nos últimos quinze anos, não pelo processo tradicional de golpe militar apoiado pelos Estados Unidos, mas pela ação de movimentos populares contra as políticas neoliberais de seus governos. Nesse período, a única tentativa de golpe à moda antiga – contra Chávez, em 2002 – foi derrotada. Os governos de Evo Morales e de Hugo Chávez surgiram como os acontecimeentos mais importantes da esquerda no continente ao passar rapidamente de plataformas democráticas e nacionalistas para posições anticapitalistas embrionárias, numa aliança estratégica com Cuba, no caso da Venezuela, e da constituição de uma força social e política hegemonizada pelo movimento indígena na Bolívia. Cuba conseguiu superar as terríveis dificuldades do Período Especial[1] após a

---

[1] Definido pelo governo cubano a partir de 1989, quando era previsível o fim da URSS e do campo socialista – aos quais estava integrada a economia cubana –, para enfrentar suas

queda da União Soviética, em 1991, e sua economia retomou a trajetória ascendente com a descoberta de petróleo na ilha e os acordos com Venezuela e China, assim como a constituição da Alternativa Bolivariana para as Américas (Alba).

Uma razão dessa onda de rebeliões é o caráter extremado da reestruturação econômica sofrida pelo continente a partir da década de 1980. A América Latina foi o laboratório preferido para a experimentação neoliberal: Augusto Pinochet aplicou no Chile as fórmulas da Escola de Chicago anos antes de serem adotadas como bandeira global por Ronald Reagan e Margareth Thatcher; e a terapia de choque de Jeffrey Sachs foi testada na Bolívia pelo ex-nacionalista Paz Estensoro muito antes da sua implementação no antigo bloco soviético. Introduzido pela direita, o modelo neoliberal foi em seguida adotado por forças tradicionalmente nacionalistas (o peronismo na Argentina, o Partido Revolucionario Institucional [PRI] no México) e depois pela centro-esquerda (no Chile, com a aliança socialista-democrata-cristã; na Venezuela, com Carlos Andrés Pérez; e no Brasil, com Fernando Henrique Cardoso).

O continente tornou-se modelo da aplicação das políticas do Consenso de Washington[2]: o desenvolvimento seria comandado pelo capital estrangeiro, atraído pela privatização das indústrias e dos recursos naturais, pela liberalização das importações, pelos juros elevados, pela austeridade fiscal e, em muitos casos, pelo atrelamento do câmbio. Como era de se prever, depois de um período inicial de euforia no final da década de 1980 e início da década seguinte, vieram as crises. A importação explodiu quando se reduziram as tarifas; a moeda sobrevalorizada frustrou as exportações; os déficits em transações correntes e os pagamentos da dívida externa cresceram; os juros altos sufocaram o investimento nacional e a demanda de consumo, o

---

duríssimas conseqüências para Cuba, entre elas a perda do fornecimento de 75% de petróleo e do mercado externo para os produtos cubanos. O período mais agudo de escassez foi superado a partir de 1995, mas o Período Especial continua vigente.

[2] Termo consagrado pelo FMI e pelo Banco Mundial, a partir das teses do economista John Williamson, tornadas públicas em 1990, segundo as quais não haveria alternativa para nenhum país do mundo senão obedecer às normas desses organismos, presidir suas economias pelos ajustes fiscais, priorizar a estabilidade monetária, privatizar empresas, abrir-se ao mercado internacional, precarizar relações de trabalho e desregulamentar a economia.

que levou à recessão, ao desemprego e ao aumento da desigualdade social. Em meados da década de 1990, o aumento da taxa de juros nos Estados Unidos tornou insuportável o fardo da dívida externa e provocou o colapso da moeda: México em 1994, Brasil em 1999 e Argentina em 2001.

Mas, ao contrário do que ocorreu no sudeste da Ásia e na África ocidental, na América Latina a crise visível do modelo neoliberal cruzou com a antiga tradição de movimentos de massa radicais e revoltas políticas. Nos últimos cinqüenta anos, o continente viveu três ciclos importantes de mobilização popular e revoltas de esquerda. No primeiro, as correntes nacionalistas eram em geral hegemônicas, nas quais os partidos comunistas com freqüência desempenhavam o papel principal: os regimes de Getúlio Vargas no Brasil (1930-1945 e 1950-1954) e de Perón na Argentina (1945-1955), a revolução boliviana de 1952 e os governos de Juan José Arévalo e Jacobo Arbenz na Guatemala dominaram a década de 1950, levando muitas vezes a fases de intenso desenvolvimento industrial. A vitória da revolução cubana em 1959 deu início a um novo período, que se estendeu às décadas de 1960 e 1970: o socialismo e a luta armada contra as ditaduras tornaram-se a ordem do dia, na forma de guerrilha rural e depois urbana. O fim das ditaduras do Cone Sul na década de 1980, seguido pela vitória do Ocidente na Guerra Fria, assegurou expansão sem precedentes das democracias representativas no continente. Esse é o contexto do terceiro ciclo da esquerda latino-americana, ainda em andamento, marcado tanto pela prática institucional quanto pela resistência social, no marco da hegemonia liberal global.

Em alguns aspectos, a vitória de Luiz Inácio Lula da Silva, do Partido dos Trabalhadores (PT), nas eleições presidenciais de 2002 marcou o ponto alto desse processo. Os 177 milhões de habitantes do Brasil constituem quase a metade da população total da América Latina. O PT costuma ser considerado o maior partido de esquerda do mundo capitalista e o Movimento dos Trabalhadores Rurais Sem-Terra (MST) um de seus movimentos sociais mais importantes. No nível municipal, os governos petistas já haviam adotado os pioneiros orçamentos participativos e abrigado o Fórum Social Mundial em Porto Alegre, espécie de assembléia do "movimento dos movimentos" da época globalizada. Era inevitável que a direção adotada pelo governo Lula tivesse impacto significativo na dinâmica da política latino-americana. O peso do Brasil poderia dar massa crítica a um programa continental de políticas socialmente redistributivas, semelhante àquele rea-

200   EMIR SADER

lizado por Hugo Chávez na Venezuela. Ou o modelo econômico de Fernando Henrique Cardoso poderia ser mantido, em virtude da influência global do liberalismo, da incapacidade da esquerda de articular estratégias para romper com os programas do Consenso de Washington ou da falta de força social, política e ideológica para concretizar esse rompimento.

O DESENVOLVIMENTO BRASILEIRO

Qualquer avaliação do desempenho de Lula no poder precisa partir da análise da origem e do contexto de formação do PT. Até algumas décadas atrás, as forças de esquerda do Brasil eram relativamente fracas em comparação com as de outros países da região. Seu lugar especial no palco mundial de hoje deve-se a uma combinação de fatores que proporcionou ao país o que Trotski chamava de "privilégio do atraso". Essa trajetória é essencial para a compreensão do significado da chegada do PT ao poder, assim como de seus limites e contradições.

O golpe militar de 1964 no Brasil ocorreu antes dos golpes nos países latino-americanos onde a esquerda era mais forte, como Chile, Argentina e Uruguai. No Brasil, a fragilidade da oposição popular, combinada ao apoio firme dos Estados Unidos às Forças Armadas por conta do interesse estratégico pelo petróleo e por outros recursos naturais do país, fez com que os militares conseguissem derrubar o governo de João Goulart com um grau menor de repressão do que seria mais tarde necessário nos outros países do Cone Sul. O Judiciário e o Congresso foram depurados pela ditadura, mas não sofreram intervenção nem foram fechados, ao contrário dos sindicatos, e a esquerda foi duramente atingida, o que deixou claro o caráter de classe do golpe. Os últimos anos do longo ciclo expansivo do pós-guerra e o influxo de eurodólares permitiram ao regime militar presidir a uma expansão econômica de 1967 a 1973, cujas taxas de crescimento atingiam mais de 10% ao ano. Graças à rígida política salarial e ao capital estrangeiro, o crescimento continuou em 7% mesmo depois de a economia mundial entrar em recessão. No entanto, cada vez mais o capital estrangeiro chegava ao Brasil não como investimento, mas na forma de empréstimos a juros flutuantes – uma bomba-relógio que explodiria depois de 1979, com o aumento global dos juros.

A ditadura pôs fim ao período histórico de hegemonia nacionalista na esquerda brasileira. Tanto o Partido Comunista Brasileiro (PCB) quanto os líderes sindicais ligados a ele foram responsabilizados pelo impasse do movimento popular na metade do século XX e pelo fracasso da resistência ao golpe. Mas a expansão econômica do final da década de 1960 e início dos anos 1970 provocou uma mudança da composição da força de trabalho e criou a base para o surgimento de um novo movimento de esquerda. Assim como na Argentina, as injeções de capital estrangeiro, sobretudo norte-americano, levaram à criação de uma indústria automobilística concentrada em São Paulo a partir de meados dos anos 1950. Ao mesmo tempo, na esteira das fortes secas do sertão, centenas de milhares de nordestinos foram atraídos para a região Centro–Sul, principalmente para a região metropolitana de São Paulo, então centro econômico e financeiro do país.

Já que o modelo econômico do regime baseava-se nas exportações e no setor de bens de luxo, boa parte do crescimento do final da década de 1960 concentrou-se na fabricação de automóveis e eletrodomésticos, o que fez aumentar, por sua vez, o peso de frações da classe operária na zona do ABC, região da Grande São Paulo formada pelos municípios de Santo André, São Bernardo do Campo e São Caetano do Sul. Foi ali que, apesar da proibição dos militares, desenvolveu-se um sindicalismo de base nos anos 1970, o qual – sob a liderança de uma nova geração de sindicalistas, entre eles o nordestino Lula, ex-operário da indústria automobilística – organizou no final da década uma série de greves que fez desmoronar a política salarial do regime.

DITADURA E OPOSIÇÃO

Fundado em 1980, o PT cresceu principalmente a partir da base desse novo sindicalismo, quando aos ativistas da indústria automobilística de São Paulo uniram-se os sindicalistas dos setores petroleiro e bancário, uma série de movimentos sociais (grupos de mulheres, ecologistas, povos indígenas, afro-brasileiros etc.) e ex-militantes da luta armada da década de 1960. A Igreja Católica também teve papel fundamental na organização de comunidades inspiradas na teologia da libertação. De início restrito a São Paulo, o PT ampliou sua influência no campo com as atividades dos dois maiores movimentos sociais ligados a ele: o MST e a CUT (Central Única dos Trabalhadores, a mais dinâmica e radical das duas grandes confederações sindicais do país). Apesar da origem heterogênea, desde o princípio a identidade ideológica do partido foi muito condicionada pelo modo de pensar do seu núcleo sindical paulista. Esse grupo fora educado politicamente na luta contra a ditadura, em que o Estado lhes mostrava primariamente sua cara repressora, o que moldou sua linha antiestadista.

A ideologia liberal cresceu e veio a dominar a oposição à ditadura depois da derrota dos movimentos de resistência armada dos anos 1960. O Partido do Movimento Democrático Brasileiro (PMDB), partido da oposição legal, teve papel predominante nesse processo, ao lado de movimentos sociais e civis e de ONGs de linha democrática liberal. A ideologia dessa frente de oposição era determinada pela teoria do autoritarismo, segundo a versão proposta por Fernando Henrique Cardoso. Comum a todos esses elementos, havia um forte sentimento antiestadista baseado no conceito de antagonismo entre o Estado e a sociedade civil. Foi nesse período que a esquerda brasileira começou a abordar seriamente a questão da democracia, antes marginalizada pelo PCB em favor de questões nacionais e sociais. Mas a reavaliação da democracia pela esquerda ocorreu no arcabouço da hegemonia liberal da oposição contra a ditadura, que também afetou o PCB. Como resultado, a democracia foi incorporada aos debates da esquerda à custa de sua natureza de classe; e o capitalismo como cenário histórico geral desapareceu por completo.

O EUROCOMUNISMO NOS TRÓPICOS

O principal texto ideológico da esquerda brasileira desse período foi escrito por Carlos Nelson Coutinho, intelectual do PCB exilado na Itália. *A democracia como valor universal* foi o produto mais influente da corrente do PCB que esteve em contato direto com as idéias eurocomunistas[3]. Coutinho aproveitou a deixa oferecida pela interpretação de Enrico Berlinguer a respeito da queda da coalizão da Unidade Popular[4], no Chile, como demonstração da necessidade de incorporar as forças democratas-cristãs para impedi-las de desestabilizar um governo socialista. Sua ênfase recaiu na preservação da de-

---

[3] Carlos Nelson Coutinho, *A democracia como valor universal: notas sobre a questão democrática no Brasil* (São Paulo, Ciências Humanas, 1980).

[4] Unidade Popular (UP) foi a coalizão de partidos de centro-esquerda, dirigidos pelos partidos socialista e comunista do Chile, que levou Salvador Allende à presidência da República em 1970.

mocracia e não na dimensão anticapitalista da luta. Ele também buscou articular os vínculos entre democracia e socialismo, citando Lenin e Antonio Gramsci, mas a leitura que fez deste último coincidia com a do Partido Comunista Italiano (PCI), o que levou a contradições semelhantes.

O texto de Coutinho teve grande repercussão em debates dentro do PCB, mas seu principal efeito foi sobre a configuração ideológica adotada pelo PT. Em certo sentido, Coutinho previu a identidade que o partido adotaria, principalmente quando afirmou que

> a *modernidade* brasileira exige a criação de um partido socialista de massas, secular e democrático, capaz de adotar o que é válido na herança do comunismo brasileiro, mas ao mesmo tempo de incorporar as novas correntes socialistas originárias de horizontes políticos e ideológicos diferentes.[5]

Várias outras declarações de Coutinho foram reproduzidas pelo PT. Ele fez duras críticas ao "golpe militar" de Jaruzelski em 1981, também condenado pelo PT, que se identificava com o movimento Solidariedade, de Lech Walesa[6]. Coutinho defendia que o eurocomunismo era "o representante contemporâneo da melhor tradição do movimento comunista" em busca de uma "terceira via" entre "o método burocrático dos stalinistas e neo-stalinistas" e o "reformismo limitado da socialdemocracia"[7]. O PT buscaria essa mesma eqüidistância e, mais tarde, chegaria a se proclamar o "primeiro partido pós-socialdemocrata".

Ao contrário de Carlos Nelson Coutinho, as correntes da oposição liberal insistiam na relação entre democracia e liberalismo e não entre democracia e socialismo. Aqui o principal expoente foi Fernando Henrique Cardoso, cuja teoria do autoritarismo tornou-se hegemônica na década de 1980, durante a transição que se seguiu à ditadura militar. Nessa versão, a democratização consistiria na "desconcentração" do poder econômico do Estado e do poder político do Executivo. O primeiro governo civil pós-ditadura no

---

[5] Carlos Nelson Coutinho, op. cit., p. 13. Coutinho identificou o PT como essa força e, junto com outros militantes do PCB, filiou-se ao partido em 1989. Ele viria a deixá-lo no primeiro ano do governo Lula.

[6] A primeira viagem internacional do presidente Lula foi para se encontrar com Lech Walesa a pedido do então secretário internacional do PT, Francisco Weffort. Lech Walesa: líder sindical polonês de oposição, dirigente da organização Solidariedade; tornou-se posteriormente primeiro-ministro, depois da queda do regime socialista.

[7] Coutinho, op. cit., p. 114.

Brasil, em 1985, e a nova Constituição, de 1988, marcaram o surgimento da desconcentração política; seu aspecto econômico seria posto em ação pelo próprio Cardoso como presidente do Brasil, de 1994 a 2002, por meio de seu programa neoliberal.

O avanço triunfante do liberalismo no plano internacional na década de 1980 refletiu-se, no Brasil, acima de tudo na natureza estritamente institucional da passagem da ditadura para a democracia: não houve reformas sociais nem econômicas significativas. O PT opôs-se a esse modelo conservador da transição, exigindo direitos para os cidadãos e políticas sociais, mas não apresentou nenhuma concepção alternativa de democracia nem questionou a idéia de que a "democratização" era a resposta para os problemas do país. Além disso, não atentou para o fato de que a queda da ditadura também trouxe consigo o fim de um modelo específico de acumulação de capitais iniciado por Getúlio Vargas, em 1930, e, com ele, o fim de uma forma específica de Estado. A visão liberal dominante, que enfatiza os processos políticos e jurídicos, encobriu a crise socioeconômica mais profunda existente por detrás daquele momento histórico. O PT identificou-se com a democracia; embora mencionasse o socialismo, este último nunca foi definido com exatidão, a não ser para anunciar o distanciamento do modelo soviético. Na verdade, com freqüência o PT enfatizava a "democracia" mais que o "socialismo", não só alterando o significado deste último como também mergulhando de cabeça nas contradições que a democracia liberal então provocava no Brasil. Quem esteve visivelmente ausente do manifesto de criação e dos documentos do PT a partir da década de 1980 foi o capitalismo – referência indispensável para repensar o socialismo.

Os anos FHC

Simbolicamente, foi em 1989 que o PT começou a surgir como alternativa genuína para o governo nacional, com a quase vitória de Lula nas eleições daquele ano – ele obteve 44% dos votos do segundo turno contra os 50% de Fernando Collor. Foi também nesse momento que o PT iniciou o processo de transformação política e ideológica que o levaria ao governo em 2002. O contexto internacional dessa conversão foi a consolidação da hegemonia neoliberal, com o colapso da União Soviética, a primeira Guerra do Golfo e a inundação da ideologia de mercado na América Latina, na Rússia e na Europa oriental, seguidos dos governos da "terceira via" de Bill Clinton e de Tony Blair, que deram novo ímpeto ao Consenso de Washington. Na América Latina, a extensão da hegemonia neoliberal revelou-se na adoção da sua receita tanto pelas forças "socialistas" quanto pelas nacionalistas, do Partido Socialista chileno ao PRI mexicano, dos peronistas à Ação Democrática da Venezuela. No Brasil, em 1994, Fernando Henrique Cardoso implantou o Plano Real, que atrelou a moeda ao dólar, cortou tarifas e elevou os juros para atrair o capital estrangeiro. A onda subseqüente de privatizações, fusões e compra de empresas brasileiras por multinacionais estrangeiras resultou não só no desalojamento do capital nacional como num bom grau de desindustrialização[8].

A base tradicional do PT foi devastada pelas reformas. Boa parte da indústria automobilística do ABC paulista foi desmantelada: as empresas transferiram operações para fábricas localizadas em outros pontos do país ou, com maior freqüência, espalhadas pelo mundo. O nível oficial de desemprego em São Paulo, centro econômico brasileiro, cresceu de 13% em 1995 para mais de 20% em 2002. O trabalho informal expandiu-se em todos os setores da economia, enfraquecendo ainda mais o sindicalismo. Ainda assim, o carisma de Lula, francamente oriundo da classe trabalhadora, e o dinamismo dos militantes do PT garantiram a presença crescente do partido nas instituições políticas. A representação petista no Congresso saltou de 16 deputados em 1986 para 35 em 1990, provindos principalmente da região Centro–Sul – São Paulo, Rio de Janeiro, Minas Gerais, mas também Rio Grande do Sul. No final da década, o partido conquistara prefeituras no Rio Grande do Sul e em Minas Gerais e, mais tarde, acrescentaria a elas cidades de Goiás, na região central do país, e do Pará, no Norte.

O caráter do PT foi alterado por sua inserção cada vez maior na vida institucional brasileira. O peso dos movimentos sociais filiados a ele reduziu-se com o crescimento da representação parlamentar; no final da década de 1990, eram os parlamentares, as prefeituras e a estrutura nacional ampliada que exerciam influência decisiva em sua orientação. O primeiro Fórum Social Mundial, realizado em Porto Alegre em 2000, teve o apoio do PT do Rio Grande do Sul, estado em que a tendência esquerdista do partido era domi-

---

[8] Ver Geisa Maria Rocha, "Neo-Dependency in Brasil", *New Left Review*, n. 16, jul.-ago. 2002, p. 14-5.

nante havia muito tempo. Mas a liderança nacional do PT não participou diretamente do encontro; em vez disso, forjou vínculos internacionais por meio do Fórum de São Paulo e de alianças com a socialdemocracia européia, principalmente com o PS francês, como contrapartida aos vínculos de Fernando Henrique Cardoso com a terceira via. Lula e integrantes da liderança participaram do Fórum Social Mundial de 2000 e de 2001, mas não estiveram presentes em seu processo de organização e não assinaram suas teses.

A atitude do PT diante das reformas econômicas também sofreu mudanças. A princípio, o partido tentou adotar uma linha independente por intermédio do Fórum de São Paulo, que a partir de 1990 reuniu partidos não filiados a governos neoliberais, principalmente o PT, o Partido da Revolução Democrática (PRD) do México e a Frente Amplia do Uruguai. No entanto, esse agrupamento não estava imune às idéias dominantes. O grupo participou do Consenso de Buenos Aires[9], que se reuniu em torno de propostas de Jorge Castañeda e Roberto Mangabeira Unger, implicitamente alinhadas com a terceira via ao defenderem o ajuste fiscal e a estabilidade monetária, apesar de acrescentarem a isso políticas sociais. O PT participou da redação do documento e só se recusou a assiná-lo no último momento porque, nas eleições presidenciais de 1998, Lula concorria contra Ciro Gomes, assessorado por Mangabeira Unger e diretamente identificado com o documento. (Do mesmo modo, Castañeda uniu-se à campanha de Vicente Fox, no México, competindo com o PRD para derrubar o PRI em 2000.) Naquele momento, porém, não havia diferenças essenciais entre o PT e o Consenso de Buenos Aires.

Fernando Henrique Cardoso impusera uma emenda à Constituição para concorrer à reeleição em 1998 e era o franco favorito. A campanha de Lula não mencionou a crise da economia falida do Brasil, nem a iminente desvalorização do real. A meta era garantir que a possível catástrofe não fortalecesse o vínculo de sua imagem com situações negativas. Depois de uma campanha em que não apresentou alternativas, Lula foi derrotado no primeiro turno das eleições, em que obteve 32% dos votos contra 53% de Fernando Henrique Cardoso. Na realidade, o então presidente havia nego-

---

[9] Acordo de partidos de centro-esquerda, coordenado por Jorge Castañeda e por Roberto Mangabeira Unger, que buscava "humanizar a globalização", combinando a manutenção do modelo neoliberal com políticas sociais.

A VINGANÇA DA HISTÓRIA 207

ciado com o FMI durante a campanha e precisava desesperadamente vencer no primeiro turno, antes que a crise explodisse. Em janeiro de 1999, menos de três meses depois das eleições, Cardoso iniciou o segundo mandato decretando uma desvalorização maciça da moeda, renegociando os empréstimos do FMI e elevando os juros para 49%[10].

Preparativos para 2002

Depois da derrota de 1998, Lula e seus assessores concentraram sua ação no Instituto da Cidadania, centro de estudos externo à estrutura petista. Isso permitiu a Lula tornar-se cada vez mais independente do PT, exprimindo em termos organizacionais a projeção pública muito maior de que gozava quando comparada à do partido. O instituto organizou seminários dos quais participaram economistas e especialistas de outras áreas – política social, meio ambiente e reforma política, entre outras – para formular o programa da campanha de Lula em 2002. A versão final, que seria ratificada pelo PT, afirmava quais seriam os dois temas principais: a "prioridade do social" e a retomada do desenvolvimento como sua precondição. Estabeleceu-se a oposição entre capital produtivo e capital especulativo, sem distinção de capital estrangeiro e capital nacional, de empresas grandes e pequenas, de empresas industriais e outras. Reativar a economia seria o principal objetivo, num presságio da saída lenta e gradual do modelo neoliberal. A campanha publicitária enfatizava a "mudança" e a "prioridade do social". Não havia indicações concretas do que viria a ser essa prioridade, mas a forma que assumiria quando o PT estivesse no governo já podia ser antevista: a campanha Fome Zero refletia repetidas declarações de Lula em 2002 e em disputas eleitorais anteriores de que sua meta era que todos os brasileiros fizessem três refeições por dia. Também foi mencionada a necessidade de manter a estabilidade monetária, programa que, em conseqüência, já incluía muitas propostas posteriores do governo Lula, como a reforma da Previdência Social.

O lema da campanha de Fernando Henrique Cardoso em 1998 fora: "Quem acabou com a inflação vai acabar com o desemprego". Em 2002,

---

[10] Sobre o desenrolar da estratégia econômica de Fernando Henrique Cardoso, ver Geisa Maria Rocha, op. cit., p. 20-5.

seu registro nas duas frentes era conhecido. A economia não se recuperara da crise de 1999 e a estabilidade monetária não trouxera a renovação do desenvolvimento, menos ainda a expansão das políticas sociais. Ao contrário de 1998, Lula agora surgia como candidato forte, embora as pesquisas de opinião indicassem que os eleitores queriam um presidente que combinasse estabilidade monetária com políticas sociais, critérios efetivamente alinhados com o Consenso de Buenos Aires e que, entre os principais candidatos, mais combinavam com Ciro Gomes.

Dois fatores ajudaram a determinar o resultado da eleição. O primeiro foi a candidatura de Ciro Gomes e o outro o forte ataque especulativo ao real realizado pelo capital financeiro no verão de 2002, alguns meses antes da votação. No início da campanha, tanto Lula quanto Ciro viram-se em má situação nas pesquisas, lideradas naquele estágio por Roseana Sarney, filha do ex-presidente José Sarney. O candidato do governo, José Serra, então ministro da Saúde, estava num distante quarto lugar, até coordenar uma série de denúncias que acabaram removendo Roseana da disputa. Mas Serra ainda enfrentava a eliminação no primeiro turno e, assim, começou uma nova rodada de denúncias, dessa vez contra Ciro. Este último caiu nas pesquisas, mas Serra, como homem de Fernando Henrique Cardoso e vulnerável às mesmas críticas que Ciro fizera ao então presidente, não conseguiu vencer a distância de Lula que, no entanto, continuou incapaz de romper o patamar histórico petista de pouco mais de 30% dos votos. O ataque ao real foi uma demonstração de força por parte do capital financeiro, como se quisesse ressaltar tanto o seu papel potencial de estabilizador quanto a sua capacidade de sabotar qualquer novo governo ao qual fizesse objeções. A mensagem era de que a volta do capital estrangeiro ao país dependeria do resultado das eleições. O risco Brasil começou a ser chamado de "risco Lula", numa clara insinuação de que, no caso de vitória do PT, haveria desestabilização monetária e fuga descontrolada de capitais, o que resultaria na queda acentuada do valor do real em julho de 2002.

Carta aos brasileiros

Contudo, em junho de 2002, ao condenar o ataque especulativo, Lula divulgara um documento intitulado "Carta aos brasileiros", no qual prometia que, como presidente, manteria todos os compromissos financeiros do governo anterior. Não haveria renegociação da dívida externa nem regulamentação do movimento do capital financeiro. O PT atenuara aos poucos sua posição a respeito da dívida externa da década anterior; a passagem da suspensão dos pagamentos à renegociação marcou seus primeiros passos para se tornar um potencial partido de governo e culminou com o compromisso de Lula, em 2002, de pagar a dívida integralmente. A importância da estabilidade monetária como objetivo estratégico também vinha aumentando desde a derrota nas eleições de 1994; com a posse de Lula, a estabilidade tornou-se um filtro geral de toda a atividade do governo. Mas foi acima de tudo a "Carta aos brasileiros" que alterou o relacionamento da campanha de Lula com o capital financeiro e, nesse processo, mudou seu caráter social e sua relação com o modelo neoliberal. A "cara" do futuro governo Lula começou a tomar forma.

A transformação foi visível até mesmo durante a campanha eleitoral de Lula, quando a tomada de decisões foi transferida para o chefe de marketing Duda Mendonça, que antes administrara as campanhas de Paulo Maluf. Duda criou o lema "Lulinha Paz e Amor" na tentativa de atenuar a imagem conflitiva de Lula, forjada na organização sindical e na crítica às políticas e à corrupção da elite política. O lema e a "Carta" mostraram-se uma combinação capaz de vencer, e o primeiro foi empregado com tanta freqüência que praticamente se tornou o conteúdo de uma campanha cada vez mais de Lula e menos do PT. Além disso, Lula escolhera o empresário da indústria têxtil José Alencar como seu candidato a vice-presidente e tinha o apoio de partidos como o Partido Liberal (PL) e o Partido Trabalhista Brasileiro (PTB). Os comícios e o ativismo das ruas tiveram papel bem menos importante que nas eleições anteriores, e o nível de mobilização do PT diminuiu ainda mais depois de 2002.

A POSSE

Essa foi a base para que Lula conquistasse a presidência no segundo turno da eleição, com 59% dos votos contra 41% de Serra. No Congresso, seu governo dependia de uma coalizão que incluía o centrista PMDB e, mais tarde, o direitista Partido Progressista (PP), assim como os partidos menores da esquerda. A ruptura de Lula com as tradições do PT tornou-se ainda mais clara com o anúncio do seu primeiro ministério no final de 2002. A nomeação mais importante foi a de Henrique Meirelles para a presidência do Banco Central. Ex-diretor do FleetBoston Financial Group, sediado nos Estados Unidos, Meirelles voltara ao Brasil para iniciar carreira política – elegeu-se deputado federal por Goiás pelo Partido da Social-Democracia Brasileira (PSDB). Reuniu uma equipe de jovens quadros neoliberais que já haviam trabalhado em governos anteriores. Nem um único economista do PT nem de nenhuma outra força de esquerda foi convidado a se juntar ao gabinete.

O governo Lula argumentou a princípio que, por causa da "herança maldita" de Fernando Henrique Cardoso, não poderia mudar de imediato o rumo da economia. As metáforas médicas de Palocci – "não se muda o tratamento durante a doença" – procuravam justificar a continuidade da política econômica. Seria necessária uma política econômica de transição para conquistar a "confiança do mercado" e atrair capitais; os juros poderiam, então, ser reduzidos aos poucos e o desenvolvimento retornaria. A discussão concentrava-se em dois pontos: o risco de calote da dívida externa e o de perder o controle da inflação. No primeiro caso, houve de fato acentuada deterioração das contas externas durante o mandato de Fernando Henrique Cardoso[11]. A abertura irrestrita do país ao capital estrangeiro aumentou a dependência em setores estratégicos (automóveis, bancos, alimentos, eletrônica) e colocou grande volume do melhor capital nacional em mãos estrangeiras a preço baixo. As privatizações no setor de serviços acentuaram essa tendência. O déficit da balança de serviços e de renda (lucros, dividendos e juros) aumentou: a renda passou de uma média de 11 bilhões de dólares na década de 1980 para 19 bilhões de dólares em 1997, em parte por causa da sobrevalorização do real, mas, acima de tudo, como conseqüência da duplicação da dívida externa. Foi a vulnerabilidade externa que levou o governo de Cardoso a apelar repetidas vezes para o FMI: janeiro de 1999, junho de 2001 e agosto de 2002.

Mas o nível das reservas não foi afetado e, em 2002, permaneceu estável por volta de 37 bilhões de dólares, apesar da turbulência financeira. O Brasil ainda era capaz de cumprir seus compromissos externos, e a balança comercial continuava em sua tendência ascendente rumo ao superávit. Em

---

[11] Ver principalmente Leda Paulani, "Brasil *delivery*: razões, contradições e limites da política econômica nos primeiros seis meses do governo Lula", em *Brasil delivery* (São Paulo, Boitempo, no prelo).

termos gerais, no final de 2002, às vésperas da posse de Lula, a situação estava muito melhor que um ano antes. Não havia nada que justificasse a manutenção da política de ajuste fiscal, menos ainda a criação de novas medidas, como a elevação da meta de superávit fiscal primário para 4,5% do PIB, acima do nível recomendado pelo FMI. O segundo argumento conservador dizia respeito ao risco de inflação, que impediria a redução dos juros, em nível já alto e elevado ainda mais no primeiro mês do governo Lula. A economia estava estagnada e o nível de desemprego era alto, o que minava toda e qualquer justificativa baseada na inflação de demanda. Nada indicava que a inflação estivesse fora de controle.

A política econômica de Cardoso não só se manteve como ainda, com a elevação dos juros e o aumento do superávit primário, foi levada um passo adiante. Para mostrar que se tratava de uma opção estratégica, em seu primeiro ano o governo Lula deu prioridade a duas reformas, a tributária e a da Previdência Social, ao estilo dos "pacotes" do Banco Mundial. A primeira tinha tendência claramente privatizante. Foi cobrado um novo tributo dos aposentados, que já haviam pago a vida toda, para reduzir o déficit da Previdência, e a aposentadoria dos trabalhadores do setor público foi reduzida, obrigando-os a recorrer aos fundos de previdência privada. A proposta sofreu forte resistência dos sindicatos e resultou na expulsão do partido de três deputados e uma senadora, que se opuseram à reforma da Previdência proposta pelo governo Lula. Isso indicou até que ponto o PT se dispunha a cortar na própria carne para promover as políticas do governo. Enquanto isso, a reforma tributária visava simplificar e reduzir o fardo dos impostos sobre o investimento privado. Embora tivesse conseqüências sociais menos diretamente danosas do que a reforma da Previdência, o fato de não visar à redução da descomunal disparidade da distribuição de renda no Brasil, do sistema de tributação regressiva e do grande déficit público provocou muita preocupação.

O reinado de Palocci

Até chegar a seu quarto ano de mandato, o governo apresentava uma imagem contraditória, com dois eixos contrapostos: de um lado, os ministérios da esfera social (Educação, Reforma Agrária, Saúde, Cultura e Cidades) e de Relações Exteriores e, de outro, a equipe econômica. As iniciativas da área social foram em grande parte tolhidas pela rígida austeridade fiscal do Ministério da Fazenda, que condicionou o desempenho social do governo às metas de estabilização monetária. Os ministros dessas áreas algumas vezes pronunciaram-se contra essa linha do governo, embora de forma limitada, em virtude da insistência de Lula na disciplina do ministério.

Enquanto isso, o Ministério das Relações Exteriores vinha estabelecendo uma série de alianças internacionais, tanto regionais, por meio do Mercosul e da Comunidade Sul-Americana de Nações, quanto internacionais, com o G20[12] e com China, África do Sul e Índia, assim como com os países árabes – o que às vezes ia de encontro ao desejo do Ministério da Fazenda de manter boas relações com Washington e com as instituições financeiras globais.

Mas foi o Ministério da Fazenda, aliado aos outros ministérios da área econômica, que se consolidou como centro de gravidade do governo. O domínio desse bloco firmou-se muito cedo, quando marcou sua autoridade nas discussões sobre o salário mínimo e nas decisões mensais sobre a taxa de juros.

O governo Lula passou das insinuações iniciais de que adotava uma política de transição para o pressuposto, em seu segundo ano, de que o rumo econômico adotado seria permanente. O vício virou virtude. No início de 2005, Lula anunciou que "a catástrofe prevista não aconteceu", e destacou que seu governo "reverterá um processo que nos levaria ao abismo". Apesar de todos os indícios do contrário e do reconhecimento feito pelo próprio ministro da Fazenda, Lula insistiu: "não estamos dando prosseguimento à política do governo anterior [...] estamos reconstruindo a economia, fortalecendo as instituições e, acima de tudo, ganhando credibilidade no país e no exterior". Ele enfatizou a importância, para o crescimento econômico, de os brasileiros "recuperarem a auto-estima" e citou os números do crescimento do PIB acima das avaliações mais otimistas e dos indicadores econômicos mais saudáveis dos últimos dez anos, o maior aumento do emprego desde 1992 e o sucesso espetacular no comércio exterior. Não foi um surto súbito de crescimento, disse ele, mas um processo "estável e constante"; a inflação fora controlada e as finanças públicas gerenciadas de maneira responsável.

---

[12] Grupo organizado pelo Brasil na reunião da OMC, em Cancun, que incluía vinte países, entre eles a China, a Índia, a África do Sul, para defender os interesses dos países do hemisfério sul contra as potências centrais do capitalismo.

Desempenho econômico

A minirrecuperação econômica de 2004 foi apresentada pelo governo como prova de que estaria no caminho do crescimento sustentável. Depois de se estagnar nos dois anos anteriores, a economia cresceu 5% em 2004 e deu ao governo Lula uma média de 2,7% de crescimento ao ano, comparada à média de 2,3% de Fernando Henrique Cardoso em oito anos. A capacidade excedente estava sendo utilizada, e os produtos primários de exportação, especialmente a soja transgênica, agiram como alavancas da recuperação.

No entanto, a concentração dos lucros e a ênfase nas exportações resultaram na queda de 2,3% da renda de empregados e de autônomos contra a queda de 0,7% no tempo de Cardoso. Isso apesar do aumento da exploração da mão-de-obra: 6 milhões de aposentados continuaram a trabalhar em 2003 contra 4,9 milhões em 1996; o número de trabalhadores com dois ou mais empregos subiu de 3,4 milhões em 2001 para 3,8 milhões em 2002, ou seja, de 4% para 4,3% da força de trabalho. O número de empregados que fazem horas extras também aumentou de 27,1 milhões em 1996 para 29,3 milhões em 2003, enquanto o desemprego passou de 5,1 milhões (6,7% da população trabalhadora) para 8,5 milhões (9,6%) no mesmo período. Entre 1996 e 2003, criaram-se 17,5 milhões de empregos com remuneração de até três salários mínimos, mas 6,3 milhões de vagas com salários mais altos foram eliminadas, e o saldo era insuficiente para atender à demanda de novos empregos. A tendência também reflete a grave deterioração da qualidade do emprego, com a predominância cada vez maior de padrões de trabalho "asiáticos" – jornadas longas, salário baixo e poucos direitos trabalhistas. A tendência histórica do Brasil para a concentração de renda se manteve: enquanto empregados e autônomos recebiam 51,4% da renda nacional em 1993, essa proporção caiu para 40,1% em 2003, conservando sua tendência decrescente. Entre 2002 e 2003, 3,3 milhões de pessoas com renda familiar mensal entre mil e 5 mil reais (300 a 1.500 dólares) viram seu poder de compra diminuir, enquanto o número de pessoas com renda familiar abaixo de 500 reais (150 dólares) cresceu para quase 3,5 milhões[13].

A "prioridade do social" prometida durante a campanha eleitoral de Lula foi assim bloqueada pela prioridade dada às metas financeiras (déficit público

---

[13] Ver "Número de dois gumes", *Carta Capital*, 15/12/2004, e "No torniquete", ibidem, 17/11/2004.

214   EMIR SADER

e inflação). No entanto, isso não reduziu a fragilidade externa da economia: as restrições orçamentárias foram contrabalançadas pelos juros elevados – em termos reais, os mais altos do mundo – que só fizeram aumentar o tamanho da dívida do Brasil. A dívida pública, que era de 623 bilhões de reais (257 bilhões de dólares na taxa de câmbio atual) em 2002, subiu dois anos depois para 812 bilhões de reais (335 bilhões de dólares), dos quais quase metade teria de ser paga no fim do ano. O superávit fiscal de 4,6% do PIB, acima da meta que Palocci determinara para 2004, correspondeu a menos da metade do aumento da dívida. Comparando-se os níveis de investimento e de pagamento do serviço da dívida, 6,9 bilhões de reais foram investidos em 2003, mas o pagamento dos juros da dívida foi mais de dez vezes superior, isto é, 77 bilhões de reais. A tendência se manteve em 2004: foram 1,7 bilhão de reais em investimentos e 50,8 bilhões em pagamentos do serviço da dívida. Assim, o Estado brasileiro continuou a reproduzir, dentro do neoliberalismo, seu papel de mecanismo de canalização de recursos da esfera produtiva para a esfera especulativa por meio de impostos.

Manter o superávit fiscal primário num nível tão alto privou o governo dos recursos para promover o crescimento. Portanto, no fim de 2004, o governo Lula decidiu optar pelas parcerias público-privadas como meio alternativo de garantir o investimento – uma forma de financiamento que garante ao capital tamanho retorno sem riscos que constitui mais um passo significativo rumo à privatização do Estado. Uma série de outras reformas, relativas ao trabalho, aos sindicatos, às universidades e aos partidos políticos, tropeçou no Congresso, seja porque as próprias propostas eram incoerentes, seja porque o governo não conseguiu apoio, dadas as tensões políticas crescentes durante a campanha para as eleições municipais em 2004.

CRISE E RECUPERAÇÃO DO GOVERNO LULA

As eleições municipais de 2004 foram a primeira prova eleitoral do governo Lula e do PT depois de conquistada a presidência dois anos antes. Em termos gerais, o PT obteve um aumento do número de votos, como seria de esperar para um partido que acabara de obter sucesso na disputa presidencial. Mas houve também derrotas de importância qualitativa, como a perda das prefeituras de Porto Alegre, Belém e São Paulo, mantidas pelo partido há dezesseis, oito e quatro anos, respectivamente, além das de Campinas, Caxias do Sul e Pelotas. Tanto a cidade quanto o Estado de São Paulo foram perdidos para José Serra, adversário de Lula em 2002. O centro político e econômico do país passou para as mãos da oposição.

Se o primeiro ano do governo Lula foi marcado pela oposição de esquerda, em especial dos movimentos sociais mobilizados contra a reforma da Previdência Social, o segundo viu o ressurgimento de seus adversários de direita. Isso não é o corolário de nenhuma mudança esquerdista por parte do governo, mas sim o sinal de seu enfraquecimento político, conseqüência, por sua vez, de uma série de outros reveses. O governo não conseguira implantar políticas sociais efetivas, aumentar de forma significativa o salário mínimo nem reduzir o desemprego. A reforma agrária chegou a um impasse e a política ambiental do governo, que incluiu concessões a empresas que cultivam transgênicos, sofreu intensa oposição dos movimentos ecológicos. O PT foi incapaz de consolidar e ampliar sua base de apoio e de estabelecer uma política de divulgação que o livrasse da condição de refém dos *lobbies* da imprensa privada.

As acusações de corrupção contra integrantes do governo, cada vez mais freqüentes desde janeiro de 2004, também cobraram seu preço, assim como a derrota nas eleições municipais naquele mesmo ano. As vitórias sobre o PT, principalmente em São Paulo, onde Lula envolveu-se mais diretamente na campanha, trouxeram nova vida à direita, centrada na aliança entre o PSDB e o Partido da Frente Liberal (PFL). Seus principais porta-vozes, entre eles Fernando Henrique Cardoso, receberam generoso espaço na imprensa quando se iniciou o debate sobre quem sucederia Lula em 2006 e apresentaram-se vários pré-candidatos.

Afinal, a direita percebeu que, apesar de poder conviver com o governo Lula, já que reconhece como sua a política econômica do governo, não está condenada a isso. O foco de suas críticas são os supostos "gastos excessivos" do governo, considerados responsáveis pelos juros elevados do país. A direita atacou os aspectos progressistas do governo petista, exigiu a repressão do MST, resistiu a todas as tentativas de regulamentação contidas nas políticas culturais e de comunicação do governo e denunciou como "sem controle" todas as políticas sociais que visam ajudar os pobres. Sua estratégia promete grandes reduções da carga tributária e retração do Estado.

As denúncias de corrupção marcaram o terceiro ano do governo Lula, porém a crise acabou sendo exportada para o PT, que enfraqueceu como

216   EMIR SADER

partido. Já o governo pôde ser reformulado: vários de seus pilares fundamentais ruíram e houve uma recomposição mais favorável à retomada de sua capacidade de conquistar bases sociais de apoio. O eixo formado por Antonio Palocci, José Dirceu, Luiz Gushiken, Duda Mendonça e José Genoino foi substituído pelo novo eixo constituído por Dilma Roussef, Guido Mantega, Luiz Dulci, Tarso Genro e Marco Aurélio Garcia.

O governo e, por extensão, a candidatura de Lula ganharam um impressionante apoio popular, polarizando socialmente o eleitorado como nunca havia acontecido antes no Brasil. Os efeitos das denúncias contra o governo foram sendo paulatinamente neutralizados, a ponto de Lula conquistar a maioria também nos setores de classe média, de início os mais diretamente afetados por essas mesmas denúncias. O voto por Lula foi sobretudo um voto social, não um voto político.

A diferenciação ideológica tornou-se mais clara quando a oposição escolheu um candidato – Geraldo Alckmin – que assumiu os pressupostos neoliberais de maneira dogmática. Isso ajudou a empurrar Lula a ocupar o espaço da centro-esquerda no espectro político brasileiro. Além disso, os setores mais radicalizados, ao projetar um perfil sectário eqüidistante de Lula e do bloco tucano-pefelista, congregaram votos militantes, mas sem grande capacidade de mobilização popular.

BALANÇO E PERSPECTIVAS

A eleição de Lula no Brasil, ao contrário da eleição de Salvador Allende no Chile, em 1970, por exemplo, não se deu como resultado de um auge das mobilizações populares. Embora a eleição de Lula tenha sido conseqüência direta dos oitos anos do governo FHC – e de seu fracasso –, esse período foi marcado por uma reversão da relação de forças entre o movimento social e o bloco de direita no governo. Ao mesmo tempo, os movimentos sociais sofreram o impacto das políticas neoliberais – que elevaram as taxas de desemprego, acentuaram a precariedade das relações de trabalho e retraíram os direitos sociais – e das políticas repressivas do governo FHC.

Esse foi o primeiro antecedente importante para compreender o caráter assumido pelo primeiro governo Lula. O segundo é a transformação ideológica do PT, um processo que se desenvolveu ao longo da década anterior à eleição de 2002 e foi especialmente acelerado após a derrota na eleição presidencial de 1994. Um processo de adaptação às condições de governabilidade cujo principal foco foram as mudanças de posição em relação ao pagamento da dívida externa – pelo significado e pelo peso que tem – e ao ajuste fiscal.

Essa transformação desembocou na "Carta aos brasileiros", que, no entanto, foi mediada pelo ataque especulativo durante a campanha presidencial de 2002. Nisso consiste o terceiro elemento central para a compreensão da forma assumida pelo governo Lula.

O governo, em seus três primeiros anos, orientou-se ortodoxamente pela "Carta aos brasileiros" e manteve uma ditadura do ajuste fiscal sobre as políticas sociais. O desempenho eleitoral de 2004 e as denúncias – que enfraqueceram o governo – levaram a reformulações que a própria necessidade de esclarecimento das denúncias exigia. Essas reformulações, que inicialmente abalaram a hegemonia da equipe econômica comandada por Palocci, culminaram com a substituição deste por um ministro crítico de suas políticas, Guido Mantega. O governo liberou mais recursos para investimentos, créditos e especialmente para políticas sociais.

O primeiro mandato de Lula terminou em um surpreendente clima de pouco interesse político. O voto decisivo a favor do candidato do PT foi um voto social, dos beneficiários de suas políticas econômicas e daqueles que reconhecem o que isso significa em um país marcado historicamente pela desigualdade. Instalou-se uma espécie de cansaço das denúncias e, ao mesmo tempo, uma retração da militância política e da capacidade de ação dos movimentos sociais como resultado da decepção com o governo, mas também da incapacidade da esquerda de formular um projeto alternativo.

O segundo mandato de Lula aponta para duas direções distintas. De um lado, o sucesso das políticas sociais pode levá-lo a manter a política econômica na crença de que esse êxito possa se repetir, sem se dar conta de que ele não pode sobreviver e, menos ainda, estender-se no marco do baixo nível de crescimento que o modelo permite. Mais do que isso, a manutenção das mais altas taxas de juros reais do mundo, assim como de um superávit fiscal superior ao demandado pelo FMI, produzem uma sangria na economia que reforça o papel hegemônico da especulação e deprime as possibilidades de crescimento dos setores produtivos da economia. Além disso, as alianças parlamentares se chocarão com um resultado eleitoral em que o governo dependerá ainda mais de alianças no Congresso, o que significa um peso maior do PMDB no governo, com suas respectivas conseqüências. É verdade que o marco de alianças do governo era pior no primeiro mandato – PTB, PL e PP –, porém o governo necessitava de menos votos do que necessitará agora.

De outro lado, porém, a mudança de equipe e principalmente do ministro da Economia permite prever possibilidades de mudanças positivas no segundo mandato. Da mesma forma, a nova equipe tem se mostrado melhor do que a primeira, em particular por dar mais peso às políticas sociais no conjunto das políticas do governo. Além disso, o contexto regional é muito mais favorável: desde 2002, elegeram-se Néstor Kirchner, Tabaré Vásquez, Evo Morales, Rafael Correa (Equador), Daniel Ortega (Nicarágua), além de Hugo Chávez ter sido reeleito em 2006. Tudo isso permite um avanço no processo de integração regional e, especialmente, a saída do modelo que tem aprisionado a economia brasileira.

O segundo mandato de Lula pode confirmar e desmentir uma série de teses da esquerda. O espaço de acumulação de forças estratégicas continua aberto, se a esquerda souber se unir, formular alternativas e mobilizar as forças sociais e políticas interessadas em sair do modelo atual. A luta pelo pós-neoliberalismo permanece na ordem do dia, na mais importante disputa hegemônica para a esquerda na entrada do novo século. O Brasil é um dos cenários fundamentais dessa luta.

BIBLIOGRAFIA INDICADA

ANDERSON, Perry. *Afinidades seletivas*. Emir Sader (org.). Tradução de Paulo Cezar Castanheira. São Paulo, Boitempo, 2003.

————. *Considerações sobre o marxismo ocidental*. São Paulo, Boitempo, 2003, no prelo.

————. "Revisões". In Emir Sader (org.). *Contra a corrente*. Rio de Janeiro, Record, 2001.

————. *O fim da história:* de Hegel a Fukuyama. Rio de Janeiro, Jorge Zahar, 1992.

————. "Force and Consent". In *New Left Review*, n. 17, Londres, set./out. 2002.

————. "To Baghdad". In *New Left Review*, n. 17 (nova fase), set./out. 2002.

————. "Internationalism: a Breviary". In *New Left Review*, n. 14, Londres, mar./abr. 2002.

————. "Scurrying Towads Bethlehem". In *New Left Review*, n. 14, Londres, jul./ago. 2001.

————. "Testing Formula Two". In *New Left Review*, n. 8, Londres, mar./abr. 2001.

ANNUNZIATA, Lucia. *No – La seconda guerra iracheana e i dubbi dell'Occidente*. Roma, Donzelli, 2002.

ARRIGHI, Giovanni. *O longo século XX*. Rio de Janeiro/São Paulo, Contraponto/Unesp, 1994.

BLUM, William. *Rogue State*. Londres, Zed Books, 2000.

BORÓN, Atilio. *Imperio & imperialismo*. Buenos Aires, Clacso, 2003.

BRENNER, Robert. *O boom e a bolha*. Rio de Janeiro, Record, 2003.

CASANOVA, Pablo Gonzalez. *Exloração, colonialismo e luta pela democracia na América Latina*. Petrópolis, Vozes, 2002.

CASTAÑEDA, Jorge. *Utopia desarmada*. Tradução de Eric Nepomuceno. São Paulo, Companhia das Letras, 1994.

CASTELLINA, Luciana. *Il cammino dei movimenti*. Nápoles, Intra Moenia, 2003.

CECEÑA, Ana Esther & SADER, Emir. *A guerra infinita*. Petrópolis, Vozes, 2002.

COUTINHO, Carlos Nelson. *A democracia como valor universal e outros ensaios*. Rio de Janeiro, Salamandra, 1984.

DEBRAY, Régis. *Revolución en la revolución*. Havana, Casa de las Américas, 1967.

DESAI, Meghnad. *Marx's Revenge – The Resurgence of Capitalism and the Death of State Socialism*. Londres, Verso, 2002.

DEUTSCHER, Isaac. *A revolução inacabada*. Rio de Janeiro, Civilização Brasileira, 1968.

FIORI, José Luís. *O vôo da coruja*. Rio de Janeiro, Record, 2003.

———. *60 lições dos 90*. Rio de Janeiro, Record, 2002.

———. *Em busca do dissenso perdido*. Rio de Janeiro, In Sight, 1995.

FONER, Eric. *The Story of American Freedom*. Nova York, W. W. Norton, 1999.

FRANK, Thomas. *Market under God*. Nova York, Doubleday, 2000.

FUKUYAMA, Francis. *O fim da história e o último homem*. Rio de Janeiro, Rocco, 1989.

GALEANO, Eduardo. *O teatro do bem e do mal*. Porto Alegre, L&PM, 2002.

HARDT, Michael. "From Porto Alegre". In *New Left Review*, n. 14 (nova fase), mar./abr. 2002.

——— & NEGRI, Tony. *Império*. Rio de Janeiro, Record, 2002.

HUNTINGTON, Samuel. *O choque das civilizações*. Rio de Janeiro, Objetiva, 1997.

KAGAN, Robert. *Poder y debilidad*. Madri, Taurus, 2003.

KALDOR, Mary. *Las nuevas guerras*. Barcelona, Kriterios Tusquets, 2001.

LIANG, Quiao & XIANGSUI, Wang. *Guerra senza limite*. Gorizia, Libreria Editrice Goriziana, 2001.

LUKÁCS, Georg. *O pensamento de Lenin*. Lisboa, Dom Quixote, 1975.

MARINI, Ruy Mauro. *Dialética da dependência*. Emir Sader (org.). Petrópolis, Vozes, 2000.

MÉSZÁROS, István. *O século XXI* – socialismo ou barbárie? São Paulo, Boitempo, 2003.

———. *Para além do capital* – rumo a uma teoria de transição. São Paulo, Boitempo, 2002.

NYE JR., Joseph. *O paradoxo do poder americano*. São Paulo, Unesp, 2002.

RAMPINI, Federico. *Dall'euforia al crolo*. Roma, Laterza, 2001.

SADER, Emir (org.). *Alca:* integração ou subordinação? São Paulo, Expressão Popular, 2001.

———. *Cuba: um socialismo em construção*. Petrópolis, Vozes, 2001.

———. *Século XX* – uma biografia não-autorizada. São Paulo, Fundação Perseu Abramo, 2000.

——— & BETTO, Frei. *Contraversões* – civilização e barbárie na virada do século. São Paulo, Boitempo, 2000.

———. *Que Brasil é este?* São Paulo, Atual, 1999.

———. *O poder, cadê o poder?* — ensaios para uma nova esquerda. São Paulo, Boitempo, 1997.

——— & GENTILI, Pablo (orgs.). *Pós-neoliberalismo*. São Paulo, Paz e Terra, 1995.

———. *Estado e política em Marx*. São Paulo, Cortez, 1991.

———. *A transição no Brasil*. São Paulo, Atual, 1991.

———. "Beyond Civil Society". In *New Left Review*, n. 17, Londres, sep./out. 2002.

SAID, Edward. *Cultura e política*. Emir Sader (org.). São Paulo, Boitempo, 2003.

WALLERSTEIN, Immanuel. "New Revolts Against the System". In *New Left Review*, n. 18 (nova fase), nov./dez. 2002.

WEFFORT, Francisco. *Por que democracia*. São Paulo, Brasiliense, 1986.

WOOD, Ellen Meiksins. *The Empire of Capital*. Londres, Verso, 2003.

————. *Democracia contra capitalismo* – a renovação do materialismo histórico. Tradução de Paulo Cezar Castanheira. São Paulo, Boitempo, 2003.

ZINN, Howard. *La otra história de los Estados Unidos*. México, Siglo Veintiuno, 1999.